河南省社会科学院哲学社会科学创新工程试点项目

中原学术文库·青年丛书

追赶的逻辑

——中国制造从融入全球价值链到构建国内价值链

THE LOGIC OF CATCHING UP-CHINA'S MANUFACTURING INDUSTRY
FROM INTERGRATING INTO GLOBAL VALUE CHAIN
TO BUILDING NATIONAL VALUE CHAIN

赵西三 / 著

经济管理出版社
ECONOMY & MANAGEMENT PUBLISHING HOUSE

图书在版编目（CIP）数据

追赶的逻辑：中国制造从融入全球价值链到构建国内价值链/赵西三著 . —北京：经济管理出版社，2021.4

ISBN 978 - 7 - 5096 - 7932 - 6

Ⅰ.①追…　Ⅱ.①赵…　Ⅲ.①制造工业—研究—中国　Ⅳ.①F426.4

中国版本图书馆 CIP 数据核字（2021）第 068228 号

组稿编辑：申桂萍
责任编辑：申桂萍　王虹茜
责任印制：黄章平
责任校对：陈　颖

出版发行：经济管理出版社
　　　　　（北京市海淀区北蜂窝 8 号中雅大厦 A 座 11 层　100038）
网　　址：www. E - mp. com. cn
电　　话：（010）51915602
印　　刷：唐山昊达印刷有限公司
经　　销：新华书店
开　　本：720mm×1000mm/16
印　　张：13.5
字　　数：234 千字
版　　次：2021 年 4 月第 1 版　　2021 年 4 月第 1 次印刷
书　　号：ISBN 978 - 7 - 5096 - 7932 - 6
定　　价：78.00 元

前　言

当前，中国制造的追赶正面临前所未有的复杂局面，新一代信息技术驱动下全球产业链重构加速，逆全球化倒逼全球价值链调整加剧，中国的产业结构正在由过度依赖融入全球价值链向构建国内价值链转型，着眼于发展阶段、环境、条件变化，我国提出"要推动形成以国内大循环为主体、国内国际双循环相互促进的新发展格局"。新发展格局为加速国内价值链构建提供了新机遇和新支撑。

本书研究有着如下深刻背景：一是随着"刘易斯转折点"的到来和资源环境约束的强化，中国的要素禀赋结构开始发生根本变化，高投入、高消耗、高增长、低效益的"库兹涅茨增长"潜力已尽，以结构转型、技术创新和制度创新等为特征的"熊彼特增长"模式成为经济发展的必然选择，产业结构调整的任务更加繁重；二是嵌入全球价值链的产业升级模式使得中国正逐步陷入低端锁定，核心价值环节缺失，产业结构优化的阻力增大，未来必须更加注重启动内需尤其是消费需求，面向国内价值链构建新型产业体系势在必行；三是中国人均GDP超过 1 万美元，正进入所谓"中等收入陷阱"的高风险期，区域发展不均衡与收入分配差距扩大问题日趋严重，加快城乡统筹发展，推进二元经济结构向一元经济结构转型，成为未来中国经济社会健康发展的关键，其核心在于加快产业结构的调整与优化。

面对经济新常态，中国是迈入高收入经济体行列，还是陷入"中等收入陷阱"，关键看我们能否加快产业结构优化，成功实现产业转型升级，迈入高质量发展新轨道。但是，作为大国经济体，像亚洲四小龙那样，中国不能通过把劳动密集型产业转移出去、转攻技术与知识密集型产业来实现产业升级，在新发展格局下重构国内价值链，促进东中西部地区产业耦合联动，更好地融入国际循环，才能突破低端锁定，提升产业链现代化水平，获得新的国际竞争力。

价值链理论是一个从宏观、中观、微观三个层面全面审视产业结构优化的新兴理论，其通过对价值环节的分解和产业的空间重构强化了产业结构理论对现实的解释力。本书的基本思路是以国内价值链（NVC）构建为理论基础，综合比较优势、经济转型、技术进步、产业梯度转移、制度变迁等诸多的理论视角，从国内价值链重构的视角构建一个优化产业结构的理论框架，对国际金融危机前后中国产业结构演进轨迹进行重新审视，深入分析新发展格局下东、中、西部地区产业结构优化升级面临的不同任务和问题，找准当前产业结构优化的重点与难点，对加快产业结构优化的思路、方法、路径、手段等进行探讨，并从产业、区域、企业、政策、政府等多个层面提出对策建议。

目　录

第一章　追赶的轨迹：后发经济体的追赶过程

随着"二战"后众多国家的纷纷独立，如何加快推进工业化和产业转型升级，获得持续的经济增长，实现对发达经济体的产业和技术赶超，一直都是后发经济体的战略目标，也成为现代经济学尤其是发展经济学的主要研究领域，各种理论思潮伴随着后发经济体的推行盛极一时转而销声匿迹，一段时期后又改头换面再度流行。但是，真正实现经济赶超的经济体很少，世界银行的《增长报告》（2008）认为，1950年以来，只有13个经济体在25年或更长时间内年均增长率达到或超过7%，东亚地区更是"经济奇迹"。本章通过对东亚三个实现经济追赶的成功案例进行梳理，结合有关经济追赶的相关理论，从中发现对我们有启发意义和借鉴价值的内容。

第一节　追赶的理论

最早提出"经济追赶"（Catching Up）一词的是格申可龙（Gerschenkron），在《经济落后的历史透视》（1962）一书中，他提出了具有广泛影响的"后发优势"理论，认为落后国家在经济落后和发展期望之间存在着"紧张关系"，这种紧张关系可以成为推动工业化发展的力量，落后程度越大，紧张关系就越强，对经济发展的刺激作用就越大，尽管落后国家不具备先进国家发动工业化时的支撑条件，但是可以通过国家干预或其他制度手段发动工业革命，并且落后国家可以通过引进、吸收和借鉴，越过先进国家工业化进程中的某些阶段，实现跳跃式发展。利用这一理论框架，格申可龙解释了 19 世纪末欧洲大陆国家如何实现对英国的追赶。格申可龙也指出，要让落后国家持续积累的"紧张"关系真正转化为引发工业化进程的动力，需要一些条件，其中重要的是政策因素，不能结合本国经济社会发展实际和环境适时地推出合适的税收、金融和外贸政策等，"后发优势"就不能发挥出来，落后国家就会错过工业化发展机遇。Nelson（1966）认为，后发国家与先进国家的技术差距越大，进步空间就越大，追赶速度也就越快，差距缩小到一定水平后，就会维持在一个均衡水平上。

阿布拉莫维茨（Abramowitz）在《追赶、进取与落后》（1986）一文中对追赶的概念进行了系统阐述，提出了著名的追赶假说，并使其成为发展经济学的重要概念之一，认为通过学习和引进先进技术来实现追赶是可行的，一个国家或地区的经济发展速度和这个国家或地区的经济水平高低成反比。Brenis 和 Krugman（1993）从后发优势视角，提出了技术"蛙跳"模型，认为落后国家在技术的吸收、引进与消化过程中，可以跳过某些技术阶段，直接吸收最先进成果，甚至可以以某些高科技产业为起点，实现产业和技术追赶。Goe 和 Helpman（1995）认为由于模仿成本远低于创新成本，前沿创新成功概率较低，后发国家以技术模仿促进经济增长，在一定条件下可以收敛于发达国家。Fagerberg 和 Godinho（2005）将经济追赶定义为一个国家或地区缩小与先进国家的生产力和收入差距的过程，进而世界各国的生产率和收入差距会逐渐减少并融合为一个整体。Odagiri（2010）将追赶描述为一个后发国家缩小其与领先国家在收入差距（经济追赶）和技术能力（技术追赶）方面差距的过程。

但是，纵观全球经济发展史，大多数发展中国家和发达国家的技术差距和收入水平差距不仅没有缩小，甚至仍在加大，除了东亚经济体出现了持续的追赶外，其他国家和地区追赶效应并不明显。许多经济学家的研究开始关注到这一问题，并力图提出合理的解释。一是技术与自身能力是否匹配。Basu 和 David（1998）认为后发国家引进技术并不是越高越好，要考虑到这种技术是否与本国当时的发展水平和要素结构相匹配，只有引进那些与本国禀赋结构和经济结构相适应的、能够吸收消化的技术和知识，才能实现本国的经济增长。Acemoglu（1998）的研究表明，后发经济体在模仿先进经济体的技术时产生不适应问题的根源在于本国人力资源不匹配。二是随着发展阶段的演进要持续调整政策。Nelson 等（2007）认为追赶的不同阶段，关键因素不同，20 世纪 60 年代到 70 年代，资本积累是支持追赶的主要因素，20 世纪 80 年代到 90 年代，技术创新变得更为重要，政策要根据发展阶段演进做合适的调整。三是追赶战略及政策的连续性。一个国家的追赶战略往往会受政治周期、地缘关系变化甚至自然灾害的影响，使得政策不连续，比如对于东亚经济体和拉美地区经济追赶的不同结果，Dani Rodrik（2007）认为，东亚经济体和拉美国家的区别主要在于，拉美国家的政策不如东亚经济体的协调和连贯，其结果是拉美国家的产业升级没有东亚经济体的深刻和全面。

第二节　东亚的追赶

东亚地区作为实现对发达国家成功追赶的区域，一直激发着经济学家的研究兴趣，其经验值得我们借鉴，本书主要通过分析日本、韩国产业转型升级的历程对追赶理论进行梳理。国家追赶是一个复杂的经济社会成长过程，但是，从日本和韩国的追赶轨迹以及已有的相关研究成果看，产业追赶是起踏板，实施产业追赶战略以及围绕产业追赶战略形成的经济社会政策支撑体系是后发经济体追赶的核心动力，产业追赶战略根据发展环境变化准确调整并引发相关政策支撑体系的调整，贯穿后发经济体的追赶过程。

一、日本：从追赶到前沿

"二战"以来日本的经济发展奇迹给世人留下了深刻的印象，在化学、钢铁、造纸、交通运输、电视、计算器、数字式电子手表和汽车等领域迅速崛起并成为美国企业的有力竞争者，站到了世界前沿。20世纪50年代到70年代初，这20年是日本加速追赶的黄金阶段，这一阶段的主要特征是经济高速增长，GDP年均增速超过10%，制造业年均增长更是超过15%，第二产业占比持续提高，自1955年的39.3%持续提升至1970年的48.6%。20世纪70年代到90年代中期，日本进入转型追赶阶段，这一阶段，日本低成本优势逐渐丧失，劳动密集型产业占比下降，受石油危机冲击，资本密集型重化工业持续回落，机械、电子、汽车等技术密集型的高附加值产业占比明显提升。日本产业结构由20世纪50年代以来的以钢铁、煤炭、石化、造船等重化工业为主导，开始转向20世纪70年代后的以汽车、半导体、机械、家电等产业为主导，成功转向技术驱动型。可以看出，在 20 世纪 70 年代，日本资源从重化工业向技术密集型产业倾斜，20 世纪 80 年代，日本的产业和技术从引进型发展成为自主创造型，完成追赶。

日本"追赶型"现代化成功的关键有两点：

一是海外引进与自主创新并重的产业发展战略。前期主要是以技术引进为主，大规模引入欧美等发达国家的技术及其带来的新兴产业，同时重视自身的研发投入，尤其重视消化吸收再创新，推动先进技术在国内企业的快速扩散，并结合本地特点形成独特的产品创新优势，优势产业链竞争力持续提升。根据方正证券研究所的数据，20 世纪 70 年代，日本主要以引进技术为主，技术引进件数大幅增长，增幅达 63%，20 世纪 80 年代，日本技术引进件数增长率下降为 14%，但技术输出件数增长了 47%。日本技术引进与输出件数的增速变化，反映出日本不断消化、吸收先进技术，并逐渐建立起自主研发体系。在吸收—创新过程中，日本制造在汽车、机器人、电子等诸多领域对美、德发达国家形成竞争压力，产生了一批具有全球竞争力的"隐形冠军"企业，在部分关键零部件领域位居世界前沿。

二是产业政策的成功实施。根据发展阶段明确主导产业并形成政策支持体系，是日本产业赶超的主要经验，也是"东亚奇迹"与先进发达国家工业化路径的不同之处。日本通产省成功实施产业政策，让产业政策进入产业经济学研究视野，丰富了发展经济学的框架和内容。为推进新兴产业发展，日本一般超前十余年制定一系列补贴和优惠政策对主导产业发展进行引导，如 20 世纪 50 年代出台支持能源业和重化工业的政策，20 世纪 60 年代出台《机械工业振兴临时措施法》支持机械产业发展，20 世纪 70 年代末出台《特定机械产量振兴临时措施法》支持计算机等知识密集型行业发展（见表 1-1）。

表 1-1　日本的产业结构与产业政策

	1945~1956 年	1957~1970 年	1971~1980 年	1981~1990 年
发展阶段	经济恢复	重工业高速增长	技术引进	工业现代化
主导产业	劳动密集型轻工业	原材料产业、机械	深加工产业、知识密集型产业	高技术产业、装备
产业政策方向	重点支持轻纺工业和轻型机械工业	重点支持煤炭、钢铁、石油等重化工业	陆续支持汽车、半导体、航空等，对研发提供补贴	科技立国，重点支持电子、生物工程等

续表

发展阶段	1945~1956 年	1957~1970 年	1971~1980 年	1981~1990 年
	经济恢复	重工业高速增长	技术引进	工业现代化
产业政策文件		1957 年《新长期经济计划》； 1963 年《关于产业结构的长期展望》	1971 年《特定电子工业和特定机械工业振兴临时措施法》； 1975 年《产业结构长期展望》； 1978 年《特定机械和信息产业振兴临时措施法》	1984 年《科学技术白皮书》； 1986 年《面向 21 世纪产业社会长期构想》

可以看出，日本成功追赶的关键在于制定了一套有效的产业追赶体系，这个体系是政府部门与企业的紧密合作，能够根据市场发展变化推出合适的产业政策。日本把迅速进口和改造国外技术作为关键的国家战略，在全球范围内搜索可以获得的最佳技术，然后引进、改造、改良，在此过程中，一系列关键技术和产品都沿袭了这样的发展道路：美国创新，日本模仿、改良和扩散。

以半导体技术为例（张永伟，2011），20 世纪 80 年代之前，美国是半导体产业领先者，占据全球 80% 以上的市场份额。日本半导体产业于 1963 年起步，通产省陆续出台许多法案促进半导体产业发展，实施超大规模集成电路计划。1975 年，日本组织了超大规模集成电路创新行动，由日本电气、日立、富士通等五大企业和电子综合研究所联合成立研究机构，政府和企业共同出资联合推进技术攻关，形成技术创新、商业化全链条。20 世纪 70 年代末，日本在半导体存储芯片动态随即存取存储器（DRAM）领域实现技术突破，到 20 世纪 80 年代中期日本 DRAM 甚至超过美国，成为全球最大的 DRAM 生产国。日本半导体产业在追赶过程中，首先是引进美国先进技术，从世界领先地位的美国仙童和得克萨斯州仪器公司获取半导体产品和技术，免去从头摸索阶段，通过逆向工程吸收先进技术，培育日本企业技术能力。

日本在模仿的过程中，一直发挥后发优势，致力于将美国技术本土化，并结合自身优势和特点提升附加值，并将精力主要放在产品质量和生产效率提升上，形成自己的技术和产品优势，加快新技术的扩散，持续培育新的产业增长点。在产业追赶过程中，日本产业发展一直受到美国的竞争和打压，纺织品、汽车、装备、半导体等产业都陆续成为了日美贸易摩擦的焦点产业。

日本的产业追赶，不仅推动本国成功迈入发达经济体，而且对东亚其他国家和地区也产生了深远影响，为这些国家和地区的现代化追赶提供了可以借鉴的经验，日本产业结构升级后部分环节向国外转移，也为这些国家和地区提供了产业成长的战略机遇。关于这方面理论解释最为清晰的是雁阵模式，其基本观点如下（Akamatsu，1962）：一个后发国家首先从一个发达国家进口一种商品，然后自己生产该商品，最后生产并出口到其他国家，后发国家在技术台阶上逐步升级，学习生产更高附加值、更复杂和精细的商品，为达到这个目的，国家可以通过产业政策支持新兴产业发展壮大，韩国和越南等国家的产业追赶一定程度上验证了产业升级的雁阵模式。

但是，林毅夫（2007）认为，日本的产业追赶遵循了比较优势发展战略，其发展从劳动力密集的产业开始着手，当时劳动力多、资本稀缺是他们的要素禀赋结构，先发展有比较优势的劳动密集型产业，等积累了资金和技术，才逐渐把失掉比较优势的劳动密集型产业转移出去，发展资本和技术密集型产业，提高自己的产业层次和技术水平，产业政策起到了因势利导的作用，日本在 20 世纪 60 年代大力支持汽车产业的发展，当时要素禀赋结构实际上已经达到了产业转型升级的阶段。所以从日本经验看，这些赶上了发达国家的东亚国家和地区，在发展的每一个阶段都比较好地利用了他们的比较优势。

二、韩国：从模仿到创新

20 世纪 60 年代以前，韩国可以说是现代工业的不毛之地，1960 年，韩国出口额只有 4000 万美元，但就是从那时起，韩国开始了产业从低级到高级、技术从简单到复杂的迅速升级。20 世纪 60 年代中期，韩国开始出口纺织品、服装、玩具、假发等劳动密集型产品；从 70 年代中期开始，轮船、钢铁、消费电子等传统资本密集型产业对发达国家形成挑战；从 80 年代开始，计算机、半导体存储片、录像机、电子开关系统、汽车等技术和知识密集型产业成为主导出口产品，同时涌现出一批具有核心竞争力的跨国企业。韩国从手工制品到重工业、从没有经验的模仿者到经验丰富的创新者，仅用了 30 年时间。

韩国的产业结构经历了从资源和劳动密集型到资本和技术密集型的演变，Barry Eichengreen 等在《从奇迹到成熟：韩国转型经验》一书中对韩国产业追赶做了分析，从 1970 年到 2005 年，韩国高技术产业、中技术产业占全部制造业增加值比重分别从 5% 和 18% 左右提高到 40% 左右，而同期资源型产业和低技术产业占比均从 40% 左右降低到 10% 左右，出口产品技术复杂度也明显提高。

韩国政府支持创新的科技政策在产业转型升级中起到了关键作用，韩国经济学家李金炯（Lee Jinjooetal，1998）对此做了细致的研究，他把韩国技术发展阶段从 20 世纪 60 年代到现在划分为三个阶段：模仿阶段、内化阶段和创造阶段。1962～1979 年是模仿阶段，1980～1989 年是内化阶段，创造阶段从 1990 年开始持续到现在。1980 年作为从模仿到内化阶段的转折点，主要是从技术战略开始转变的，总研发投资占 GDP 比重从 1980 年的 0.58% 上升到 1985 年的 1.56%（见图 1－1），并且自有品牌制造（OBM）开始战略扩张，逐渐取代了原始设备制造商战略（OEM），LG、三星、现代等企业自有品牌产品竞争力大幅度提升；1990 年从内化阶段向创造阶段转变，总研发投资占 GDP 比重从 1990 年的 1.88% 上升到 1995 年的 2.71%，超过了美、欧、日等发达国家和地区，韩国企业的技术战略开始从依赖性向防御性甚至进攻性转变。

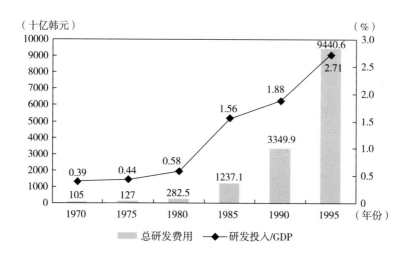

图 1－1 韩国研发投入情况

资料来源：［韩］金麟沫，［美］尼尔森．技术、学习与创新：来自新兴工业化经济体的经验［M］．北京：知识产权出版社，2011．

韩国经济学家李文勇（2011）在《科学与技术政策在韩国工业化发展中的作用》一文中对模仿、内化和创造三个阶段的产业和科技政策进行了研究，在三个阶段中韩国根据企业需求完善创新支持体系，制定合适的创新政策。在模仿阶段，政府将较多的预算投入建设科技基础设施、资助研究机构，1966年设立韩国科学和技术研究院，1971年成立韩国高等研究院，在这个阶段政府资助的研究机构主要是为吸收消化外国技术提供支持，吸引了大批海外的韩裔科学家和工程师回国，并提高了他们的报酬和社会地位，这些人在引进、吸收、消化国外技术方面做出了巨大贡献。这一阶段政策的特点是：支持外国技术转移，对技术许可实行宽松政策，对外商直接投资却实行限制性政策，作为一个整体，这种政策组合被称为"拆包"（Unpackaging）策略，外国技术和资本通过分开渠道获得，从实际效果看，"拆包"策略有助于更好地吸收转移过来的技术，Yong（1983）的研究也表明，技术吸收水平与被外国控制的程度是负相关的。内化阶段从1980年开始，政策更加重视强化私营企业的创新能力，更加注重普惠性，对研发的税收激励延伸了，开始鼓励发展风险投资以助力科技商业化，这些政策促进了私人研究投资的快速增长。同时，创新政府研发管理方式，鼓励大学和私营企业参与政府研发项目，私营企业提供一定比例的研究经费就可以拥有研究成果的所有权。在创造阶段，主要着眼点在于适应全球化趋势，引导大企业寻求技术外包，积极利用国际创新网络，政府研发项目和资金向外国人开放，邀请外国科学家和工程师的计划得到扩展。同时，加强知识产权保护，多项专利法案推出，以回应韩国创新者要求加强专利保护的呼声，这是创造阶段最为重要的政策专项，在模仿阶段韩国政府淡化知识产权保护以帮助企业利用国外知识产权，可见，这一阶段政策目标转向构建与发达国家类似的国家创新体系，以适应技术创新越来越接近前沿的新阶段。

韩国经济学家李根（2013）以知识产权量增长为指标，把韩国的追赶经验分为四个不同阶段。20世纪60年代到70年代是第一阶段，韩国经济增长启动，这一阶段主要是投资带动，国内企业和研究机构技术能力较差，国外技术流入较低，专利主要是发明家申请的实用新型专利，转化率也不高。20世纪70年代中期到80年代中期是第二阶段，韩国企业开始引进国外技术以实现模仿创新，每年国外主体在韩国注册的专利数量约占专利注册总量的70%左右，这一阶段韩国国内企业大多数还没有设立研发中心。20世纪80年代中期到90年代中期是第三阶段，进入大企业财团主导的技术快速赶超期，企业开始建立自己的研发中心，本土创新能力持续提升，1986年企业专利量首次超过个人专利量，实用新型专利与发明专利比例从第二阶段的2∶1优化到1∶1，技术含金量大幅度提升。20世纪90年代中期以来是第四阶段，韩国研发投入占生产总值比重超过2%，企业研发投入占总研发投入比重超过80%，2000年韩国申请的美国专利量达到了5000件左右，是其他同等收入水平国家如巴西、阿根廷的10倍左右，研发经费投入的扩大和专利量的增加是韩国产业实现持续赶超的基础。韩国追赶案例体现了政府行为从早期的传统产业政策（关税壁垒与汇率低估）到后来的技术政策（研发补贴与公私研发合作）的动态转换，这种转换对发展中国家迈过中等收入陷阱、跻身高等收入水平来说是必要的，如果没有这样一个政策转换，任何一个国家都会陷入所谓的中等收入陷阱，挣扎于通过低成本、高产量维持国际竞争力。

韩国产业追赶的以下经验值得借鉴：一是早期发展阶段的出口促进政策方便了与国外技术来源的接触，许多产业通过"干中学"积累了技术并获得了竞争优势。二是政府在模仿阶段对科技基础设施的投入从长远看取得了成效，在模仿阶段韩国就把建立科学与技术基础设施置于了高度优先的地位，到1980年，政府研发投入占总预算的份额快速上升，政府还建立了许多政府资助研究机构，为私营企业的研发活动建立了标准，同时促进了科学与工程领域研究生教育的发展，万人研究者数量大幅度增长（见图1-2）。三是支持本土装备制造业发展，韩国政府在1973年就提出要快速构建资本品的本土制造能力，支持本土企业进入装备制造业，替代进口设备，培育本土品牌，资本物品工业自给率由20世纪60年代的30%提高到20世纪80年代的60%（KongRae Lee，2001），这种增长步伐与工业领域的产出和出口等指标的快速增长是一致的。四是创新环境与制度建设的跟进，1997年韩国《科技和技术创新特别法》颁布，成为科技创新政策的一个转折点，虽然还有许多没有解决的问题，但推动了社会和经济环境向更加创新友好型转变。

三、产业追赶

后发经济体的追赶核心在于产业追赶及其中蕴含着的技术追赶，即产业的持续转型升级，本部分通过对国内外已有研究的考察，梳理可以借鉴的理论思路。

1. 产业转型升级的概念阐释：理论内涵

目前对于产业转型升级并没有严格意义上的完整定义，普遍被认可的解释是：产业转型升级就是从低附加值向高附加值升级，从高能耗高污染向低能耗低污染升级，从粗放型向集约型升级。工业和信息化部在《"十二五"工业转型升级规划（2011—2015）》中对工业转型升级的定义是：转型就是要通过转变工业

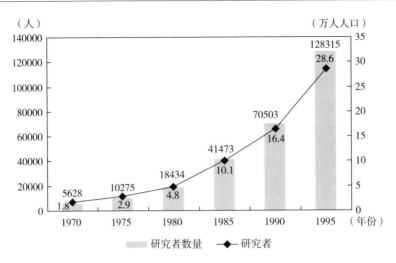

图 1 - 2 韩国研发人员情况

资料来源：［韩］金麟沫，［美］尼尔森. 技术、学习与创新：来自新兴工业化经济体的经验［M］. 北京：知识产权出版社，2011.

发展方式，加快实现由传统工业化向新型工业化道路转变，升级就是通过全面优化技术结构、组织结构、布局结构和行业结构，促进工业结构整体优化提升。由于工业转型升级是产业转型升级的主体，本书不再对两者进行严格区分。

我们的理解（见图 1 - 3）是：产业转型升级包含着产业转型与产业升级，两者既有区别又有联系，产业转型的核心是"转"，即由低附加值向高附加值转，由投资驱动向创新驱动转，由粗放型向集约型转，由资源消耗环境污染型向资源节约环境友好型转，其内涵与经济发展方式转变类似；而产业升级的核心是"升"，一般指工艺升级、产品升级、功能升级、链条升级，当然这中间必然隐含着技术升级，其内涵是提升产业在价值链上的地位。当然，这两者必然是相辅相成、不可分割的，要以转推升，以升促转。

区域产业升级可以通过两种途径，即本土企业升级与引进域外企业，域外企业的引入搭载了高层次的资本、技术和人力等生产要素，一定程度上改变了区域的要素禀赋结构，加快了产业间升级的步伐，产业间升级也能够促进区域的产业内升级，整体上可以带动区域产业升级进入新的阶段，这也是中国鼓励外商投资的一个主要动因。另外，仅从中国出口产品高度化指数较高验证中国产业发展具有有限赶超的特征，可能夸大了中国出口产品中的中国技术含量，以技术含量较高的机电产品为例，当前中国近90%的机电产品通过加工贸易方式出口，其中外商在华投资企业出口额又占到加工贸易的75%。Naughton（2007）的研究表明，

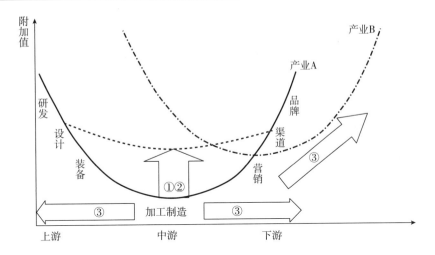

图 1 - 3　产业升级示意图

加工贸易占中国总出口的 55% 左右，自 2001 年起，中国超过一半的高技术产品是由外资投资公司出口的。包群和苏利（2009）的实证研究认为，我国高技术产品出口中国内贡献偏低，2002 年到 2006 年，外资企业对高技术产品出口的贡献由 82.2% 上升到 88.1%，加工贸易仍然是我国高技术产品出口的主要方式，占比一直接近 90%。也就是说这些出口产品技术含量中的中国因素是比较低的，技术含量主要包含在加工贸易的进口环节中。近期许多学者认为如果按出口产品附加值计算，中国出口占 GDP 的比重应该是 10% 左右，而不是一般认为的 40%。显然，中国制造处在全球价值链的低端。2012 年，经合组织联合世界贸易组织推动"增加值统计法"在国际贸易统计中进行应用，该方法是在原有统计数据的基础上，通过计算国际贸易中国内增加价值来更加准确地反映国际贸易的方法，经合组织认为，应用增加值统计法计算，中国的外贸顺差数据至少将下降五分之一。

2. 产业动态演化视角下的转型升级：理论拓展

技术进步是现代经济增长的主要源泉，但是，对于技术进步这个重要变量的处理一直是经济学的一个重要课题，由于主流的新古典经济学把重点放在资源配置和市场机制上，技术进步被作为外生变量处理。1970 年之后，对技术进步的研究分化为两条路径：一是将技术进步内生化，在新古典经济学的框架内引入技术进步，罗默（1986）、卢卡斯（1988）发展了内生经济增长理论；二是演化经济学，放弃新古典经济体系，运用生物学中有关生物基因突变、选择和遗传等概念来研究经济发展，演化经济学强调，经济发展是一个动态的演化过程，不仅要研究资源配置问题，更重要的是研究资源创造问题，可以借助生物学方法分析技术创新、选择和扩散所引起的经济演化（贾根良，2002）。

在演化经济学框架下，产业动态演化开始成为产业经济学的一个重要研究领域，创新在产业动态演化中的关键作用及其作用机理逐步被发现并受到重视。本质上，产业发展是一个技术不断创新、结构不断变化、企业兴衰更替、制度安排不断跟进的持续演化过程，其一般演进逻辑是：大量行业遵循生命周期过程，先是根本性创新与个别新企业成功进入，新产品的需求持续增长，跟进型创新不断涌现，企业、科研、金融组织、公共机构等行为主体构成的生态网络和新的制度安排逐渐形成，不能适应新技术和新产品的企业被淘汰，市场集中度逐渐提高，行业进入成熟期，在位企业创新动力不足，行业转入衰退，下一次的创新出现。

因此，由技术创新导致的企业进入、扩张、收缩、退出以及由此形成的市场结构变化，是产业动态演化的重要特征。经济学家高特和科莱普对美国 46 个产业的演化过程进行了深入研究，把产业演化过程分为五个阶段：第一阶段是一个产业的引入时期，这一时段的长度由创新被模仿的难易程度、新产品市场规模、新产品技术信息传播速度以及潜在进入者数量决定；第二阶段是产业内企业数量迅速增加时期，大量模仿者进入，产业利润率出现下降；第三阶段是过渡时期，企业进入退出维持动态平衡，净进入量为零；第四阶段产业内企业量持续下降，集中度提高；第五阶段产业进入成熟期，市场结构趋于稳定。在以上五个阶段中，技术创新是最重要的推动因素，前两个阶段中技术创新主要来自新进入企业，第三个阶段后逐步演化为来源于产业内部的在位企业，同时，技术创新率也呈现出先上升后下降的过程（李伟，2011）。

从产业演化中技术创新的阶段性变化分析市场结构与技术创新的相互作用机制，由此形成了产业技术创新与动态市场结构周期性互动的产业演化理论研究，并形成了两个研究路线，即从外生性技术创新即新进入企业角度与内生性竞争即在位企业角度两个角度进行研究的路线（李伟，2011）。我们认为，产业动态演化视角下的转型升级应该有两种路径，一个是由新进入企业的重大技术创新推动的产业转型升级，即所谓的熊彼特 Mark I 创新："创造性破坏"，开创出一个崭新的产业，往往这种创新研发投入大、市场风险高；另一个是由在位企业在产品、工艺和流程等方面渐进性创新推动的产业转型升级，识别和开发现有产业中的"需求缺口"，即所谓的熊彼特 Mark II 创新："渐进式创新"，创造新的利润增长点，这种创新的投入与风险相对较小。

国际金融危机以来，外部环境激烈变化，是产业动态演化的关键时期，企业兴衰更替更加频繁，企业并购重组进入高峰期，有些企业可以借机壮大，实现转型升级，而有的企业可能会陷入困境，甚至销声匿迹，从而引发整个产业格局重塑，正是这种动态演化推动了产业转型升级。而在这个过程中技术创新的重要性得到了企业的高度重视。根据 IBM 2012 年的全球首席执行官（CEO）调研结果，来自 64 个国家/地区的 1700 名 CEO 接受了访谈，CEO 认识到技术所扮演的角色比以往更加关键。在最近 5 次调研中，技术因素稳步上升为第一重要的外力，而在 8 年前，技术因素仅排在第六位。[①]

3. 产业转型升级的实现途径：发达经济体与后发经济体的比较

2012 年，林毅夫在《新结构经济学》中考察了全球大多数发展中经济体，他对一直坚持的观点进行了更加系统的阐释：经济发展本质上是一个产业升级的连续过程，后发经济体在产业升级上不必照搬发达经济体的产业选择，一个经济体的最优产业结构内生于该时点上的劳动、资本和自然资源的相对丰裕程度，也就是说只有与自身禀赋结构和比较优势一致的产业选择才具有可持续性。

发达经济体由于处在世界科技和产业发展的前沿，其技术创新只有依靠熊彼特所谓的"创造性破坏"，即以新技术和新产品的发明来进行技术创新和产业升级，这种技术创新通常能够带来一个崭新的产业，但是，这种创新往往研发投入大，市场风险高，技术创新的速度比较慢。在林毅夫看来，对后发经济体而言，由于与发达经济体存在一定的技术差距，可以通过技术引进和模仿学习的方式，降低技术进步的成本与风险，获得比发达经济体更快的技术创新速度。而且，由于发达经济体与后发经济体在要素相对丰裕程度上存在着较大差异，发达经济体一般是劳动力缺乏而资本较为丰裕，后发经济体则一般是劳动力比较丰富而资本较为缺乏，因此，发达经济体有极强的动力把劳动密集型的产业（如纺织等）或产业区段（如电子信息的组装环节等）转移到后发经济体，由此造成这些产业领域的技术创新成果和管理知识向后发经济体溢出，大多数渐进性创新也由后发经济体的企业完成。由于后发经济体选择了符合比较优势的产业发展战略，在国际上产业竞争力很强，资本积累和产业升级步伐加快，东亚四小龙和中国的产业升级历程都证明了这一点。

---

① 资料来源：IBM《2012 年全球首席执行官调研的洞察》。

但是，随着后发经济体顺着产业阶梯拾级而上，离世界科技前沿越来越近，国内企业由跨国公司的合作者转化为竞争者，逐渐进入发达经济体的"打击距离"之内，发达经济体的政府组织和跨国企业对后发经济体企业的防范意识增强，后发经济体对技术的引进模仿越来越难，越来越需要自主研发新技术与新产品，经济体必须越来越重视研发投入和自主创新，在某些具有比较优势的领域实现对发达经济体的赶超，否则可能会面临产业升级的断档风险，日本、韩国等经济体都在"经济起飞"一段时期后受到过这种防范甚至制裁。国际金融危机以来的情况表明，中国显然处在这样一个由引进模仿到自主创新的转折点上，一是劳动力结构逼近"刘易斯转折点"，非熟练劳动力优势不再明显，而高素质劳动力就业难题凸显出来，关键在于产业转型升级缓慢造成高端产业岗位较少；二是资本密集程度发生变化，从2006年开始中国已经转变成一个资本相对丰富的经济体，缺乏的是更高附加值和回报率的投资机会。面对这一现状，我国的产业结构必须转型升级才能解决当前遇到的困境与问题，由此也要求包括研发体系、创业体系以及金融体系等制度安排的跟进。

第二章　追赶的逻辑：从全球价值链到国内价值链的分析框架

20世纪50年代以来，后发国家的产业发展伴随着发达国家的产业转移，后发国家往往采取融入全球价值链的模式，成为国际产业分工的一个环节，这在发展初期会加快产业追赶步伐，也为企业成长提供了学习平台。但是，伴随着产业持续升级，逐渐与跨国企业形成竞争关系，往往会遇到升级受阻、利润锁定的情况，需要通过重构国内价值链实现产业持续提升。

第一节　全球价值链的分析框架

一、从价值链到全球价值链的理论演进

1985年，Michael Porter在《竞争优势》一书中提出了价值链理论，其内核是每一个企业都是在设计、生产、销售、发送和辅助其产品的过程中进行种种活动的集合体，这些活动可以用一个价值链来表明。Michael Porter突破企业界限，提出了价值系统的概念，把价值链扩展到了产业链上中下游之间的关系，企业可以通过对产业价值链的管理降低运营成本，提升核心竞争力。价值链理论的提出放松了传统的产品不可分假设，拓展了经济学的研究范围，更为产业经济学提供了一个更加微观的分析框架，使得产业结构研究从产业间深入产业内甚至产品内，激发了一批新的研究成果。

Gereffi（1994；1999；2000）在产业组织研究中引入了价值链理论，提出了

全球商品链的分析框架，并区分了采购者驱动型和生产者驱动型两种类型的商品链，价值链的各个环节跨越国界，构成了真正意义上的全球生产网络。2001 年，Gereffi、Kaplinsky 和 Humphrey 等学者在全球商品链的基础上提升完善，提出了全球价值链（Global Value Chain，GVC）的概念，并认为全球价值链是一种全球化治理体系，对于发展中国家制定外贸和产业政策具有重要理论价值。联合国工业发展组织在 2002 年年度工业发展报告《通过创新和学习参与竞争》中，提出了全球价值链的基本概念，全球价值链指的是在全球范围内为实现商品和服务价值而连接研发、生产、销售、服务等过程的全球性跨企业网络组织，强调全球价值链是通过各种经济活动连接在一起的产业网络（刘哲，2013）。

Ernst（2000）认为全球生产网络的扩散为发展中国家扩大产业升级的范围和深度提供了机遇，发达国家跨国公司的苛刻要求标准促进了发展中国家供应商的供应能力升级。Gerhard（2002）通过对德国医疗机械集群内不同价值链要素之间的相互作用进行研究，得出本地私营企业和公共部门的协作有助于促进本地产业转型升级的结论。Sturgeon（2003）以亚洲四小龙为例，提出发展中国家应先以出口加工的形式成为跨国公司的供应商从而打入全球市场，然后逐步转入"设计＋制造"模式，直至最后形成自主品牌产品，成功进行产业转型与升级。Schmitz（2004）通过对中国产业发展的实证研究，认为嵌入全球价值链有助于起飞阶段的产业升级，但在进行到中高端阶段时就会出现被"俘获"现象。Sturgeon（2005）总结提炼出了全球价值链的五种治理模式：层级式、俘获式、关系式、模块式和市场式，并认为俘获式治理在后发国家中最为常见，也是后发国家产业结构陷入低端锁定的根源。

二、全球价值链视角下的产业结构调整

作为一种研究方法，全球价值链把视角深入产业和产品内部，为开放条件下的产业结构优化升级研究提供了一个更加微观的视角。Humphrey 和 Schmitz（2002）提出了全球价值链下的四种产业升级路径，即工艺升级、产品升级、功能升级和链条升级（见图 1-3）。产业升级不同路径的内涵分别是：工艺升级，即通过新工艺、新技术、新流程的引入，提升生产效率；产品升级，即利用新技术改进提升老产品，研发新产品，提高产品附加值，工艺升级和产品升级在图 1-3 中用①和②标识；功能升级，即向"微笑曲线"的上下游延伸价值链，由加工制造环节向研发设计、营销服务、品牌等环节延伸，提高产业附加值；链条升级，即凭借在一条产业价值链上的知识和经验积累跨越到另一条价值量更高的价值链。

张其仔（2008）认为工艺升级、产品升级和功能升级可以称为"产业内升级"，链条为"产业间升级"。把产业升级路径与产业结构调整结合起来，本书提出了全球价值链视角下产业结构优化升级的两条主线，即产业间结构优化和产业内、产品内结构优化（见图2-1）。葛顺奇和罗伟（2015）用产出构成和工序构成区分了产业结构优化的两种衡量方法，产业间结构一般倾向于用产出构成衡量，如果一个国家的某一个产业依托比较优势嵌入全球价值链中，在全球需求和跨国公司的带动下，该产业的产出规模将会出现爆发式增长，进而带动相关资源进入该产业领域，进而使得产业结构向着发挥比较优势的方向调整优化，从产出构成看，产业结构优化升级效果十分明显。

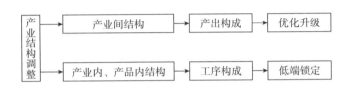

图2-1 产业结构优化的两条主线

但是，产业内、产品内结构则用工序构成替代产出构成来衡量产业结构，由于这种嵌入一般是"代工"模式，在产业向研发、品牌等环节攀升时，将逐渐进入发达国家和跨国公司的"打击距离"之内，而导致低端锁定，这就解释了为什么对中国产业结构调整的分析会得出截然相反的结论。正如张夏准（2009）在其著作《富国陷阱：发达国家为何踢掉梯子?》中指出的，当发展中国家沿着"致富的梯子"向上攀登时，尤其是经济发展水平将要接近或者达到发达国家的发展水平之前，发达国家就会制造各种借口"踢开梯子"，使得后发国家难以达到发达国家已经达到的高度。

沿着产业结构优化的两条主线，可以看出，全球价值链视角下，一个国家的产业结构演进呈倒U形曲线（见图2-2），在经济起飞阶段，开放经济条件下一些产业嵌入全球价值链，带来了产出规模的快速扩张，国内闲置资源通过向出口产业的转移得到优化配置，提升了生产率和附加值。但是，随着时间的推移，到了某个转折点上，如果没有相应政策的调整，就会陷入"增长陷阱"，导致"低端锁定"，该产业将在全球范围内向成本更低的地方迁徙，本地产业开始萎缩衰落，而如果政策调整得当，推动产业向研发设计、品牌服务等环节延伸，则会催生新的产业增长点，开启新一轮的增长，在这个过程中全要素生产率明显提升，劳动力素质明显改善，产业获得国际竞争力，占领产业前沿。这个转折点从产业视角解释了发展中国家面临的所谓"中等收入陷阱"。

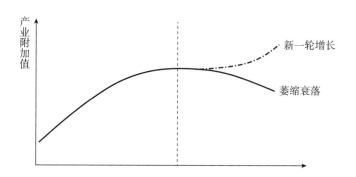

图 2-2 全球价值链视角下产业结构呈演进倒 U 形曲线

当前，中国的产业结构优化升级面临两难选择：既要积极嵌入全球价值链，通过"链中学"实现产业升级，又要突破低端锁定，实现在全球价值链的攀升，在这种背景下，中国学者提出了通过构建国内价值链（National Value Chain，NVC）实现中国产业结构优化升级的思路（刘志彪，2007），以一个更加均衡的国内区域分工网络嵌入全球价值链，实现在全球价值链中的攀升，从而优化升级产业结构。接下来本书通过梳理国内价值链有关研究，提出优化产业结构的分析框架。

第二节　从全球价值链到国内价值链

诸多实证研究表明，后发国家以代工形式嵌入全球价值链在经济发展初期一般能够实现产业结构优化升级，但发展到一定阶段后，本土企业试图构建自身的研发创新能力、品牌和渠道时，往往受到发达国家和跨国企业的制约与挤压，后发国家很难单纯地通过嵌入全球价值链实现产业结构的高端化和高附加值化（赵西三，2012）。因此，发展中国家应该根据阶段变化，调整发展战略，转变产业发展模式，基于国内市场构建国内价值链，进而实现产业结构的进一步优化升级。

所谓国内价值链，指的是基于国内本土市场需求发育而成，由本土企业掌握产业价值链的核心环节，有效利用高速增长的本土市场需求和空间结构变化，培育出高端要素条件，强化研发、品牌、渠道等高附加值环节，以一个更加均衡的国内价值链体系嵌入全球价值链，从而实现在全球价值链中的提升（刘志彪和张杰，2009）。刘志彪（2009）在全球价值链理论基础上对国内价值链理论进行了深入研究和拓展，认为基于国内价值链的产业结构优化升级可以完整地实现工艺升级、产品升级、功能升级和链条升级等持续升级过程，发展中国家如果能够利用自身高速增长的市场需求培育出高级要素条件，就可以提高在全球价值链中的地位和竞争力。叶红雨和钱省三（2009）通过对集成电路（IC）产业的实证分析，认为中国IC产业"被动"嵌入了全球价值链，产业发展和利润增长的空间极为有限，应该依托日益增长的国内市场培育国内价值链，提高产业竞争力。

高煜（2011）认为，嵌入全球价值链在中国形成了产业发展指向不同的两大割裂经济体，产业间关联关系没有形成，在沿海已经形成的全球价值链的基础上，通过价值链延伸构建东、中、西部产业关联发展的国内价值链，是实现在全球价值链中攀升的可行路径。张少军和刘志彪（2009）的研究认为，通过嵌入全球价值链，改革开放以来形成了"发达国家↔中国东部沿海地区↔中国内陆地区"两个互相嵌套的"中心—外围"发展格局，东部沿海地区在全球价值链中的竞争优势一定程度上建立在中西部地区原材料和劳动力等低廉生产要素的基础之上，这种产业分工模式大大抑制了中西部地区的产业结构调整空间。中国必须从嵌入全球价值链走向构建国内价值链，通过构建和充分发挥国内价值链与全球价值链之间的良性互动，才能实现产业结构优化与区域协调发展。

易顺和韩江波（2013）基于双重"中心—外围"格局的视角，研究了国内价值链构建的空间逻辑，认为应该依托沿海地区大型龙头企业构建国内价值链，形成一批"领头雁"，带动中西部地区的企业进入生产网络，构建现代产业分工体系，提高在全球价值链中的话语权和竞争力，实现在全球价值链上的攀升，促进区域产业协调发展。

第三节　全球价值链视角下中国产业
结构演进的内在逻辑

全球价值链视角下，中国产业结构演进有着这样的内在逻辑，改革开放以来，在资本、技术稀缺的条件下，20世纪90年代以来的出口导向发展战略内生决定了促进出口、外资优先的产业政策，带动了中国经济的起飞，由于嵌入全球价值链获得了技术外溢，与资源型产业相比，产业结构明显优化。但是，也导致了对外资的过度依赖，形成了对国内企业的挤出，导致国内企业对研发创新、品牌培育等投入不足，这一模式在地方政府GDP竞赛中被强化，一定程度上制约了产业结构的进一步优化升级。

在需求缺口和跨国公司的带动下，中国的产业遵循的是基于投资的产业发展模式，对某一个产业很容易形成发展共识，而只要按照发达国家提供的技术和装备进行投资，就能实现产业成长，嵌入全球价值链的沿海代工企业及其带动的上游能源原材料企业，基本不考虑研发创新和市场需求问题。笔者在中西部地区调研时看到大量的这种企业进口了大量的国外设备，仅仅承接了跨国公司的某一个生产环节（工序），就实现了企业的跨越式发展。

国际金融危机爆发以来，全球和中国经济下行进入中高速增长阶段，中国出口减速，市场需求快速变化，由于中国企业集中在中上游环节，对市场需求变化敏感度偏低，中国企业承担了较大成本。加上国内企业逐渐接近跨国公司"打击距离"之内，国内企业在研发投入、品牌和渠道建设方面的弱点逐渐显露出来，产品开发能力弱以及对市场需求变化的不敏感导致产业结构性矛盾凸显。对比国际金融危机前后的产业发展情况，我们认为中国的发展阶段正处在一个战略转折点上，正在从经济起飞阶段转向平稳持续增长阶段，也就是当前新常态视角下的由高速增长向中高速增长的转型，需要转向更加依靠内需和创新的发展战略和模式，这对产业发展模式造成了冲击和影响，中国的产业发展模式必须由基于投资的发展模式向基于创新的发展模式转型，这一转型不仅需要发展战略上从出口导向向内需导向的转变，也需要更完善、成熟的制度安排（见表2-1），如果不能完成产业的转型升级，则中国的产业结构将会陷入如图2-2所示的倒

U 形曲线的下行区间。

表 2 - 1　两个发展阶段的比较

	国际金融危机前	国际金融危机后
发展阶段	经济起飞阶段	平稳持续增长阶段
发展战略	出口导向	内需导向
产业发展模式	基于投资的产业发展模式	基于创新的产业发展模式
制度安排	少量的政策改革	高质量的制度建设

　　从基于投资的产业发展模式转向基于创新的产业发展模式，对于软环境要求更高，需要更为成熟的制度安排。中国的经济增长是在缺乏完善的制度支撑下进行的（Linda Yueh，2015），经济学家一般认为，制度建设是经济增长的前提条件，包括市场经济的建立和法律保护、对产权的明确界定和法律保护、金融制度和市场的发展等，而改革开放以来中国的法律体系、市场机制和金融等制度建设相对不完善，却实现了经济高速增长的产业结构优化，并超越了许多制度上相对更加完善的经济体，这种奇特现象已经成为经济学界的一个谜题。

　　丹尼·罗德里克（2009）区分了启动增长和保持平稳增长两个阶段的制度需求，通过对全球 83 个经济体经济增长加速情况的分析，发现启动一国的经济增长并不需要做太多的事情，只要一小部分政策改革就可以实现经济起飞，一个经济体在经济增长初期往往政策变化并不大，这意味着一个经济体不需要采取大规模的制度变革也可以开启增长之门。但是，在度过经济起飞阶段以后，更高的经济质量和产业层次对制度的要求会更高，因此，往往保持平稳持续增长比启动增长更加困难，需要更为全面、广泛、深入的制度变革，包括产权制度、监管制度、宏观经济稳定制度、社会保障制度和冲突管理制度，这也是党的十八大以来全面深化改革的逻辑背景，而当前的制度改革和政策创新，对于建立基于创新和内需的经济发展方式至关重要。

第四节　国内价值链视角下的产业结构调整：理论拓展

随着中国产业发展逐步接近价值链高端，嵌入全球价值链实现产业升级的传统模式所受到的限制越发明显，而基于国内本土市场需求导向的国内价值链构建可能是中国实现产业结构优化升级的必经之路（刘志彪和张杰，2007）。产业结构优化升级一般是指一个区域由低层次产业向高层次产业的演进过程，对于如何实现产业结构优化升级，传统的产业结构研究思路主要集中在主导产业的转换上（徐佳宾，2005），20世纪90年代，伴随着全球生产网络的演进，一些学者开始尝试从价值链角度研究产业结构，并形成了一大批研究成果。

1990年以来，产业内分工、产品内分工逐渐成为国际贸易的主要形式，引发了学术界从价值链视角研究产业结构优化升级问题，魏丽华（2009）认为，东亚经济体遵循着"工艺流程升级—产品升级—功能升级—链条升级"的路径，东亚经济体遵循的就是这种路径。张其仔（2008）认为产业结构优化可以有两种思路：价值链思路与结构调整思路。陈羽和邝国良（2009）比较分析了"价值链思路"与"结构调整思路"，认为"价值链思路"更接近产业结构优化升级的本质，提出了价值链思路下产业结构优化升级的两种路径，即产业内调整路径与产业间调整路径。

面对新的全球经济和贸易发展形势，中国产业结构优化升级的思路局限在产业间结构调整上是不行的，各个行业均出现了产能过剩，并且随着我们向技术前沿的靠近，采取产业间调整路径容易造成升级过程中的低端锁定，产业价值链提升受到忽视，导致在全球产业分工和利益分配中处于不利地位，中高端要素积累薄弱，到一定时期会限制产业结构的进一步优化，而产业内优化升级的重点在于提升价值链，加速要素禀赋结构升级，这对长期的产业结构优化有利，能为结构升级提供更大空间。张平（2014）利用1997年到2007年的15个行业的数据，对中国制造业的产业间结构升级和产业内结构升级进行了实证研究，结果显示，中国制造业结构演进出现了产业间升级与产业内升级的背离，产业间升级明显，但从产业内部看，产品附加值呈现下降态势，笔者认为这种背离很大程度上是由中国制造在全球价值链分工的地位造成的。赵西三（2010）通过对国际金融危机冲击下河南省产业结构优化升级的实证研究，认为从国内价值链视角看，作为内陆地区的河南，其产业结构并没有优化，呈现出被动调整的迹象，并且在一定程度上被锁定在以能源原材料为主的产业结构上，产业结构优化升级的阻力较大。

因此，未来一段时期，产业内结构优化升级也就是"价值链思路"对我国产业结构优化升级具有重大意义，尤其是伴随着高铁、航空以及互联网的高速发展，交通、沟通成本大幅度降低，经济联系和要素流动更为快捷，各区域可以通过价值链重构优化区域产业分工，进一步发挥比较优势，实现产业结构优化升级，这一思路将是未来中国产业结构优化升级研究的主要方向。

价值链提供了产业结构优化的微观视角，一个经济体产业结构优化的本质是：新产业如何成长，老产业如何退出，生产要素如何从老产业向新产业快速配置，而全球价值链一定程度上制约了生产要素的流动。基于国内价值链构建推进中国产业结构内在的优化升级，主要着眼于产业内优化升级路径。嵌入全球价值链的产业结构优化更加侧重于新产业的引进，尤其是最近几年，内陆地区为摆脱对能源原材料产业的过度依赖，一些地方致力于对电子信息制造业等所谓"高端产业"的引入，富士康、和硕、纬创、仁宝等代工企业纷纷向内陆迁移，从产业规模和出口指标上看，确实优化了内地的产业结构和出口结构，电子信息产业比重大幅度提升，但从价值链视角看，地方并没有从产业结构优化中受益，生产要素的高级化和产品层次升级受到代工模式的明显制约，这些企业占据了大量的土地、劳动力和政策资源，对于内陆本土企业形成了"挤出"。

如图2-3所示，国内价值链构建视角下的产业结构优化，更注重产业内结构的优化升级，重点不在于培育壮大一些新的产业，而是聚焦提升要素禀赋结构，在研发创新能力、生产性服务业、产品层次、品牌建设和营销能力等方面优化升级，培育一批具有较强产业链整合能力的"链主"，对国内资源和产业进行价值链整合，进而对全球资源和产业进行整合，提高产业的国内附加值。

从区域视角看，国内价值链构建可以转变双重"中心—外围"的发展格局，优化资源和产业的空间配置，在新常态下，中国必须转变嵌入全球价值链的"俘获式"产业结构优化升级模式，转向国内市场寻求产业结构优化升级的新驱动力，重构东部沿海地区、中部地区、西部地区之间的产业分工体系，构建各区域充分发挥比较优势的国内价值链（见图2-4）。需要指出的是，国内价值链构建并非重返改革开放前的封闭式产业体系，也不是要把各区域的产业结构单一地限定在某个功能定位中,而是增强国内区域间产业结构之间的内在联系,优化资源配置效率和产业空间结构,提高各区域产业结构优化升级的自主性,提高产业链整体的核心竞争力,从而提升中国产业在全球价值链中的低端定位,实现产业结构优化与经济转型升级。任何产业都有向上提升价值链的空间,如能源原材料产业,中西部地区可以依托能源原材料产业优势,集聚国际国内创新资源,积极向新能源、新材料拓展。

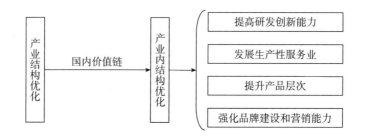

图 2 – 3 国内价值链构建视角下的产业结构优化

资源来源:笔者自绘。

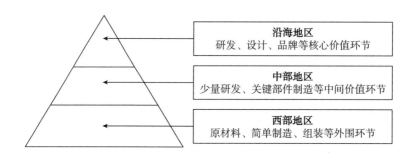

图 2 – 4 国内价值链重构的基本框架

资料来源:笔者自绘。

结合本部分的研究,我们提出本书的分析框架,如图 2 – 5 所示,从嵌入全球价值链到构建国内价值链,产业结构优化路径从侧重于产业间结构调整向更加重视产业内结构调整转变,这一转变引发产业发展模式的转型,从基于投资的产业发展模式向基于创新的产业发展模式转型,由于两种模式对于制度的要求不同,从而需要政府行为从"为增长而竞争"到"为转型而竞争"的转变,接下来本书将围绕这一分析框架展开研究。

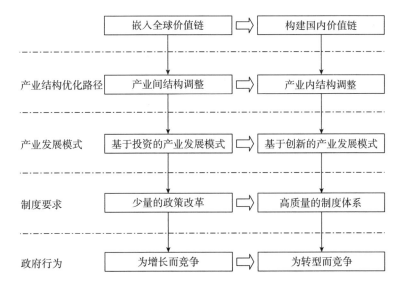

图 2 - 5　基于国内价值链重构的产业结构优化分析框架

资料资源：笔者自绘。

第三章　追赶的绩效：全球价值链视角下的产业结构演进

改革开放以来，尤其是 20 世纪 90 年代以来，国际产业资本与中国丰富的劳动力在沿海地区的时空交汇（陈钊和陆铭，2009），重构了全球生产网络，中国产业快速嵌入全球价值链中，产业结构和空间布局剧烈调整。但是，对于在全球价值链中中国的产业结构是否得到了优化升级，研究者从不同视角得出了不同甚至截然相反的结论，一些学者认为出口导向战略有利于中国更好地发挥比较优势，从而使产业结构明显优化（林毅夫，2002），也有学者认为嵌入全球价值链造成大多数产业的"低端锁定"，俘获式的产业升级模式带来了"悲惨增长"，制约了中国产业结构优化升级（卢福财和胡平波，2007；卓越和张珉，2008；谭力文等，2008）。为什么对同一经济现象的分析会得出迥异的研究结论？本章从全球价值链视角分析中国产业结构的演进轨迹，力求给出一个逻辑一致的解释，为后面的分析提供一个理论框架。

第一节　全球价值链视角下中国产业结构的演进

改革开放尤其是加入世界贸易组织以来，中国对外贸易快速增长，如图 3 - 1 所示，2019 年货物进出口总额达到 45800 亿美元，是 2001 年的 9 倍，稳居全球第一大货物贸易大国的地位，也是首次成为世界第一货物贸易大国的发展中国家，显示出了中国逐步融入全球产业分工和价值链的过程（见图 3 - 1）。

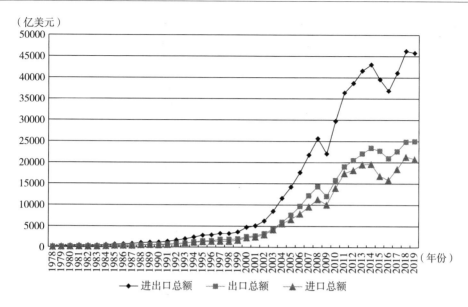

图 3-1 中国进出口贸易总额

资料来源：《中国统计年鉴》（2020）。

随着进出口总额的增长，中国吸引的外商直接投资也实现了快速增长，如图 3-2 所示，外商直接投资由 2001 年的 468.8 亿美元增长到 2019 年的 1381.4 亿美元，中国逐渐成为最受外资青睐的国家。FDI 和跨国公司大量进入中国，改变了国内的贸易结构，促进了中国比较优势的动态演化。

随着对外贸易和外商直接投资（FDI）的快速增长，贸易结构调整加快，进而促进了中国产业结构的变迁。根据联合国贸易和发展会议（UNCTAD）提供的数据，按技术程度划分，1995 年到 2011 年，劳动密集与资源禀赋制成品出口占中国总出口的比重从 40.64% 下降到 23.83%，中等技术密集型产品、高技术密集型制成品出口比重分别上升了 8.46 和 16.97 个百分点（见图 3-3）。2014 年出口商品总额 23427.5 亿美元，其中工业制成品出口额 22300.4 亿美元，初级产品出口额 1127.1 亿美元，仅占 4.8%，而 1983 年初级产品出口额占比高达 43.3%。2014 年，中国机电产品出口占出口总额的比重超过 56%，装备制造业电力、通信、机车车辆等装备制造出口增长 10% 以上，高端技术设备进口加速增长，生物技术产品、计算机集成制造技术产品、航空航天技术产品等高新技术产品进口增速超过 15%，为国内产业结构优化提供了有力支撑。

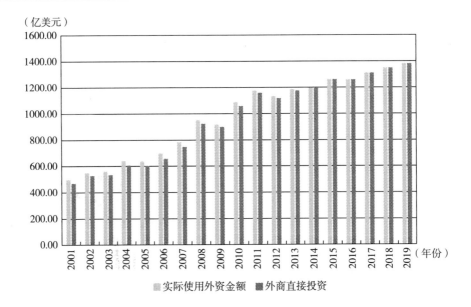

图 3 - 2　中国实际使用外资金额和外商直接投资

资料来源:《中国统计年鉴》(2020)。

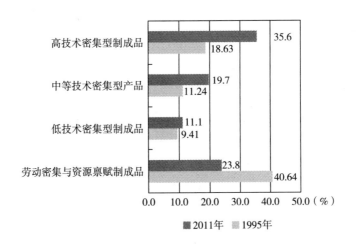

图 3 - 3　中国出口结构变化

资料来源:联合国贸易和发展会议。

中国海关总署发布数据显示,2020 年我国进出口总值双双创历史新高,国际市场份额也创历史最好纪录,成为全球唯一实现货物贸易正增长的主要经济体,货物贸易第一大国的地位进一步巩固。出口结构继续优化,机电产品出口占出口总值的 59.4%，其中笔记本电脑、家用电器、医疗仪器及器械出口同比分别增长 20.4%、24.2%、41.5%。

林毅夫和王燕（2009）认为，中国产业融入世界经济和全球价值链，是一个学习、积累和升级的过程。他们的研究表明，改革开放以来中国经历了三次产业升级：第一次的时间节点是 1986 年，纺织与服装出口额超过原油出口额，标志着从出口资源密集型产品向出口劳动密集型产品的转变；第二次的时间节点是 1995 年，机械和电子产品出口额超过纺织与服装出口额，标志着从出口传统劳动密集型产品向出口非传统劳动密集型产品的转变；第三次的时间节点是 2001 年，在加入 WTO 之后，高技术产品出口快速增长，产品复杂度快速提升，在汽车、计算机、智能装备、飞机制造等领域，更多的国内企业成为跨国公司全球供应链和价值链的重要组成环节。林毅夫（2010）考察了全球大多数发展中经济体的经验，提出了新结构经济学的理论框架，认为经济发展本质上是一个产业结构优化升级的连续过程，一个经济体的最优产业结构内生于该时点上的劳动、资本和自然资源的相对丰裕程度，会随着一国禀赋结构的变化而升级，产业结构优化需要通过学习了解具有最大需求的领域，形成知识积累，实现价值链提升。

中国制成品出口的显性比较优势指数变化情况也显示出了产业结构的持续优化，联合国贸易和发展会议的数据显示（见表 3-1），从 1998 年到 2011 年，机械与运输装备的显性比较优势指数从 0.66 提高到 1.48，纺织品和服装的显性比较优势指数下降，从 3.37 下降到 2.97，中高技术密集型产品的显性比较优势指数明显提升。

表 3-1　中国部分出口产品显性比较优势指数

	1998 年	2001 年	2004 年	2007 年	2011 年
机械与运输装备	0.66	0.88	1.17	1.31	1.48
纺织品和服装	3.37	3.24	2.90	3.06	2.97
劳动密集与资源禀赋制成品	2.93	2.79	2.50	2.56	2.68
低技术密集型制成品	1.31	1.41	1.34	1.54	1.62
中技术密集型产品	0.51	0.63	0.65	0.78	0.93
高技术密集型制成品	0.81	0.95	1.29	1.41	1.44

资料来源：联合国贸易和发展会议。

文东伟等（2009）参考 OECD（2003）制造业分类方法，把制造业分为资源密集型、劳动密集型、资本密集型和资本及技术密集型四类，分析了 1980 年到 2006 年中国产业结构变迁情况。其中，20 世纪 80 年代，劳动密集型产业比重超过资本及技术密集型产业比重，1980 年两者占全国份额的比重分别为 31.02% 和 20.79%，但一直保持着此消彼长的态势，1993 年资本及技术密集型产业首次超过劳动密集型产业，并逐步扩大领先优势，2006 年已经超出了 14.89 个百分点。他们的回归分析发现，在资源密集型、劳动密集型以及资本密集型产业中，外资参与度与该行业占全国比重呈负相关关系，表明这一产业结构变迁主要来源于外资企业的贡献，显示出跨国公司根据产业发展趋势和区域比较优势变化，在全球范围内调整产业链布局的趋势。姚志毅和张亚斌（2011）构建了全球生产网络下产业结构升级的指标体系，并对 1995 年到 2009 年中国产业结构升级进行了实证研究，结果表明中国的产业结构总体来说是逐年升级的。

第二节　中国制造在全球价值链的地位变化

嵌入全球价值链提升了中国产品尤其是出口产品的技术结构，从而优化了中国的产业产品结构。Dani Rodrik（2006）利用 Hausman 等（2005）构建的出口复杂度指数对中国出口产品技术结构进行研究后，发现中国出口产品的技术结构已经大大高于其发展水平，但也认为这一结构变化主要来自外资企业的贡献。杨汝岱和姚洋（2008）构建了一个有限追赶指数，并对 112 个国家和地区的出口情况进行了研究，发现中国已经改变了以往以低技术出口为主的局面，出口产品的技术结构已经超过了世界同等收入国家水平。杜传忠和张丽（2013）从全国、行业和区域三个层面对 2002 年到 2011 年工业制成品出口技术复杂度进行了分析，结论是总体上呈现稳步增长态势，但复杂度变化却有着明显的行业差异性和区域差异性，以组装为核心的电子信息制造业复杂度提升较快，并且主要集中在沿海地区，这一态势符合实际。刘维林等（2014）利用 2001 年到 2010 年中国 21 个制造业部门的面板数据对制造业出口技术复杂度进行了研究，认为中国制造业通过嵌入全球价值链获得了出口产品技术复杂度的显著提升，其内在机理是，在嵌入全球价值链过程中对先进技术进行引进、模仿、消化和吸收，这种技术外溢带动了国内工艺、产品的升级。

张亚斌等（2015）把农业、工业和服务业均纳入考察范围，参考 Rahman 和 Zhao（2013）要素密集度分类方法将农业、工业和服务业的 35 个子行业分为 8 类，分别是初级产业、劳动密集型制造业、资本密集型制造业、知识密集型制造业、劳动密集型服务业、资本密集型服务业、知识密集型服务业和公共服务业。同时，利用 1995 年到 2011 年的数据分析了全球价值链视角下中国出口呈现的新特征，以增加值衡量，1995 年到 2011 年，出口对 GDP 增长的贡献率由 4.34% 提高到 28.81%，各产业对 GDP 增长的贡献均有提升，其中制造业总体贡献率为 15.68%，知识密集型制造业贡献持续上升，由 1995～1996 年的 1.66% 上升到 2010～2011 年的 7.77%，服务业总体贡献率由 1995～1996 年的 -0.15% 上升到 2010～2011 年的 9.85%，总体和各产业层面出口对 GDP 增长的贡献均呈现出"先增后减"的倒 U 形特征，而其拐点就是 2008 年国际金融危机的爆发，国际金融危机背景下出口对中国产业结构变迁会造成什么样的影响，是本书关注的重要内容。

从更为广泛的范围考察，嵌入全球价值链对中国产业结构优化的影响更为深入，除了跨国公司把更为高端的产业环节逐步移入中国，优化了产出结构之外，还有三个视角需要关注，一是技术外溢推进了企业转型升级，跨国公司技术、知识、管理等要素外溢带动了国内企业的转型升级，改革开放以来，中国乡镇企业异军突起，成为中国经济转型的重要支撑，但是技术与管理水平比较低，产业产品层次低，在与跨国公司的合作中，按照跨国公司的标准管理提高了企业经营管理水平，跨国公司技术、管理人员转移到国内企业中就职，也加速了本土企业的学习和创新。二是跨国公司激发了国内的企业家才能，跨国公司在技术研发、产品开发、营销服务、市场拓展等方面的示范，为国内企业家提供了学习样板，企业家对如何根据市场需求变化开发出适销对路的产品、制定合适的战略拓展市场，有了更多的技术与知识储备，企业家才能是产业结构优化的重要支撑，国有企业和民营企业都通过对标跨国企业提升了企业家才能，加入 WTO 以来，国有企业和民营企业的转型升级进程加快。三是通过促进制度变迁优化产业结构，跨国公司进入中国后，原来的制度已经比较滞后，引发了中国在税收、产权、法律、外贸、市场准入、知识产权等诸多领域的制度变迁，这一制度变迁不仅为外资提供了发展空间，也为内资企业提供了广阔的市场机会，促进了中国产业结构由"违背比较优势"向"发挥比较优势"的调整和优化。

第四章 追赶的极限：中国制造过度嵌入全球价值链了吗

虽然诸多研究表明，开放带动了中国的产业结构优化，中国通过嵌入全球价值链，承接了符合比较优势的产业链环节，并在跨国公司的技术、知识、管理能力等外溢中，通过学习、模仿等方式，提高了技术、管理水平。但是，嵌入全球价值链一定程度上也导致了中国产业的"低端锁定"，在沿着价值链向上攀升时受到阻力，制约了中国产业结构的进一步优化。

第一节 中国制造过度嵌入全球价值链了吗

由于出口产品中包含着大量的进口零部件，中国的出口规模被严重高估了。从价值链角度看，中国中高技术密集型产品显性比较优势上升是一种"假象"，一定程度上导致了中国的产业结构"虚高化"。在全球价值链下，加入 WTO 以来，国际产业转移呈现新特点，中高技术密集型产业模块化趋势明显，产业内、产品内分工趋于成熟，可以按照要素禀赋结构把产业分为不同区段。跨国公司把要素禀赋结构需求不同的产业区段分散到比较优势更优的区域，核心研发环节保留在国内，把关键零组件分布到具有一定创新能力的日本、韩国等地区，并把部分低端研发环节、加工制造、组装等环节转移到成本优势明显的祖国大陆地区，在东亚经济体内部形成了生产三角。日本、韩国等地区大量的高附加值零组件进入祖国大陆组装成产品再出口到全球各地，导致祖国大陆以产出衡量的中高技术密集型产品占比大幅度上升，产业结构"虚高化"。21 世纪以来，由于中国劳动力成本持续上升，纺织服装等劳动密集型产品的比较优势已经不再明显，美国咨询公司波士顿（BCG）于2014年8月发布的一份研究报告显示，设定美国的制造业成本指数为100，中国的制造业成本指数便高达96，接近美国制造业成本水平，高于印度、泰国、印度尼西亚等经济体的制造业成本水平，导致中国沿海地区劳动密集型企业转移到国内的企业逐步增多，中国的产业结构面临着发达国家与后发经济体的双重挤压。

为更准确地反映全球化时代的国际贸易实际情况，2013年初，经合组织与世界贸易组织推出了全球贸易测算新方法——附加值贸易测算法，改变了传统的贸易观。附加值贸易测算法有助于更好地理解一个国家在全球价值链中的地位。按照这一新方法，中国商务部重大课题《全球价值链与国际贸易利益关系研究》的研究结论表明，按照增加值核算，2007年中美贸易顺差将比按照进出口总额核算的结果减少60%左右，2002年、2007年加工贸易出口增加值率分别为16.6%、17.4%，仅以进出口总值衡量显然夸大了出口规模。

同时，该课题对2012年中国出口增加值的初步核算（见表4-1）表明，中国单位出口的国内附加值相对偏低，传统的贸易总值统计体系下出口对中国经济增长的作用一定程度上被高估了。该课题组的计算结果表明，2012年中国出口的国内增加值约为1.4万亿美元，仅占出口总额的64%，也就是说每1000美元带动的国内增加值为640美元。以总额计算的出口量大大高估了中国的出口规模，因为其中包含了大量的进口零组件，这些环节的附加值计算在出口额中，但并不是在国内创造的。

表4-1 2012年中国货物和服务出口带动的国内增加值

	总出口	货物出口			服务贸易出口
		货物总出口	加工贸易	一般贸易	
每1000美元出口带动国内增加值（美元）	640	621	386	792	848
总出口（亿美元）	22391.5	20487.1	8626.7	11860.5	1904.4
国内增加值（亿美元）	14335.8	12720.7	3327.4	9393.3	1616.1

资料来源：商务部中国全球价值链课题组. 全球价值链与中国贸易增加值核算研究报告（2014年度）[R]. 2014.

尤其是加工贸易，由于零部件来自国外只是在国内组装，中国从中得到的收益大大低于发达国家，如表4-1所示，每1000美元带来的国内增加值仅为386

美元，远远低于其他贸易方式，分别仅为一般贸易和服务贸易的 48.7% 和 45.5%。而中国中高端产业出口中加工贸易占比偏高（见表 4 - 2），如船舶及浮动装置制造业、文化及办公用机械制造业、电子计算机制造业、家用视听设备制造业出口额中加工贸易占比高达 80% 以上。这一定程度上说明了中国产业结构的"虚高化"，所谓的中高端产业主要承担的是低附加值环节，高端环节仍然为跨国企业所控制。

表 4 - 2　2012 年中国主要行业出口额中加工贸易出口占比

行业	加工贸易占比（%）
船舶及浮动装置制造业	92.4
文化及办公用机械制造业	89.1
电子计算机制造业	88.3
家用视听设备制造业	80.9
通信设备及雷达制造业	71.1
其他电子设备制造业	68.6
仪器仪表制造业	64.6
铁路运输设备制造业	63.1
输配电及控制设备制造业	54.6
合成材料制造业	52.3
家用电器和非电子器具制造业	51.8
电子元器件	48.0

资料来源：中国海关。

中国产品参与国际竞争主要依赖规模和价格等优势，产品缺乏核心技术和竞争力，附加价值偏低。根据国家统计局公布的数据，2013 年中国机电和高新技术产品占全部出口额的比重已经高达 57.3% 和 29.9%，但是，其中大部分的核心技术掌握在外资企业和跨国企业手中，61.2% 的机电产品由外资企业生产，内资企业占比不高并且产品层次更低，其中又有 51.1% 是以加工贸易方式出口的，内部隐含了大量附加值高的进口零部件，另外，虽然多年来我国高新技术产业始终保持着较高增速，但是 73% 的高新技术产品由外资企业生产，而其中又有 65.3% 是以加工贸易方式出口的，显然，高新技术产业嵌入全球价值链程度更深，反映了中国产业结构的现状。如表 4 - 3 所示，2014 年出口中加工贸易仍占到 37.7%，外商投资企业占到 45.9%；2015 年民营企业占出口比重才首次超过外商投资企业，达到 45.2%，超过外商投资企业 1 个百分点。

表 4-3　2014 年中国进出口贸易方式和企业性质情况

项目		出口		进口	
		金额（亿美元）	占比（%）	金额（亿美元）	占比（%）
总值		23427.5	100.0	19602.9	100.0
贸易方式	一般贸易	12036.8	51.4	11095.1	56.6
	加工贸易	8843.6	37.7	5243.8	26.8
	其他贸易	2547.1	10.9	3264.0	16.7
企业性质	国有企业	2564.9	10.9	4910.5	25.0
	外商投资企业	10747.3	45.9	9093.1	46.4
	民营企业	10115.2	43.2	5599.3	28.6

资料来源：《中国统计年鉴》（2015）。

根据商务部的数据，直到 2019 年民营企业才首次超过外商投资企业，成为我国最大外贸经营主体。2019 年，民营企业进出口 13.48 万亿元，增长 11.4%，占我国外贸总值的 42.7%，比 2018 年提升 3.1 个百分点，外商投资企业进出口 12.57 万亿元，下降 3.2%，占我国外贸总值的 39.9%。国有企业进出口 5.32 万亿元，增长 0.4%，占 16.9%。

考虑到加工贸易和外商直接投资，中国出口产品的技术结构显然也被高估了，国内外许多专家考察了中国出口产品技术结构情况，Naughton（2007）利用 1996 年到 2007 年的数据对中国出口产品技术结构进行了实证研究，认为从 1996 年到 2007 年，中国出口的高技术产品中加工贸易占比高达 92%，并且大多数是外商投资企业贡献的，因此，中国出口的技术结构被严重高估了。Zhi Wang 和 Shangjin Wei（2007）研究发现，实际上加工贸易对中国出口技术结构的提升没有起到作用，甚至在一定程度上抑制了中国出口的技术结构，因为加工贸易在国内形成了封闭的生产体系，技术外溢较少，挤压了国内企业的生存空间。刘维林等（2014）认为嵌入全球价值链对出口产品的技术提升具有两面性，跨国公司往往把组装等低附加值工序布局在发展中国家，牢牢控制着研发设计等高附加值环节，往往导致后发国家的技术学习空间十分有限，跨国公司在价值链治理结构中利用垄断地位使国内企业形成大量专用型资产，导致国内企业利润率低下，研发创新能力难以提升，可能会被长期锁定在"低端"环节。

虽然加工贸易和外商直接投资的存在一定程度上造成中国的出口结构和产业

结构被高估，但判断中国产业结构是否过度嵌入了全球价值链仍然是一个难题，由于全球价值链嵌入程度缺乏相应的测度指标和量化手段，相关实证研究不多。2013 年，联合国贸易和发展会议的研究报告《全球价值链：促进发展的投资与贸易》，对 2010 年出口排名前 25 位的发展经济体的全球价值链参与率进行了分析，中国以 59% 居第 5 位，一些较大的发展中经济体的全球价值链参与率相对比较低，排在中国前面的国家都是小型经济体。

随着对全球价值链研究的持续深化，国内外学者尝试构建指标体系对一国整体和某些产业在全球价值链中的地位进行衡量，程大中（2015）基于跨国投入—产出分析了中国参与全球价值链分工的程度及演进趋势，发现中国以外国增加值比重衡量的全球价值链分工参与度趋于上升，1995 年到 2011 年，中国进口中间品占全部使用中间品的比重从 8.6% 上升到 9.9%，同期，中国生产的产品所含外国增加值的比重上升了 5 到 10 个百分点，2011 年出口品所含外国增加值比重超过 20%，国内使用的中间品和最终品所含外国增加值比重分别为 18% 和 14%。他们的研究认为，中国加入 WTO 提高了中国嵌入全球价值链的程度，但 2008 年的国际金融危机使得这一进程发生了暂时性逆转，截至 2011 年尚未恢复到 2005 年的高水平，进一步的研究发现，从趋势看，中国与美国、德国的产业关联度持续上升，与日本、韩国的产业关联度呈现下降趋势，说明中国产品所含外国增加值的来源正在发生变化。刘琳（2015）利用世界投入产出数据库（WIOD）测度了中国整体以及三类技术制造业行业参与全球价值链的程度，结果表明，1995年至 2011 年，中国参与全球价值链的程度持续增强，加入 WTO 后加速了中国嵌入全球价值链的进程，但中国在全球价值链中的地位指数均为负数，说明中国整体在国际产业分工中的定位较低，分行业看，中技术与高技术制造业的国际分工地位在波动中下降，低技术制造业的国际分工地位在稳步提升。

第二节　国际金融危机的冲击暴露了
过度嵌入全球价值链问题

从以上分析可以看出，中国的产业结构嵌入全球价值链的程度已经远远超出同等发展经济体的平均水平，突出表现为出口产品外国附加值占比的不断提高，而国内附加值部分，外资企业又占有较大比重，造成了产业结构低端锁定、产业质量与效益提升缓慢、空间布局不合理等诸多结构性矛盾和问题，国际金融危机爆发使得这些问题更加凸显。

改革开放以来，依托丰富的劳动力资源，中国企业尤其是沿海地区的企业凭借低廉的劳动密集型产品在国际市场上充分发挥比较优势，实现了长时间的高速经济增长，堪称中国奇迹（林毅夫，1994），但是，随着全球经济一体化的推进，国际分工造成的利益不均衡使得低端嵌入全球价值链的中国制造正逐步陷入低端锁定，核心价值环节缺失，产业升级阻力增大（刘志彪，2007；卢福财和胡平波，2008；卓越和张珉，2008）。平新乔（2007）的实证研究表明，外资进入并没有缩小中国企业与国际先进技术之间的距离，反而会妨碍内资企业通过研发自主创新而缩小与国际先进技术水平之间距离的努力，造成中国企业缺乏自有技术和能力，产业链被跨国企业牢牢控制，也就是市场并没有换来技术。杜宇玮和熊宇（2011）认为，全球价值链下发达国家的跨国企业通过规模效应、俘获效应、用工压榨效应、消费遏制效应以及制度效应，降低并压制了中国本土制造企业超越代工的主动性与可能性。国际金融危机冲击下沿海地区外向型企业的表现充分暴露了中国通过嵌入全球价值链实现产业结构优化升级的局限性。

在国际金融危机的冲击下，这种过度嵌入全球价值链的"俘获式"产业结构优化升级模式导致了国内诸多经济问题的产生，主要表现在以下四个方面：

一是核心价值环节缺失。由于在全球价值链中居于中低端，产业价值链中的研发、品牌、服务等高附加值环节主要被跨国公司及其在国内的子公司、外资企业控制，据统计，全球销售的中国制造的皮鞋、服装等劳动密集型产品，中国仅获得3%左右的价值，包括设计、品牌、销售等环节在内的增加值主要由跨国公司获得，核心价值环节缺失不仅造成中国产业利润低薄，更重要的是，造成了国内企业在高端要素上的积累相对缓慢，还承担了大部分的资源消耗与环境污染。

二是产业结构优化升级受阻。由于本土企业在研发、技术人才、品牌价值等高端要素领域积累相对不足，关键环节大多被外资企业控制，嵌入全球价值链的产业升级模式一般只能采取跟随发达国家的战略，尤其是伴随着产业成长，中国企业在一定领域可以和跨国公司展开竞争并向较高层次产业链环节升级时，容易遭受发达国家和跨国公司的压制甚至打压，并且产业和技术越接近发达国家的水平时，这种打压就会越强烈，发达国家和跨国公司对技术的封锁越严密，产业结构优化升级遇到的阻力也就越大。

三是服务业尤其是生产性服务业发展滞后。一般来说，服务业尤其是附加值较高的现代服务业主要集中在价值链的上游研发、设计环节和下游销售、品牌、渠道等环节，跨国公司对这些高附加值价值环节的控制压低了中国企业在这些价值环节的发展空间，这是现代服务业尤其是生产型服务业发展滞后的一个关键因素，这一弱点在本轮经济调整中充分暴露，沿海一些外贸型企业出口受阻后，由于过去只集中在加工组装环节，缺乏渠道和营销体系，也不能针对国内消费者开发一些适销的产品，对开拓国内市场束手无策。

四是区域产业分工合作网络没有形成。嵌入全球价值链的产业结构优化升级模式使得东部沿海地区逐步发展成为全球价值链的产品组装中心和初级产品生产地，而广大中西部地区的企业在为沿海地区配套中，逐步成为东部地区的资源和劳动力输出地，造成了区域产业发展失衡，产业分工合作比较单一，不能形成优势互补、无缝衔接的现代产业生产网络，阻碍了资源在全国范围内的优化配置与产业结构优化升级的步伐，也使得中西部的比较优势不能完全发挥出来，目前这种区域产业发展不均衡已经开始损害到长期的经济增长。

国际金融危机对中国产业的冲击充分暴露了中国产业结构低端锁定的现实困境，引发了关于中国产业结构优化升级方向与路径的持续讨论，梳理相关观点，我们认为已经初步形成了如下七点共识：

一是通过嵌入全球价值链，中国产业结构优化升级步伐加快，中国成为名副其实的国际制造中心，但由于处在全球价值链的低端加工制造环节，造成"低端锁定"与核心环节相对缺失，附加值偏低，利润微薄，产业结构出现被"俘获"的现象，向高端环节升级步伐明显受阻。更为遗憾的是，在东部地区产业结构陷入"低端锁定"的同时，中西部地区依托比较优势成为东部地区的资源与劳动力输出地，产业结构更加单一，在区域产业分工体系中处于更加不利的地位，造成了国内区域产业发展与布局失衡，一定程度上阻碍了区域产业结构优化升级步伐。

二是由于大国效应，中国的产业结构布局不仅仅是全球价值链中的一点，而是可以覆盖较长一段（蔡昉等，2009），中国既有上海、北京、香港、深圳等这样的现代服务业经济体，也有浙江、江苏、河南等这样的制造业经济体，还有山西、内蒙古等这样的资源性经济体，可以发挥各自的比较优势，在国内形成完整的产业链、价值链和创新链，优化资源配置效率和产业空间布局，提高中国产业在全球产业链和价值链中的地位。

三是中国不能过早地"去工业化"，工业结构没有提高到一定层次，研发、设计、品牌等环节发展必然受阻，当前中国不能通过把所谓"低端"的劳动密集型产业转移出去，实现产业结构优化升级，我们传统的劳动密集型产业在品牌、服务、渠道等环节具有巨大提升空间，依托国内市场提升产业产品结构是劳动密集型产业转型升级的可行路径。另外，虽然传统产业在沿海地区的竞争力持续减弱，但是在广大内陆地区依然有较大的发展空间，所以电子组装、家电、纺织服装、家具等劳动密集型产业内迁是沿海地区和内陆地区实现双赢的一个重要战略，也是构建现代产业分工网络、优化产业空间布局的一个重要途径，中国可以依托大国空间、发挥大国效应，培育形成国内版雁阵，提高产业链整体竞争力。

　　四是中国不应追求像美国那样较高的服务业比重，美国、新加坡等服务型经济体实际上通过跨国企业和海外产业园，掌控着巨大的制造业规模，是建立在发展中国家庞大的工业规模基础上的，中国必须把制造业作为产业结构优化升级的平台，通过向研发、品牌等高端环节延伸拓展，带动生产性服务业加快发展，实现产业结构的优化升级。

　　五是中国处在由模仿向创新的转折点上，日本和韩国产业结构优化升级的经验表明，在出口导向、学习模仿的同时，一定要强化本土企业的研发投入和创新能力，否则就会陷入重复引进、低端锁定的恶性循环，阻碍产业结构优化升级的步伐。政府也必须加大研发投入，用引导资金激发企业创新活力，与日本、韩国相比，中国政府研发投入明显偏低。

　　六是由于存在着一定的技术差距和学习空间，中国企业的研发创新效率（指单位创新投入获得的产出）理论上应该更高，渐进式创新更加贴近中国产业发展实际和本土市场需求特点，在由模仿向创新的转折点上，中国完全可以实现更高的创新效率。如图4－1所示，唐晓云（2009）的研究表明，韩国、日本等后发国家有着比美、德、法更高的研发生产率。

　　七是伴随着经济增长动力由主要靠投资驱动向主要靠创新驱动转变，经济增速将会有所放缓，进入中高速增长阶段。此时，投资的重点与方向正在发生变化，不再是产业规模简单扩张上的投资，而是投资于研发创新以及由此带来的新产能、新技术、新业态等更高质量的投资。因此，当前外部环境倒逼国内企业向研发创新进军，中国不能再通过刺激政策把经济增长提升到一个不可持续的高速轨道上，中高速增长对企业的倒逼可能更有利于产业结构优化升级。

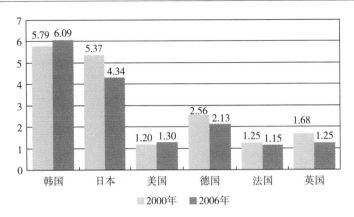

图 4 – 1 部分国家的研发生产率

注：研发生产率 = WIPO 统计的专利申请数（件）/研发费用（百万美元）。

资料来源：唐晓云．韩国的技术路径：专利、知识产权保护与产业选择［J］．亚太经济，2009（5）．

第五章　追赶陷阱：国内价值链缺失

国际金融危机爆发以来，沿海地区的代工企业发展陷入困境，甚至产生了"倒闭潮"，玩具、服装甚至电子产品领域均出现了代工企业纷纷破产倒闭的现象。但是，沿海地区的外向型企业宁愿继续通过代工赚取微薄的利润，也不愿通过自主创新与品牌塑造开发国内市场，充分表明中国国内价值链的严重缺失，这种缺失主要表现在创新能力不强、品牌影响力弱和服务业发展相对滞后三个方面。

第一节　创新能力不强

当前，无论是成熟行业还是新兴产业的核心技术，均需要投入大量的前期研发成本，而面临着跨国企业的竞争，中国消费需求结构尚不能为分摊成本提供强大的需求基础，加上嵌入全球价值链导致国内企业研发能力弱化，以及跨国企业对我们在高端技术上的封锁与垄断，造成中国企业通过培育国内价值链掌握核心技术的内在动力严重不足。

创新能力偏弱首先表现在投入上，根据《2019年国民经济与社会发展统计公报》，2019年中国研究与试验发展（R&D）经费支出22143.6亿元，与国内生产总值之比为2.23%。加入WTO以来，中国研究与试验发展经费支出与国内生产总值之比虽然有了较大提升，由2001年的不到1%提高到2019年的2.23%，但仍低于韩国、日本、美国、德国等国家2001年的水平（见表5-1）。

表 5 - 1　部分国家 R&D 投入占 GDP 比重　　　　　单位:%

	2001 年	2004 年	2007 年	2009 年	2011 年
韩国	2.59	2.85	3.21	3.56	4.03
日本	3.12	3.17	3.46	3.36	3.39
美国	2.76	2.59	2.70	2.90	2.77
德国	2.46	2.49	2.57	2.82	2.88
中国	0.95	1.23	1.40	1.70	1.84

资料来源:国家统计局网站。

2015 年 11 月,汤森路透①知识产权与科技事业部发布了《2015 年全球创新企业百强》,其评定标准包括专利总量、专利授权成功率、专利组合的全球覆盖率、专利影响力等,如图 5 - 1 所示,其中日本以 40 家位居全球第一,美国以 35 家位居第二,而中国内地无一家企业入围。该机构公布的 2018～2019 年度全球创新百强企业中国大陆也仅有 3 家企业上榜。一定程度上表明中国企业在技术创新和产品开发上还缺乏核心竞争力,尤其是在国际上,与美国、日本等国家的差距仍然较大。

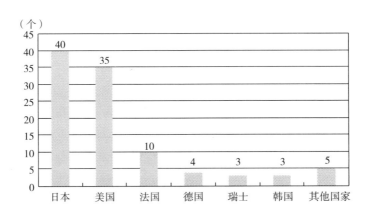

图 5 - 1　2015 年全球创新企业百强国别数量

创新能力不仅仅是资金投入问题,创新系统的质量与效率更为重要,专利量和论文量仅是创新存量,创新成果最终要产业化和产生财富,而中国科研成果转

---

① 汤森路透 (Thomson Reuters) 成立于 2008 年 4 月 17 日,是由加拿大汤姆逊公司 (The Thomson Corporation) 与英国路透集团 (Reuters Group PLC) 合并组成的商务和专业智能信息提供商。

化能力偏弱。国家知识产权局公布的《2019 年中国专利调查报告》数据显示，有效专利产业化率从 2014 年的 50.3% 下降到 2018 年的 38.6%，有效发明专利产业化率提升有限，从 2014 年的 33.8% 提高至 2016 年的 36.2%，但是 2018 年又下降至 32.3%，2019 年有效专利产业化率又小幅上升为 32.9%。表明我国大部分有效专利没有实现产业化，没有产生经济价值。

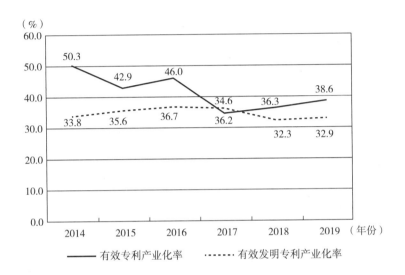

图 5-2　我国有效专利和有效发明专利产业化率

数据来源：国家知识产权局《2019 年中国专利调查报告》，2019 年 12 月。

近年来，我国创新能力明显提升，2019 年 9 月《光明日报》的一篇报道提供的资料显示，我国已经成为全球第二大研发投入和知识产出大国，SCI 国际科技论文数居世界第 2 位，其中高被引用论文数量处于世界第 3 位，国内发明专利申请量和授权量均居世界第 1 位。2019 年 1 月，欧盟发布《2018 年欧盟工业研发投资排名》，数据显示，2018~2019 年全球研发投入最多的 2500 家公司中，中国有 507 家企业入围，仅次于美国（769 家）排名全球第 2。2021 年 1 月，世界知识产权组织（WIPO）发布的《2020 年全球创新指数报告》显示，在 131 个经济体的创新能力排名中，中国位居全球第 14，是唯一一个进入前 30 名的中等收入经济体，中国在单位 GDP 本国人专利申请量、本国人实用新型申请量、本国人商标申请量、本国人外观设计申请量、创意产品出口在贸易总额中的占比等重要创新指标上均位居第 1。中国有 17 个科技集群进入全球科技集群百强，中国

仅次于美国，排在世界第 2 位。

但是，我国创新能力主要体现在从 1 到 N 阶段，模仿再创新优势明显，但是缺乏原始创新，导致很多领域被发达国家"卡脖子"，高端装备和技术受制于人，成为我国迈向世界科技强国的关键制约因素。2019 年初，《科技日报》对 35 项"卡脖子"技术进行了系列报道，引起强烈反响，美国制裁华为持续升级，中国提高自主创新能力迫在眉睫。

嵌入全球价值链对企业自主创新能力具有抑制作用，俞顺洪（2016）认为嵌入全球价值链对企业自主创新有积极影响的一面，比如知识的转让和溢出，但是随着全球价值链治理者的控制越来越强，处于被治理地位的中小企业面临低端锁定危险，当本土企业的创新符合跨国公司的利益时，跨国公司会鼎力支持，企业的创新水平提升很快，当本土企业的创新威胁到跨国公司的利益时，企业的创新活动就会受到跨国公司的阻挠。全球价值链下的本土企业即使从原始设备制造商（Original Equipment Manufacturer，OEM）升级到原始设计制造商（Original Design Manufacturer，ODM）阶段，产品设计能力得到提升，但依然处在全球价值链"链主"企业的控制之下（毛蕴诗，2016；杨桂菊，2016）。赵梦垠和钟昌标（2018）运用 2004～2015 年中国《高技术产业统计年鉴》，在区分推动效应与抑制效应带来的影响差异基础上，分析中国嵌入全球价值链对自主创新的影响，结论表明，全球价值链嵌入水平与中国高技术产业科技创新能力之间呈负相关，技术依赖和发达国家技术封锁使全球价值链对技术创新的负面抑制效应占主导。

第二节　品牌竞争力弱

在全球价值链下，本土企业一般没有自己的品牌，OEM 企业甚至只能赚取加工费，部分企业升级到 ODM 阶段，依然是依赖"链主"企业生存，真正升级到 OBM（自主品牌制造）阶段的企业很少。杜宇玮（2018）认为"依附式"国际代工模式下，中国本土产业升级必然受制于全球价值链"链主"的战略意图和行为，中国自主品牌缺失困境，很大程度上是跨国公司品牌壁垒下本土企业理性选择而形成的一种"合成谬误"。

20 世纪 90 年代以来，作为全球价值链"链主"的跨国公司策略性收购中国本土品牌进行"雪藏"，降低了国内品牌的影响力，美加净、中华牙膏、小护士、大宝、丁家宜等本土品牌被外资收购后，均出现了销量的大幅度下滑和品牌影响力的持续弱化，有的品牌甚至退出了国际国内市场。跨国公司对本土品牌的收购，实际上从压制"本土链主"的角度阻碍了国内价值链的形成。

根据工业和信息化部公布的数据，2011 年，世界 500 种主要工业品中，中国有 220 多种产品产量位居全球第 1，但是品牌影响力较弱。2015 年 10 月，Interbrand（全球知名品牌咨询机构）发布的 2015 年全球品牌 100 强榜单，中国只有两家品牌上榜，其中华为排名第 88 位，品牌价值为 45.92 亿美元。2019 年 10 月，该机构发布的 2019 年全球品牌 100 强榜单（见表 5 - 2），中国只有华为一家上榜，排名第 74 位，品牌价值为 68.87 亿美元。

表 5 - 2　2019 年全球品牌 100 强榜单（部分）

排名	品牌名称	品牌价值（亿美元）
1	苹果	2342.41
2	谷歌	1677.13
3	亚马逊	1252.63
4	微软	1088.47
5	可口可乐	633.65
6	三星电子	610.98
7	丰田汽车	526.46
8	梅赛德斯奔驰	508.32
9	麦当劳	453.62
10	迪士尼	433.52
74	华为	68.87

在全球价值链格局下，本土企业习惯于模仿和外延式扩张，研发和品牌投入意愿偏低，国际金融危机以来，沿海代工企业陷入困境，但是大多数企业不愿意建设自由品牌深耕国内市场，一方面是因为投入巨大，另一方面，国内区域市场之间存在着一定的分割，企业在跨区域资源整合和发展上面临一定的障碍，增加了品牌建设成本，庞大的国内市场规模没能为本土企业提供品牌支撑。没有企业品牌，就缺乏能够整合产业链和价值链的龙头企业，制约了国内价值链的构建和产业结构的进一步优化升级。

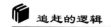

第三节　服务业发展相对滞后

中国服务业发展严重滞后，一直以来，中国服务业保持着平稳增长，占国民生产总值的比重持续提升，但是，总体上看，服务业比重仍然偏低，如图5－3所示，直到2012年，服务业比重达到45.50%，首次超过第二产业（44.97%）。2019年，服务业占比上升到53.9%，服务业对经济增长的贡献和支撑作用进一步增强。

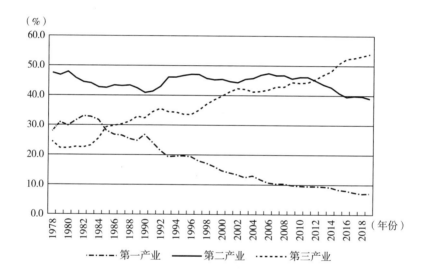

图5－3　改革开放以来中国三次产业结构的演进

资料来源：《中国统计年鉴》（2020）。

但是，中国服务业比重仍低于全球平均水平，不仅远低于发达国家，也远低于同等水平的发展中国家，根据《中国统计年鉴》（2020）的数据（见表5－2），2013年中国服务业比重为44.7%，不仅低于美国、英国、日本等发达国家，与印度、巴西、俄罗斯、哈萨克斯坦等发展中国家的差距也在10个百分点以上，2019年中国服务业比重超过印度，但仍低于大部分发达国家水平。这与中国重投资、轻消费的发展模式相关，也与中国产业在全球价值链中的定位相关。

表5-3 主要国家服务业比重 单位:%

国别	2000 年	2013 年	2019 年
中国	39.0	44.7	53.9
印度	51.0	56.3	49.9
日本	67.4	73.2	69.3
韩国	57.5	59.5	56.8
美国	75.6	78.1	77.4
巴西	66.7	68.7	63.3
法国	74.7	79.2	70.2
俄罗斯	55.6	59.4	54.0
英国	72.3	78.7	71.3
澳大利亚	69.8	70.7	66.2

资料来源：根据《中国统计年鉴》（2015 年）和《中国统计年鉴》（2020 年）数据整理。

服务业发展滞后可以从产业结构视角解释，服务业分为生活性服务业和生产性服务业，生活性服务业的发展水平与人口规模和收入水平相关，一般不会出现快速增长，生产性服务业包括科技服务、物流、信息服务、金融等，一定程度上与制造业发展层次相关，而中国制造业层次偏低制约了生产性服务业的发展。一些学者研究了中国服务业发展滞后之谜，谭洪波和郑江淮（2012）的实证研究认为服务业发展滞后是由中国服务业尤其是生产性服务业的 TFP（Total Factor Productivity）增长率几乎为零造成的，他们的实证研究表明，与日、美、德、法相比，中国服务业 TFP 增长率明显低于以上四国的服务业 TFP 增长率，由生活性服务业属于真正的"滞后部门"，可以认为中国服务业 TFP 增长率几乎为零关键是由于生产者服务业对服务业整体的 TFP 增长贡献不足所致。进一步的分析认为，生产者服务业 TFP 增长率贡献偏低的主要原因是制造业产业层次偏低，造成制造业与生产性服务业协调性差，并且生产性服务业受到发达国家生产性服务业的排斥。

我国服务业结构的问题主要是生产性服务业比重低，水平不高，对工业高质量发展支撑不够。然而，工业附加值越来越体现在研发服务、设计服务、供应链服务等生产性服务业中。美国服务业中生产性服务业如科技服务、信息服务、创意设计、物流服务等占 60%，也就是说服务业中的 60% 以上是为制造业服务的，美国以此控制着全球制造业发展的高端环节。

在全球价值链条件下，本土企业集中在加工制造等环节，对研发设计、订单处理、营销服务等生产性服务业需求不足，制约了生产性服务业的发展，而生产性服务业滞后反过来又制约了制造业的转型升级和结构优化。生产性服务业是国内价值链构建的主要环节和重要支撑，所以要实现中国产业结构进一步优化升级，就必须大力推进服务业尤其是作为增值环节的生产性服务业的快速发展。

第六章　追赶的路径：从嵌入全球价值链到构建国内价值链

面对新冠疫情持续蔓延下日益复杂的国际发展环境，我国必须聚焦科技创新和品牌培育，以一个更加均衡的国内价值链提升中国制造业在全球价值链上的地位，实现高质量发展。

第一节　国内价值链构建下中国产业升级的路径变化

国内价值链的重构需要企业在研发、品牌等"微笑曲线"的两端提高对产业链的控制力，这就需要把产业结构优化升级的重点由以追求产业间优化升级为主转换到以产业内优化升级为主的路径上来，在国内价值链下，拥有技术、品牌、渠道等优势的龙头企业，可以依托核心价值环节，实现产业链在国内布局的转移与重构，优化资源配置，提高核心竞争力，避免产业间优化升级路径下过度依靠国外企业驱动造成的低端锁定。

国内价值链构建的主体是企业，未来一段时期，构建国内价值链，中国企业需要在四个方面实现战略转型。

一是由主要靠产业间升级向主要靠产业内升级转型。重点拓展研发、品牌环节，实现在"微笑曲线"两端的攀升，当前全球产业发展进入新阶段，大多数行业都进入了饱和状态，产业投资的"潮涌现象"基本终结，那种一个产业支撑区域经济增长的时代已经一去不复返了。企业的转型升级不是寻求一个可以带来爆发式增长的产业，必须注重在自身优势领域提高竞争力，小产品、多元化是未来产业发展的趋势。消费者定义产品时代到来，提高研发设计能力以满足新市场，提高品牌影响力以吸引新客户，是企业转型升级的关键。

二是由主要靠国外企业驱动向主要靠国内消费者驱动转型。国内市场有着更加广阔的空间，随着人民收入水平的提高，庞大的中产阶级群体正在形成。麦肯锡的一份研究报告①认为，中产阶级将重塑中国消费市场，预计到 2022 年，中国中产阶级将占到城市家庭的 54%，城市消费总额的 56%，消费结构将发生巨大变化，对品质更高的产品和服务的需求将快速增长，他们建议中国企业要注重打造吸引中产阶级的品牌及产品，赢得新的增长空间。但是，国内企业在满足新兴消费需求方面还存在巨大差距，企业要基于本土市场规模加快研发速度，开发适应消费结构升级的新产品、新服务。

三是由主要关注发达国家市场向主要关注新兴经济市场转型。在满足国内市场的基础上，针对经济发展水平与中国相似的新兴经济体，加大产品和市场开发力度，推进在国内市场基础上形成的产品和服务向新兴市场拓展。一直以来，中国企业侧重于进入发达国家市场，但是，由于技术、品牌和服务等方面存在较大差距，往往事倍功半，发达国家对于中国品牌的认可度较低，但是在新兴经济体市场，消费者需求结构与国内类似，对于中国制造的物美价廉的产品的需求更为广阔，企业可以在新兴经济体扩大市场规模，与国内市场形成互动，以支撑企业的顺利转型升级。

四是由注重产业链管理向注重价值链管理转型。国内企业要把重点放在价值增值上而不是产业规模的简单扩张上，对于中国企业而言，某一个产业大规模、爆发式增长的阶段已经过去，各行各业充斥着过剩产能，如何整合国内产业链，开发出附加值更高的产品，创建认可度更高的品牌，才是国内企业转型的重点，对于习惯于超高速增长的国内企业来说，这一转变面临着很大难度。企业家要主动适应发展形势变化，从研发、品牌等环节推进价值链管理，整合产业内的创新、渠道等资源，开拓新产品、新市场，满足新需求。

从区域产业发展看，各地也要从产业间结构调整向产业内结构调整转型，对于一个地方来说，脱离本地比较优势推进某一个战略性产业快速发展，在经济发展初期阶段是没有问题的。在初期阶段，产业缺口很大，各地都在产业发展初期集中资源发展一两个产业，快速形成产业优势抢占市场，形成先发优势，是可能

---

① 麦肯锡咨询公司：《下一个十年的中产阶级：他们的面貌及其制约因素》，中国发展基金会研究参考（第 179 号），2014 年 5 月 8 日。

的。但是，面对经济新常态，一个区域想通过大规模发展某一个产业形成新的支柱产业，几乎是不可能的，地方政府要转变理念，从培育一个全新的产业转向优化产业内部结构，以提高产品层次和品牌溢价，推进本地企业提高产业链整合能力。地方政府推进产业结构调整和转型升级更需要"耐心"，由于新产品、新业态和新模式出现的不确定性，地方政府在产业规划上不要过细过准，有时候准确的产业规划可能会制约未来的产业结构调整，应充分留白，引导企业在满足市场需求中发现"新"的领域和市场。

通过国内价值链优化中国的产业结构并不是重返封闭的产业体系，而是通过庞大的国内市场促进企业向研发、品牌、服务环节延伸，形成整体产业链竞争力，提高在全球价值链中的定位，在国内价值链与全球价值链良性互动中，提高中国产业竞争力，实现在全球价值链上的升级。当前，许多企业开始依托国内市场构建价值链，我们的政策调整要跟上企业战略的变化。

第二节　国际金融危机前后中国产业升级路径变化实证研究

加入 WTO 和国际金融危机为中国产业结构调整研究提供了两个重要观察点，加入 WTO 使得中国产业结构过度嵌入全球价值链，而国际金融危机的冲击显示出中国嵌入全球价值链的局限性，倒逼着国内价值链构建，这是本书的研究主线。本部分利用 2001～2014 年的数据对中国产业结构调整的影响因素进行分析，并比较国际金融危机前后产业结构变化情况，从全球价值链和国内价值链比较的视角分析国际金融危机前后中国产业结构变化的差异性，进而从中发现当前产业结构优化升级中存在的问题与制约，并重点对国际金融危机爆发以来中国产业结构调整进行了研究。

一、中国产业结构优化升级的影响因素实证分析

对于中国产业结构调整的影响因素，国内外学者进行了较多的研究，有的学者从需求、供给、技术水平、对外开放、资本市场等单个因素对产业结构调整的影响进行了分析，如唐德祥和孟卫东（2008）研究了研发对产业结构调整的影

响，宋大勇（2008）研究了外商直接投资对东部、中西部地区产业结构影响的差异性等，考虑到影响因素之间的相互作用，一些学者把多个影响因素放在一个模型中，研究了多个因素对产业结构调整的综合影响，如杜传忠和郭树龙（2011）利用 1997 年到 2009 年全国 30 个省份的面板数据，分析了供给因素、技术水平、需求因素、政府因素、对外开放以及外部冲击等对我国产业结构升级的影响，结论是：资本投入、需求和外商直接投资等因素对我国产业结构升级具有正向作用，而劳动力数量、技术水平、进出口贸易的作用不显著。

梁树广（2011）利用 2000 年到 2011 年我国省级面板数据，分析了人力资本、社会需求、外商直接投资、产业政策、固定资产投资、城市化和基础设施对产业结构升级的作用机理，结论是：这些因素对中国产业结构升级影响的程度依次排序为交通基础设施、技术创新、外商直接投资、固定资产投资和人力资本，并且存在区域差异性。

高远东等（2015）通过构建产业结构高级化空间计量模型，运用 1992 ~ 2012 年省级面板数据进行了估计，结论是：需求对产业结构高级化影响最为显著，并且消费需求对产业结构高级化水平的推动作用最大，而目前的制度安排对我国产业结构高级化存在显著的负面影响，造成了产业结构优化升级困难。

梳理以上文献可以看出，对于影响中国产业结构调整的因素及其影响程度，已经形成了大量研究成果，本书将借鉴以上研究成果，重点对 2001 年到 2014 年期间中国的产业结构变化及其影响因素进行分析。本书认为 21 世纪以来有两个事件对中国产业结构演进影响较大，一个是加入 WTO，中国产业结构过度嵌入全球价值链，对产业结构形成较大影响；另外一个就是国际金融危机的冲击，对中国产业结构也造成了较大影响，本书将重点分析国际金融危机前后产业结构的影响因素及其影响程度的变化，以验证本书提出的分析框架。由于之前的研究缺少国际金融危机以来的产业结构变化数据，所以类似研究不多，本书利用 2001 年到 2014 年的面板数据，尝试对这一问题进行分析。

1. 影响机理分析

本书根据当前中国产业结构优化面临的新形势，以及当前国际国内宏观经济形势变化情况，重点对需求因素、供给因素、技术创新、对外开放、外部冲击等因素进行分析，着重分析国际金融危机前后这些因素对产业结构优化升级的影响的差异性。

一是需求对产业结构调整的影响机理。需求结构的变化将会直接引导产业结构的变化，需求升级加快了老产业的衰落和新产业的兴起，优化了产业结构，国际金融危机前后，需求对产业结构的影响变化很大，加入 WTO 以后外需快速扩大，一定程度上抑制了内需的释放，但是，国际金融危机以来中国外部需求萎缩，内需正在启动，中国又处在消费结构升级的发展阶段上，需求因素对产业结构的影响更大。

二是供给对产业结构调整的影响机理。供给主要包括资本和劳动，加入 WTO 以后，由于庞大的国际需求带动了国内投资，资本对产业结构的影响更加显著，国际金融危机冲击下，企业投资意愿明显下降，资本对产业结构的影响可能会减弱。同时，加入 WTO 以后，中国大批农村富余劳动力到沿海地区就业，进入到产业领域，促进了劳动密集型产业的快速发展，同时劳动力素质大幅度提高，大学毕业生数量快速增长，研发人员比例明显增加，推动了中国中高技术产业的发展，推动了中国产业结构的优化升级，但是，国际金融危机以来，非熟练劳动力由富余变为紧缺，企业普遍面临着"招工难"问题，而高素质人员如大学生又面临着"就业难"问题，就业形势的变化凸显了我国劳动力结构与产业结构不匹配的问题，也预示着中国不能再延续传统的产业发展模式和经济增长方式。

三是技术对产业结构调整的影响机理。技术对产业结构的正面影响得到了大多数研究的检验，技术可以催生新产业、新产品、新业态和新模式，从而优化产业产品结构。加入 WTO 以后，我国研发投入大幅度增长，外资在中国大量布局研发中心，中国本土企业纷纷加大对创新和新产品开发的投入力度，对产业结构高级化产生了积极影响，但是，国际金融危机以来，大多数产业陷入产能过剩，中国的模仿式创新也走到了尽头，新技术缺乏明确方向，加上国家刺激方案重回投资驱动老路，技术创新要承担更大的风险，企业创新意愿普遍降低，这些问题将制约中国产业由投资驱动向创新驱动的转变。但是，当前中国传统产业的改造提升、新兴产业的培育成长都需要技术创新，这也是产业结构优化的重要方面，尤其是在当前信息技术和产业互联网突飞猛进的背景下，创新利用信息技术、互联网技术、智能技术对改造提升传统产业、培育壮大新兴业态，推动中国产业体系向更高的层次迈进都具有重大意义。

四是开放对产业结构调整的影响机理。开放对产业结构优化升级的影响主要通过对外贸易、外商直接投资、对外直接投资三个渠道。第一是外贸结构对产业结构有直接的影响，这也是本书考察的全球价值链的重要方面，出口可以有效带动国内生产结构的调整与优化，同时，进口技术、装备、服务等对国内新兴产业发展壮大和传统产业的改造提升也有重要作用。第二是外商直接投资的作用，外商直接投资既为国内企业提供了发展所需要的资本，也为国内企业提供了先进的设备、技术和管理经验，推动着国内产业和企业的转型升级。第三是对外直接投资对产业结构的影响，对外投资可以转移国内过剩产能，整合全球产业资源和创新资源，为国内产业结构优化提供重要支撑和渠道。

五是外部冲击对产业结构调整的影响机理。对中国产业结构冲击最大的就是2008年的国际金融危机，这次国际性金融危机对中国的经济体系和产业结构产生了较大冲击，一定程度上暴露了过度嵌入全球价值链的深层矛盾与问题。本次国际金融危机直接导致了一部分出口加工型企业的破产和倒闭，产业升级步伐受到制约，金融危机直接淘汰了一部分传统产能，从而为新兴产业的发展提供了更大的空间，同时也倒逼着国内企业转型升级，这在一定程度上对产业结构优化升级产生了积极影响。

2. 实证分析

（1）变量选取及数据来源。

根据上述不同因素对产业结构优化升级影响的机理分析，参考杜传忠和郭树龙（2011）、梁树广（2011）的研究，本书选取了以下变量（见表6-1）。

表6-1　变量名称、符号及定义

变量	名称	符号	定义
产业结构水平	产业结构升级程度	cyjg	第二、三产业增加值占GDP比重
供给因素	资本	Cap	固定资产投资额
	劳动力	Lab	就业人员数
技术水平	技术产出	Tec	授权专利数量
需求因素	消费水平	Con	城镇居民家庭平均每人每年消费性支出
对外开放	外商直接投资	Fdi	实际利用外资额
	进出口贸易	tra	进出口总额
	对外直接投资	Odi	对外直接投资额
外部冲击	国际金融危机	Fin	2008年、2009年为1，其余年份为0

为更准确地反映各类因素对产业结构变化的真实影响，首先对数据做剔除价格影响预处理，将对外直接投资额、外商直接投资额和进出口贸易额利用当期美

元兑人民币汇率换算成人民币，将城镇家庭平均每人每年消费性支出用商品零售价指数换算成以 2001 年为基期的不变价格序列，将固定资产投资额利用固定资产投资价格指数换算成以 2001 年为基期的不变价格序列。

本部分所有数据都来自《中国统计年鉴》（2001～2015），数据包括中国 30 个省、自治区、直辖市（除西藏外）从 2001 年到 2015 年的省级面板数据。本书主要分析加入 WTO 以来中国产业结构优化升级的影响因素，以及国际金融危机对产业结构调整的影响。

（2）模型分析。

本书建立如下所示的面板数据模型：

$$Lncyjg_{it} = c + Lnlab_{it} + Lncap_{it} + Lntec_{it} + Lncon_{it} + Lnfdi_{it} + Lnodi_{it} + Lntra_{it} + Fin_{it} + \varepsilon_{it}$$

其中，i 表示第 i 地区，t 表示第 t 年，ε_{it} 表示随机误差。

在做面板数据分析时，需要先确定面板数据模型的具体形式。本书通过 F 统计量对混合估计模型和固定效应模型进行比较分析，并通过 Hausman 统计量对随机效应模型以及个体固定效应模型进行比较分析，最终检验结果显示个体固定效应模型更好，因此本书采用个体固定效应模型进行分析。

在分析过程中，本书采取逐步迭代法克服各个影响因素之间的相关影响，通过不断剔除不显著的解释变量，最终得到如表 6-2 所示的结果。

表6-2 中国产业结构升级影响因素的实证分析结果

解释变量	模型一	模型二	模型三	模型四	模型五	模型六
C	5.18***	5.42***	5.05***	4.96***	5.31***	5.07***
Lnlab	1.02					
Lncap	1.0178***	1.0174***	1.0097**	1.0086*	1.0098**	1.0154**
Lntec		1.0041				
Lncon			1.0494***	1.0459***	1.0407***	1.0275*
Lnodi				0.0235***	0.0218**	0.0219*
Lnfdi					1.0058**	1.0053***
Lntra				1.0005		
Fin_{2008}						-0.6539*
Fin_{2009}						-0.7325

解释变量	模型一	模型二	模型三	模型四	模型五	模型六
Adjusted R^2	1.9855	1.9855	1.986	1.9861	1.9863	1.9867
F	875.3421	877.4245	905.2445	880.1984	873.1456	851.8839
DW	1.9567	1.9452	1.9687	1.9753	1.9382	1.9355
F 检验	120.6***	161.86***	142.61***	147.27***	130.91***	
Hausman 检验	16.2599***	8.5438**	8.6479**	12.1852**	10.6134*	
估计方法	FE	FE	FE	FE	FE	FE
N	450	450	450	450	450	450

注：*表示显著水平在10%以下，**表示显著水平在5%以下，***表示显著水平在1%以下。

从表6-2可以看出，随着影响变量的不断迭代，总的来看，调整的 R^2 在不断增加，综合理论分析与实证结果，可以看出模型六的拟合结果较为理想。下面根据模型六的结果来进行具体分析。

一是供给因素对产业结构升级的影响。从估计结果来看，2001年以来，资本对产业结构优化升级的影响较为显著，而劳动力的影响不显著，主要原因是加入WTO以来，中国农村富余劳动力大量涌入沿海地区，供给比较充足但素质不高，大多处在传统代工产业，对新兴产业、高技术产业的贡献较弱，因而劳动力因素的影响不显著。而新兴产业对设备、研发等投资需求更大，因此，投资对产业结构的影响较为显著。这一结果反映了之前我国的产业结构优化主要是由投资驱动的。

二是技术进步对中国产业结构优化升级的影响。从模型的估计结果来看，2011年以来，技术进步的影响也不显著。究其原因，一方面是中国的研发投入水平与世界发达国家相比比较低。2015年8月，中国企业联合会、中国企业家协会联合公布了中国企业500强名单，2014年中国制造业的研发投入强度仅为1.1%左右，而世界500强企业研发投入一般占营业收入的3%~5%。另一方面是中国科技成果产业化率不高。这符合课题组之前的研究，就是嵌入全球价值链的产业发展模式一定程度上制约了本土企业的研发投入，弱化了技术进步对产业结构优化升级的影响，可见，中国的产业结构由投资驱动向创新驱动转型任务艰巨。

三是需求因素对中国产业结构优化升级的影响。从模型的估计结果来看，

2001 年以来，需求因素具有正影响，这主要是由改革开放以来中国消费结构的升级拉动的。根据国家统计局的数据，2013 年，在城镇居民家庭消费结构构成中，生存型消费人均消费规模为 8213.9 元，占比从 1992 年的 65.57% 下降到 2013 年的 45.45%，农村居民生存性消费人均规模为 2933.8 元，下降到 44.28%。目前中国居民的发展型消费比例已经远远超过了生存型消费占比，完成了从生存型消费结构向发展型消费结构的转变，因此，消费结构的持续升级是中国产业优化升级的重要拉动力量，这一因素的影响也越来越显著。

四是对外开放对中国产业结构优化升级的影响。从模型的估计结果看，2011 年以来，进出口贸易的影响并不显著，而外商直接投资和对外直接投资的影响则较为显著。根据前面的分析，我国进出口中外资企业占比较大，嵌入全球价值链的"大进大出"模式使得产业网络封闭，技术外溢受到限制，制约了对国内产业结构优化升级的影响，因而进出口贸易的影响并不显著。然而，外商直接投资和对外直接投资的影响较为显著，主要是因为外商直接投资在我国中高技术出口产品中占比较大，而近几年中国成为资本净输出国，中国在全球范围内整合资源的能力持续提升，进而给国内产业结构带来了积极影响。

五是国际金融危机对产业结构优化升级的影响。从模型的估计结果看，国际金融危机对中国产业结构优化升级在短期内起到了一定的阻碍作用，由于中国在国际金融危机前实行的是通过代工嵌入全球价值链，国际金融危机冲击下，许多代工企业由于国外需求的急剧萎缩，处于停工半停工状态甚至倒闭，这对中国的产业结构在短时间内产生了巨大的负面冲击，但是冲击时间不长，从模型的估计结果来看，国际金融危机对中国产业的冲击在 2009 年已经不再显著。相反，国内许多企业反而抓住本次国际金融危机带来的战略机遇，加大研发投入，树立品牌意识，努力实现产品升级、工艺升级、功能升级等，提高了企业的核心竞争力，提升了企业在全球价值链中的位置和对价值链的掌控能力。这一结果反映了国际金融危机以来，国内企业开始注重国内价值链的构建，中国的产业结构正在从嵌入全球价值链向构建国内价值链转变，这一转变需要更为成熟的制度安排和更为宽松的市场环境，我国政府需要顺应这一趋势，全面深化改革，为企业转型升级和产业结构优化拓展更大空间。

二、国际金融危机爆发前后中国产业结构变化比较分析

2000 年以来，中国产业结构发生了显著的变化，其产业结构演进情况如

表6-3所示。根据表6-3显示的三次产业的产值结构的变化情况，可以把中国产业结构的变化过程细分为两个阶段。

表6-3 2000~2014年中国产业结构演变

年份	产值结构			就业结构		
	第一产业	第二产业	第三产业	第一产业	第二产业	第三产业
2000	0.150630	0.459165	0.390205	50.0	22.5	27.5
2001	0.143917	0.451527	0.404555	50.0	22.3	27.7
2002	0.137427	0.447898	0.414674	50.0	21.4	28.6
2003	0.127973	0.459690	0.412337	49.1	21.6	29.3
2004	0.133931	0.462253	0.403815	46.9	22.5	30.6
2005	0.116418	0.476258	0.407325	44.8	23.8	31.4
2006	0.111135	0.479485	0.409381	42.6	25.2	32.2
2007	0.107697	0.473388	0.418915	40.8	26.8	32.4
2008	0.107316	0.474465	0.41822	39.6	27.2	33.2
2009	0.103332	0.462416	0.434253	38.1	27.8	34.1
2010	0.100952	0.466693	0.432355	36.7	28.7	34.6
2011	0.100372	0.465887	0.433742	34.8	29.5	35.7
2012	0.100821	0.452696	0.446483	33.6	30.3	36.1
2013	0.100127	0.438932	0.460941	31.4	30.1	38.5
2014	0.091597	0.426742	0.481662	30.4	29.8	39.8

资料来源：《中国统计年鉴》（2000~2014）。

第一阶段，从2000年至2007年，是国际金融危机前的时期，第一产业比重基本上呈逐步下降趋势，从2000年的15.06%下降到2007年的10.77%。第二产业生产总值占国内生产总值比例基本上呈逐步上升趋势，由2000年的45.91%上升到2007年的47.34%，上升了1.43个百分点。第三产业占比基本上呈缓慢上升趋势，从2000年的39.02%上升到2007年的41.89%，上升了2.87个百分点。三次产业产值比重变化不明显，产业结构调整在此段时间内比较缓慢。此时期的就业结构也朝着良好的方向发展，第一产业就业比例从50%下降到40.8%，下降了9.2个百分点，下降较为明显。但仍然吸纳了较多的就业人员，是解决中国就业问题的主要产业。第二、三产业的就业比重呈现出了稳步增长的态势，这说明，第一产业中存在的剩余劳动力正在向第二、三产业转移，反映了中国产业结构正在逐步转型和优化。

从产业结构偏离度的角度来看（见表6-4），国际金融危机之前尽管中国产业结构正在逐步转型和优化，但与国际金融危机后相比，变化的速度和幅度都相差比较大，从总产业结构偏离度来看，国际金融危机前的七年，偏离度仅仅从69.87减少到64.97，八年之间降低了4.9个百分点，而国际金融危机后的七年之间，结构偏离度就从63.81降低到了56.18，降低了7.63个百分点。说明产业结构在国际金融危机后调整得更快。尤为突出的是第二产业，国际金融危机之前，偏离度从23.42降低到20.54，降低2.88个百分点。

表6-4 2000~2014年中国产业结构偏离度

年份	第一产业	第二产业	第三产业	总产业结构偏离度
2000	34.937	-23.42	-11.52	69.87
2001	35.60825	-22.85	-12.76	70.55
2002	36.25727	-23.39	-12.87	71.19
2003	36.30265	-24.37	-11.93	71.24
2004	33.50688	-23.73	-9.78	68.44
2005	33.15824	-23.83	-9.33	68.10
2006	31.48655	-22.75	-8.74	66.42
2007	30.03029	-20.54	-9.49	64.97
2008	28.86843	-20.25	-8.62	63.81
2009	27.76685	-18.44	-9.33	62.70
2010	26.60478	-17.97	-8.64	61.54
2011	24.76284	-17.09	-7.67	59.70
2012	23.51788	-14.97	-8.55	58.45
2013	21.38726	-13.79	-7.59	56.32
2014	21.24033	-12.87	-8.37	56.18

产业结构调整速度缓慢的原因主要在于以下四个方面：

一是中国制造业处于全球价值链的低端。中国制造主要是依靠廉价劳动力获得竞争优势，这就导致中国制造业在全球价值链的位置长期处于加工组装环节，被全球价值链低端锁定，产品的附加值很低。如图6-1所示，2001~2014年中国的出口额虽然呈现明显的增长趋势，但是在国际金融危机前，每年加工贸易所占比重都超过总出口额的50%以上，这说明中国主要依靠加工贸易拉动出口的需要，主要是为国外企业做代工，并不是通过培育自主创新品牌来开拓国际市场。

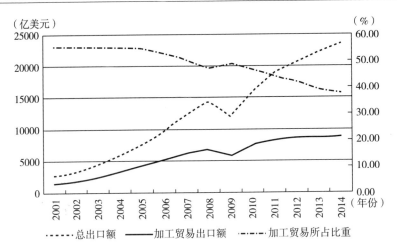

图 6 - 1　2001 ~ 2014 年中国出口贸易中加工贸易情况

数据来源:《中国统计年鉴》(2001 ~ 2015)。

二是低水平重复建设严重阻碍了工业转型升级。加入 WTO 时，中国工业品存在着初级产品多、技术含量低、资源消耗大、质量效益差等问题，但是，由于国际市场需求猛增，一定程度上遮掩了这些深层次问题，在国家相关政策利好出现的情况下，各地纷纷推出支持相关产业的政策和措施，出现产业投资的"潮涌现象"，产能过剩在行业轮流出现。20 世纪 80 年代，各地蜂拥而上投资彩电、冰箱等白色家电制造业，2000 年之后，全国遍地大搞新材料、生物医药、电子信息、新能源等产业，2002 年以来，有色金属、水泥和钢铁等传统行业又骤然成了投资的热点。大量低水平重复建设，挤占了其他行业的发展空间，给产业结构转型升级带来极大的惰性，造成工业结构在国际金融危机之前的这段时间内转型缓慢。

三是服务业发展滞后，2007 年中国第三产业增加值占 GDP 的比重为 41.89%，远低于发达国家 70% 左右的水平，从服务业内部结构来看，中国批发零售、餐饮和交通运输等传统服务业比重比较大，而与制造业密切相关的信息服务、科技服务、金融和咨询等新兴服务产业在国际金融危机前发展缓慢，生产性服务业发展的滞后阻碍了工业转型升级的步伐。

四是自主创新能力不足，科技进步对经济增长的贡献率只有 19% 左右，远远低于欧美等发达国家，高新技术产业化率水平也处在比较低的位置，楼阁专利比较多。在关键技术和核心零部件领域受制于人的现象非常明显。企业利润率长期处于比较低的水平，没有能力去承担风险大的创新活动，在国际分工中很难打入产业链的高端位置，再加上发达国家的技术封锁，依靠引进国外技术来推动产业结构升级的作用不大，中国汽车制造业就是一个非常明显的例子。

第二阶段，从2008年到2014年，是2008年国际金融危机后的时期，是国内经济周期由连续8年（2000～2007年）的上行阶段进入下降阶段的时期，第二产业占国内生产总值比例呈现了逐步下降的趋势，由2008年的47.45%逐步下降到2014年的42.67%。第三产业比值从2008年的41.82%快速增长到2014年的48.17%，提高了6.35个百分点，占比年均增长率为2.38%，比2008年前的年均增长率0.87%增长了1.51个百分点。产值结构由2008年的二三一逐步调整成三二一，符合发达国家的产值比例构成，但是就业结构却由原来的一三二调整成后来的三一二，与产值结构不对应，说明结构调整仍不到位。

国际金融危机后的7年间，第二产业结构偏离度从20.25降低到12.87，降低了7.38，工业产业结构调整速度在国际金融危机后远大于国际金融危机前（见表6－4）。且服务业的比重在国际金融危机后也有了明显的提升，在2013年服务业占GDP的比重首次超过第二产业，成为拉动中国经济增长和就业的主要产业。这主要是由于：

第一，加大了基础产业投资力度，基础设施建设体系日益完善，在国际市场大幅度萎缩的情况下，国家推出了扩大内需促进经济增长的十大措施，力推由投资驱动向消费驱动转变，着力培育消费热点和完善消费政策，实施"家电下乡""汽车下乡"和"以旧换新"等活动，增强消费对经济增长的拉动作用。此外，还重点投资了科、教、文、卫等社会事业以及自主创新等领域。

第二，以结构调整为主线，发布十大产业振兴计划，加快产业优化升级和结构调整，陆续推出了汽车、装备制造和钢铁等行业的调整振兴规划，大力推进企业组织结构调整以及煤炭、钢铁和水泥等行业的兼并重组，淘汰落后产能，重点扶持高端高附加值产品以及鼓励科技创新。

第三，国际金融危机后，国际市场需求的萎缩、生态环境的持续恶化、刘易斯拐点的临近以及劳动力成本的升高，倒逼许多制造型企业放弃粗放且低技术含量的经营模式，加大研发投入，提高产品附加值，把传统制造业改造成先进制造业，提高企业核心竞争能力。

第四，最近几年，围绕工业转型升级和生产性服务业发展，国家又陆续出台了很多强有力的政策和措施，如表6－5所示，始终把发展战略性新兴产业、先进制造业和现代服务业作为产业结构调整的主线，有力地推动了相关产业的快速发展，支撑了产业结构的优化升级。

表 6-5　国家有关部门支持文件一览表

时间	文件名称
2012 年 7 月	《国务院关于印发"十二五"国家战略性新兴产业发展规划的通知》（国发〔2012〕28 号）
2013 年 2 月	《国务院关于推进物联网有序健康发展的指导意见》（国发〔2013〕7 号）
2013 年 8 月	《国务院关于促进信息消费扩大内需的若干意见》（国发〔2013〕32 号）
2013 年 8 月	《信息化和工业化深度融合专项行动计划（2013—2018 年）》（工信部信〔2013〕317 号）
2013 年 10 月	《商务部关于促进电子商务应用的实施意见》（商电函〔2013〕911 号）
2014 年 3 月	《国务院关于推进文化创意和设计服务与相关产业融合发展的若干意见》（国发〔2014〕10 号）
2014 年 3 月	《国务院关于加快发展对外文化贸易的意见》（国发〔2014〕13 号）
2014 年 7 月	《国务院办公厅关于加快新能源汽车推广应用的指导意见》（国办发〔2014〕35 号）
2014 年 8 月	《国务院关于加快发展生产性服务业促进产业结构调整升级的指导意见》（国发〔2014〕26 号）
2014 年 8 月	《国务院关于加快发展现代保险服务业的若干意见》（国发〔2014〕29 号）
2015 年 7 月	《国务院关于积极推进"互联网 +"行动的指导意见》（国发〔2015〕40 号）
2015 年 7 月	《工业和信息化部关于进一步促进产业集群发展的指导意见》（工信部企业〔2015〕236 号）
2015 年 11 月	《工业和信息化部 发展改革委 科技部 关于加快石墨烯产业创新发展的若干意见》（工信部联原〔2015〕435 号）

资料来源：根据相关资料整理。

三、国际金融危机爆发以来中国产业结构的调整

2008 年到 2014 年，国民经济持续保持快速增长，中国国内生产总值从 314045.4 亿元增长到 636139 亿元，增长了 1 倍多（未扣除物价上涨因素），平

均每年实际增长率为12.48%。国民经济各产业都取得了较快发展，尤其是第三产业增长较快。2008～2014年，第二产业由125579亿元增长到271764亿元，增长了1.16倍，年均增长13.73%，高于同期国内生产总值增长速度1.25个百分点。第三产业的增长更为突出，6年中第三产业增加值由109497亿元增长到了306739亿元，增长了1.8倍，年均增速18.73%，高于第二产业年均增速5个百分点。第一产业增长稍强于第二产业但弱于第三产业，其增加值从2008年的25735.9亿元增长为2014年的58332亿元，增长了1.27倍，年均增长率为14.61%。

从就业结构来看，2008年至2014年，第一产业从业人数占比从2008年的39.6%降低到2014年的30.4%，第二产业从业人数占比变化不大，第三产业从业人数占比从33.2%攀升到39.8%。从就业结构来看，在国际金融危机后，劳动力从第一产业向第三产业进行了大量的流动，这与第一产业增加值占比逐步下降和第三产业增加值逐步增加的变化趋势一致。

为了更进一步考察国际金融危机后中国产业结构的优化情况，本书利用产业结构偏离度和产业相对劳动生产率两个指标考察中国产业结构的演进绩效。

产业结构偏离度指的是产值结构与就业结构之间的不对称状态。可以用公式 $P = \sum |L - C|$ 来计算，其中，P为产业结构偏离度，L为产业就业比重，C为同产业产值比重。两者的偏离度越大，就业结构与产值结构就越不对称，产业结构效益就越低（张伟，2010）。如表6-6所示，从总体上来看，中国产业结构得到了优化，结构偏离度从2008年的57.73下降到2014年的42.48，下降了15.25。说明这一时期中国的产值结构与就业结构之间的不对称关系得到了明显改善，劳动力在产业之间的转移效果明显，产业结构演进绩效显著。分产业来看，除第三产业结构偏离度没有明显的减小外，第一产业和第二产业的结构偏离度都有明显的改善。

表6-6 国际金融危机以来中国产业结构偏离度

年份	第一产业	第二产业	第三产业	绝对值合计
2008	28.87	−20.25	−8.62	57.73
2009	27.77	−18.44	−9.33	55.53
2010	26.60	−17.97	−8.64	53.21
2011	24.76	−17.08	−7.67	49.53

年份	第一产业	第二产业	第三产业	绝对值合计
2012	23. 52	− 14. 97	− 8. 55	47. 04
2013	21. 39	− 13. 79	− 7. 59	42. 77
2014	21. 24	− 12. 87	− 8. 36	42. 48

注：除非有特殊说明，本章中所有表的数据都是根据《中国统计年鉴》（2000～2015）计算得出。

产业相对劳动生产率等于该产业产值比重与就业比重的比值，各产业之间的相对劳动生产率差别越小，产业结构越协调，效益越高。发达国家的经验表明，产业之间相对劳动生产率差别的逐渐减小是经济发展中结构变动的必然趋势，是结构效益逐步提高的表现。如表6－7所示，中国三次产业之间的相对劳动生产率的差别有逐渐缩小的趋势，2008年，第二产业和第三产业的相对劳动生产率分别是第一产业的6.46倍和4.66倍，到2014年则分别缩小到4.76倍和4.02倍。第二产业相对第三产业的劳动生产率也从1.39倍降低到1.18倍。从总体上来看，第二产业的劳动生产率最高，第三产业次之，第一产业最低，说明第二三产业比较发达，工业化程度相对农业现代化程度要高。以2014年的数据为例，第一产业产值仅占9.16%，而就业人数却占到30.4%，较小的产值比重承载着1/3的劳动力，说明第一产业仍然发挥着蓄水池的作用，仍然有大量的剩余劳动力需要转移。

表6－7　中国各产业相对劳动生产率

年份	第一产业	第二产业	第三产业
2008	0. 270	1. 744	1. 259
2009	0. 271	1. 663	1. 273
2010	0. 275	1. 626	1. 249
2011	0. 288	1. 579	1. 214
2012	0. 300	1. 494	1. 236
2013	0. 318	1. 458	1. 197
2014	0. 301	1. 432	1. 210

中国第二产业的相对劳动生产率在2008年国际金融危机后有明显下降的趋势，从2008年的1.744下降到2014年的1.432。2014年第二产业产值占比为

42.67%，就业人数占比为29.8%。而同时期的第三产业占国民经济比重的48.16%左右却吸收了39.8%的就业人数，一方面说明中国第三产业是拉动就业的主要渠道，另一方面说明中国第二产业和难以扩大就业的现实情况以及第三产业发展的相对不足。

第三产业的相对劳动生产率也呈现出了与库兹涅茨的研究结论相符的趋势。从总的产业层面来看，中国产业结构正在逐渐优化，结构效益正在逐步改善。

工业内部结构的演变。改革开放前的大多年份，重工业比例远大于轻工业。改革开放后的20年，两者的比例基本维持在1∶1左右，2000年后，重工业增长速度明显快于轻工业，轻、重工业总产值比例从2000年的1∶0.96迅速上升为2008年的1∶0.4。一般来说，一个经济体的产业结构会经历轻型制造业占主导、加工组装制造业为主导、重型制造业为主导的梯次演进过程。为了更好地研究中国国际金融危机后工业内部结构的演变，本书采用联合国工业发展组织的分类方法，将20个工业部门分为轻型制造业、加工组装制造业和重型制造业（见表6-8）。

表6-8　工业部门分类

类别	工业部门
轻型制造业	纺织业、农副食品加工业、烟草制造业、食品制造业、饮料制造业、医药制造业、造纸及纸制品业
加工组装制造业	交通运输设备制造业、金属制品业、通信设备计算机及其他电子设备制造业
重型制造业	电气机械及器材制造业、黑色金属冶炼及延压加工业、非金属矿物制品业、化学纤维制造业、化学原料及化学制品制造业、通用设备制造业、仪器仪表机械制造业、专用设备制造业、石油加工及炼焦加工业、有色金属冶炼及延压加工业

资料来源：联合国工业发展组织。

根据历年《中国统计年鉴》数据，计算出了国际金融危机后以上三种工业占比结果。如表6-9所示，2008年以后，中国重型制造业基本保持了增长的趋势；加工组装制造业基本呈现出轻微下降趋势，轻型制造业则基本稳定在21%左右，说明中国工业各部门中，资源高投入部门发展比较快，而人力投入高的加工组装制造业的优势则由于劳动力成本的逐步升高而逐渐散失，中国工业结构演变呈现出重工业特征。

表 6 - 9   2008 ~ 2013 年中国工业部门产出结构   单位:%

年份	轻型占比	加工组装占比	重型占比
2008	21.5	23.1	55.4
2009	21.2	24.0	54.8
2010	20.5	24.4	55.1
2011	20.8	22.9	56.4
2012	20.2	23.0	56.8
2013	20.8	21.6	57.6

另外，从 2008 年到 2013 年高新技术产业总人数占制造业总人数的比例以及高新技术产业工业增加值占制造业工业增加值的比例（见图 6 - 2）可以看出，高新技术产业自 2008 年后在产业结构中的比重基本呈现了逐步上升的趋势，从 2008 年的 37% 逐步上升到 2013 年的 44%。就业人数占比由 2008 年的 12.5% 增长到 2013 年的 16%。按照这一发展趋势，中国工业内部结构势必日益优化。这主要是由于在国际金融危机背景下，中国为了应对国际金融危机对中国实体经济的影响，出台了十大产业振兴计划，即分别制定了汽车、纺织、轻工、有色金属、装备制造业、电子信息、物流业、石化、船舶以及钢铁十个重点产业的振兴规划。国务院又于 2010 年 9 月 8 日通过了《关于加快培育和发展战略新兴产业的决定》，并于 2012 年 5 月 30 日讨论通过了《"十二五"国家战略新兴产业发展规划》，明确提出将节能环保、生物、高端装备制造、新能源、新材料、新一代信息技术以及新能源汽车七大战略新兴产业列为未来中国重点发展的战略性新兴产业。在政策的大力支持下，国际金融危机后，产业结构优化升级步伐明显加快，电子信息、装备制造、汽车及零部件、生物医药、节能环保、新材料和新能源等战略性新兴产业发展迅速。

服务业内部结构的演变。一方面，传统服务业保持持续增长，交通运输产业从 2008 年的 16362 亿元增长到 2013 年的 27283 亿元，住宿餐饮由 6616 亿元增长到 11494 亿元，但是住宿餐饮和交通运输占服务业的比重呈现下降趋势，传统服务业批发零售占比则呈现了上升趋势，从 2008 年的 26182 亿元增长到 55672 亿元，增长了 1.13 倍，年均增长率为 16.29%。另一方面，新兴服务业如金融、租赁业和科技服务业占比稳步增长。其中金融业增长尤为显著，从 2008 年的 14863 亿元增长到 33535 亿元，增长了 1.26 倍，年均增长率为 17.67%，是所有服务业细分行业中增长最快的行业。如表 6 - 10 所示，金融业占服务业的比重也表现出

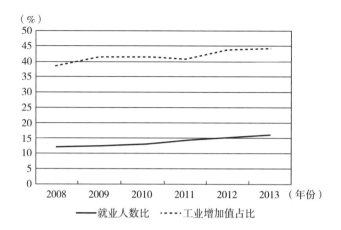

图 6 - 2　高技术产业占制造业比重趋势图

数据来源：《中国高技术产业统计年鉴》（2008～2014）。

逐步增大的趋势，从 2008 年的 11.32% 增长到 2013 年的 12.79%，这与发达国家同时期服务业内部结构的变化趋势一致。同时，文卫事业稳步发展，居民服务体系得到进一步完善。

表 6 - 10　服务业增加值占比结构　　　　　　　　　　　　　　　　单位:%

年份	交通运输	信息服务	批发零售	住宿餐饮	金融	房地产	租赁业	科技服务	公共服务	居民服务	文化娱乐
2008	12.46	5.98	19.93	5.04	11.32	11.22	4.27	3.04	0.96	3.52	1.46
2009	11.30	5.51	19.58	4.81	12.00	12.60	4.18	3.19	1.00	3.56	1.51
2010	11.02	5.12	20.59	4.65	12.09	13.12	4.48	3.25	1.01	3.52	1.44
2011	10.93	4.77	21.17	4.47	12.16	13.05	4.58	3.39	0.99	3.55	1.47
2012	10.63	4.73	21.30	4.51	12.38	12.66	4.67	3.55	1.04	3.47	1.49
2013	10.41	—	21.23	4.38	12.79	12.70	—	—	—	—	—

　　从服务业就业结构看（见表 6 - 11），科技服务、房地产、金融的就业增速一般都高于服务业整体增速，说明这几个部门的就业吸收能力比较强，需要关注的是，金融和科技服务以及服务业整体的就业增速呈现出递减趋势，说明这几个行业的就业吸收能力在减弱。此外，从表 6 - 11 中还可以看出，传统服务业就业比重呈现下降趋势，就业的年均增速也低于服务业整体增速，说明传统服务业就

业吸纳能力低于服务业整体水平。

表 6 –11　服务业就业结构　　　　　　　　　　　　　单位：%

年份	交通运输	信息服务	批发零售	住宿餐饮	金融	房地产	租赁业	科技服务	公共服务	居民服务	文化娱乐
2008	22.85	4.19	22.55	6.18	12.68	4.32	6.59	7.97	6.19	1.90	4.59
2009	20.28	5.56	16.65	6.46	14.35	6.10	9.29	8.71	6.58	1.88	4.14
2010	19.38	5.71	16.44	6.43	14.44	6.50	9.52	8.98	6.72	1.85	4.04
2011	18.78	6.03	18.34	6.88	14.31	7.04	8.12	8.46	6.52	1.70	3.82
2012	17.87	5.96	19.06	7.10	14.13	7.33	7.83	8.85	6.53	1.66	3.69
2013	18.52	7.16	19.50	6.66	11.77	8.18	9.23	8.49	5.67	1.58	3.22

　　总的来看，国际金融危机以来，中国产业结构逐步向高度化与合理化提升，中国企业更加重视品牌建设、渠道掌控和研发创新。但是，产业结构高度化和合理化水平仍旧不太高，工业内部结构性失衡仍然存在。主要原因在于大中小微企业缺乏有效的分工协作，不同地区和不同类型企业之间产生低水平的过度竞争，严重阻碍了企业技术和制度创新。此外，研发投入力度不大，产品开发能力不强，工业技术落后，技术创新能力差，深加工程度不够，产品质量和技术仍停留在较低的水平，核心技术和核心零部件制造环节缺失仍旧是目前中国工业面临的主要问题。中国服务业虽然近几年取得了较快发展，但是从总量上来看，仍与发达国家存在着不小的差距，发达国家服务业一般占到国内生产总值的 70% 左右，而中国 2014 年的还不到 50%。从结构上来看，传统服务业比重偏大、竞争过度，而生产性服务业等新兴服务业则发展滞后、效率低下、竞争力不强。

第七章　追赶的新支撑：构建国内
价值链的障碍与突破

中国通过嵌入全球价值链促进产业成长的故事并不是特例，这一现象在日本、韩国等东亚经济体梯次出现，一度也在拉美地区盛行，但东亚经济体在嵌入全球价值链中的学习和积累中，通过使用非正统的制度和产业政策，构建本土产业链和国内价值链，提升本土生产能力，实现了产业赶超，成功跨越了"中等收入陷阱"，而完全遵循"华盛顿共识"的拉美地区在产业结构优化升级上就没有东亚经济体那样全面和深刻。中国这么大一个经济体如何协调全球价值链和国内价值链实现产业结构的进一步优化升级，面临着一些障碍和难点，需要识别制约产业结构调整的外生变量，本部分从五个方面进行分析。

第一节　动力的转换：从投资驱动到创新驱动

国际金融危机对中国嵌入全球价值链的产业结构造成了冲击，我们是继续依靠规模扩张还是更加注重效益提升？是继续依靠投资驱动还是转型创新驱动？是透支未来追求一时的高速增长还是着眼于长远发展放慢速度促转型？十字路口上的中国产业发展面临着战略性选择。

嵌入全球价值链的产业发展模式适应于一个经济体的起飞阶段，这一阶段由于市场短缺，各行业均存在着巨大的空间，在跨国公司的带动下，对于发展哪些产业容易形成共识，只要引入国际上成熟的设备和生产线进行投资，产品的销路没有问题，对研发、设计、品牌、营销等的需求也比较小。但是，在经济高速发展30多年后，各行业产能已经基本饱和，个别行业出现了过剩，特别是由于产业结构和技术水平接近全球前沿，而消费者需求出现个性化、多元化趋势，对于下一个技术与行业难以形成共识，需要在研发、创新以及理解消费者行为上着力，也就是说要由投资驱动向创新驱动转变，实现发展动力的转换。

习近平同志在2014年亚太经合组织（APEC）工商领导人峰会上总结了中国经济新常态的三个特征：一是从高速增长转为中高速增长，二是经济结构不断优化升级，三是从要素驱动、投资驱动转向创新驱动。从要素投入看，资源、资本和劳动力等传统驱动要素均面临着瓶颈约束，土地、能源、环境容量等资源优势已经不明显，并且在前几轮刺激政策后，投资的边际回报率递减，投资拉动经济增长的空间不大，劳动力面临"刘易斯拐点"，传统要素驱动的发展方式必须向创新驱动转变，才能培育形成支撑新常态的新动力。

1992～2014年中国资本形成总额对国内生产总值增长贡献率大多数时间高于40%（见图7-1），尤其是加入WTO以后，投资率快速上升，这与深度嵌入全球价值链相关，国际金融危机冲击下，中国推出了刺激政策，2009年、2010年投资率分别高达87%和66%，近几年有所下降，但也维持在40%以上，投资驱动的特征仍然十分明显。

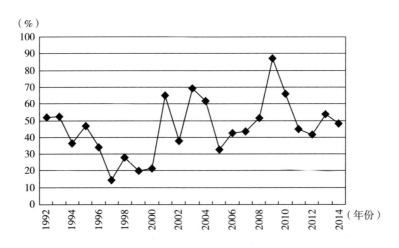

图7-1 中国资本形成总额对国内生产总值增长贡献率

资料来源：《中国统计年鉴》（2015）。

从投资回报率看，白重恩和张琼（2014）分析了1981年到2012年中国资本回报率变化情况，结果表明，1981年到1992年中国的资本回报率总体呈现上升状态（1989 年、1990 年出现了下滑，但是在 1992 年实现 V 形反弹），1993 年到 2001 年总体呈现下降态势，加入 WTO 为资本提供了新的汇报空间，2002 年到 2008 年呈现持续上升态势，但是，国际金融危机冲击下，资本回报率明显下降，2009 年以来总体呈现持续下降状态，2012 年已经下降到 2.7% 的新低，表明国际金融危机以来中国缺乏新的投资领域。由他们的分析可以看出，改革开放以来，尤其是加入 WTO 以来，中国的经济增长是一种以人口红利为支撑的高投资驱动、高出口拉动型的发展模式，而技术进步对经济增长的贡献较小。国际金融危机爆发以来中国的投资回报率持续下降，表明中国不能再走投资驱动的老路，新常态下的内生增长应该转向以技术进步为支撑、资源配置效率持续优化的经济发展模式。

杨汝岱（2015）利用 1998～2009 年中国工业企业数据库的面板数据，计算了中国制造业企业层面的全要素生产率，结果表明，这一区间内中国制造业整体全要素生产率（TFP）增长速度在 2% 到 5% 之间，年均增长 3.83%，增速较为平稳且呈现略微下降的态势。诺贝尔经济学奖得主克鲁格曼于 1994 年在《东亚奇迹的神话》（*The Myth of Asia's Miracle*）一文中提出，东亚经济体的经济增长主要依靠政府惊人的资源动员能力所形成的资本积累和劳动力投入，而不是靠全要素生产率的提升，他认为这种靠"流汗"而非靠"创新"支撑的经济增长难以持续下去，因为缺乏知识进步和技术创新，也缺乏有效的制度安排。

从投资驱动向创新驱动也是国内价值链构建和产业结构优化升级的重要支撑。国内价值链构建下的产业间调整的思路，主要是通过发展研发、创新、品牌等环节提高附加值，更加依赖创新驱动。可以肯定的是，各区域的产业结构调整均要充分发挥区域资源基础和产业优势，在新形势下重塑区位优势，并把两者有效结合起来，在新优势基础上通过拓展研发、品牌等环节培育壮大新产业、新业态。因此，产业内结构调整更符合当前区域发展实际，重要的不是抛弃老产业发展新产业，而是通过技术创新推进价值链升级，拉长传统产业链条，依托传统优势产业发展壮大新兴产业，结合新技术、新工艺、新理念，提高产业附加值。

从投资驱动向创新驱动转型，需要不同的产业发展模式转变，即从基于投资的产业发展模式向基于创新的产业发展模式转变，这一转变需要理念、制度、机制、环境的转型，需要把资源、资本、劳动力等生产要素向研发、设计、品牌、服务等高附加值环节转移，提高配置效率。但是，当前中国经济下行压力持续加大，投资增速下降（见图 7-2），给各级地方的产业增长、财政收入增长等带来了巨大压力，各级地方政府对投资更加关注、更加依赖，稳增长超过调结构成为地方政府的第一任务，我们在调研中发现，当前，仍有一些地方政府在出台政策推进传统产业的规模扩张，误导企业家在传统产能上加大投资力度，以保持本地较高的投资率和 GDP 增速。因此，可以想象，当前及未来一段时期，在经济下行压力下，动力的转换是产业结构优化升级的一个难点。

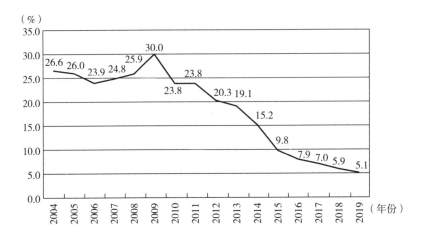

（％）

图7－2　全社会固定资产投资增速

资料来源：《中国统计年鉴》（2020）。

第二节　空间的重塑：从分割市场到统一市场

向广阔的内陆地区寻求动力转换的空间对于中国经济持续稳定增长具有重要意义，基于国内价值链的产业结构优化升级，本质上是产业由低附加值向高附加值攀升的过程，这一过程需要企业在品牌塑造、营销渠道、服务网络等方面充分利用广阔的国内市场，跨区域整合资源和产业链。但是，作为一个大国经济体，中国东、中、西部异质性大，市场分割发展比较严重。当前，地方政府面对横向的区域竞争和上面的指标考核，都有发展壮大本地产业的压力，地方政府具有支持本地企业发展的内在的动力，前些年双汇在全国的扩张引发了当地企业的抵制，地方政府总体上倾向于本地企业，所以，从政府行为来看，地方政府一般会采取分割市场的方法，阻碍生产要素的跨区域配置，从而实现本区域经济更快的增长。

国内外学者的实证研究表明，中国区域之间市场分割仍然比较严重，Poncet（2002）基于"边界效应"的实证研究表明，1987年到1997年中国国内市场间的"边界效应"明显上升了，作为省际间贸易障碍的等价关税从1987年的37%上升到了1997年的51%，显示出国内市场一体化程度偏低而且水平持续下降，并认为中国省际之间的市场一体化水平还低于欧盟内部国家之间的市场一体化水平，这种市场分割表明，中国的地方保护趋势在不断强化，必然限制企业对国内区域资源的整合与优化配置，限制国内价值链的形成。桂琦寒等（2006）为这一研究提供了新证据，考察了中国相邻省份之间的商品市场整合进程，认为国内市场整合程度基本呈现上升态势，并且东部地区的市场整合程度的提升比中西部省份更为明显，但不能否认中国国内仍然存在着诸多阻碍市场一体化的因素。但是，也有学者认为东部地区的市场一体化程度仍然不高，黄新飞等（2014）基于长三角15个城市的实证研究表明，作为区域经济联系相对紧密的长三角地区，省际"边界效应"也显著存在，他们分析了上海—江苏、上海—浙江和江苏—浙江的"边界效应"，分别为42%、45%和32%，作为国内区域产业分工网络较为成熟的长三角地区"边界效应"仍然明显存在，国内价值链重构面临的难度可想而知。

对于导致国内市场分割和地方保护的深层次原因，一些学者也进行了研究。林毅夫和刘培林（2004）认为，当前中国的地方保护和市场分割在一定程度上是改革开放前实行重工业优先发展的赶超战略的延续，这一战略对改革开放以后区域产业发展依然影响很大。陆铭和陈钊（2006）考察了经济开放对国内市场一体化进程的影响，并利用1985年到2001年的省级面板数据对此进行了分析，结果表明，经济开放对国内市场整合的影响呈现非线性特征，在经济开放水平较低时期，经济开放一般会加剧国内市场分割，而进一步的开放则会促进国内市场一体化。陈钊和陆铭（2009）进一步的研究认为，开放程度更高的省份更倾向于利用分割市场的方式来推进本地经济增长，表明沿海地区的地方政府在利用国际贸易的规模经济效应的同时，一定程度上放弃了国内市场的规模效应。这一研究结论凸显了从嵌入全球价值链到构建国内价值链所面临的难度，如果沿海地区的地方政府仍然单纯地通过嵌入全球价值链和分割市场的方法实现区域经济增长，则中西部地区在产业分工中更倾向于采用地方保护的方式推进产业发展，应该说，面临着国际需求下滑的压力，沿海地区应该重视从内陆腹地获取产业发展空间，主动放开市场，对接中西部地区的资源、产业和企业。

国内市场的分割和"非一体化"阻碍了生产要素的自由流动，使得"大国效应"难以充分发挥，这显然降低了国内企业通过本土市场塑造品牌的动力，也将限制国内价值链的构建，这将是未来一段时期中国产业结构优化和空间布局调整的难点之一。未来中国必须更好地发挥"大国效应"，重塑空间格局，从市场分割走向市场统一，尤其是要依托"一带一路"、长江经济带等，加强东、中、西部的经济联系，引导各区域发挥比较优势融入国内价值链，在全国范围内建立统一开放、竞争有序的市场体系，加快清除市场壁垒和地方保护，全面清理不符合构建全国统一市场和国内价值链的地方性法规和各类歧视性、限制性政策，重塑中国的空间结构，充分发挥市场在资源配置中的决定性作用，提高资源的空间配置效率，引导资源、资本、劳动力等生产要素的跨区域合理流动。促进企业跨区域整合资源和产业链、价值链、创新链。

改革开放以来，嵌入全球价值链的产业发展模式对中国区域经济发展格局进行了重塑，制造业快速向沿海地区集聚，农村富余劳动力以"农民工"的身份参与到了全球生产网络中，珠三角、长三角陆续引领中国区域经济增长，成为全球制造业发展中的重要支撑板块。但是，国际金融危机以来，这一发展模式受到了较大冲击，东莞、深圳等地的制造业企业纷纷陷入困境，一些生产能力开始加速向成本更低的内陆地区和东南亚地区转移，农民工大量回流反映了这一现实。作为全国最大的劳动力输出省，河南省农村外出务工人员到省外就业的比例持续下降，根据河南省统计局发布的《2014年河南省农民外出务工情况调查报告》提供的数据，已经由2012年的47.4%下降到2014年的39%，[①] 而河南的企业还存在着招工难问题。可以看出，广阔内陆腹地的产业发展潜力逐步释放，国内价值链重构下的产业结构调整必然会引起空间的重塑。

基于国内价值链构建需要重塑中国区域经济发展的空间形态，改变嵌入全球价值链导致的双重"中心—外围"格局，从国内价值链视角看，中西部地区应改变当前产业园区遍地开花的状态，培育壮大若干内陆中心城市，带动形成几个新兴城市群，以内陆中心城市集聚高端要素，加强与沿海地区在研发、品牌、服务、渠道等高附加值环节的联系，形成生产性服务业产业网络，而在内陆城市群

---

① 河南省统计局. 2014年河南省农民外出务工情况调查报告 [R]. 2014.

内部形成以中心城市带动周边城市发展的"集成＋配套"的制造业产业网络，以产业、经济联系推动空间的重塑，以整体提升在全球价值链中的地位。但是，由于区域竞争和地方保护的普遍存在，空间重塑的难度依然很大。

第三节　分工的深化：从产业同构到网络共生

空间重塑的背后是区域产业分工格局的变化，而市场的分割肯定会制约产业分工网络的形成，从本质上看，经济发展和产业升级的过程是一个分工不断深化、专业化水平不断提高的过程，亚当·斯密揭示了分工是经济增长的源泉，产业内结构优化、国内价值链构建都需要高度发达的分工体系，研发、设计、品牌等价值链环节是产业分工持续深化的结果，而区域产业同构限制了分工的继续深化。如何在发挥区域比较优势的基础上构建现代产业分工合作网络，将是未来中国产业结构优化升级面临的一个难题。

从区域产业分工看，王小龙和李斌（2002）认为区域比较优势是地区之间产业分工的关键驱动力，但这种力量受到交易效率的制约，包括交通成本、制度成本等在内的地区之间的交易成本如果过高，基于区域比较优势构建全国统一市场就不可能实现，各区域就均不能充分享受分工经济带来的好处。张可云和洪世键（2004）认为，在全球化背景下中国区域产业分工呈现出低水平的垂直型分工特点，广泛存在着产业同构现象，区域之间的产业分工合作出现了下降趋势。通过他们的分析可以看出，由于市场分割和地方保护的存在，国内区域产业分工尚没有完全发挥出比较优势，区域产业分工需要进一步深化，而区域产业分工面临着地方保护、市场分割等诸多问题，构建区域产业分工合作网络的难度很大。

从产业组织结构看，产业分工需要大中小企业间形成现代产业分工合作网络，大型企业要聚焦研发、品牌等环节，把非核心环节外包出去，提高生产性服务业的专业化水平，全球范围内跨国公司纷纷把物流、人力资源管理、信息服务甚至研发设计服务等环节外包出去，而中国许多大型企业坚持全价值链发展，很少把程序化服务外包，限制了生产性服务业的发展，对产业组织结构优化也造成了负面影响。同时，中小企业要立足优势提高专业化水平，融入产业链。但是，目前大型企业和中小企业分工合作意识普遍较差，尤其是中西部地区，我们在考察产业集群时发现，有些地方拥有一条完整的产业链，但是本地企业之间没有任何分工合作，甚至各自向对方领域进军，形成恶性竞争，降低了集群效应，造成该地区在这个产业链上缺乏整体竞争力。

可见，无论是从区域分工还是从企业分工看，当前均面临着诸多制约，而这两个层面的产业分工网络对于国内价值链构建都非常重要，如何促进区域和企业之间的分工深化，形成新的区域产业分工体系，对于中国产业结构优化升级意义重大。当前，企业家理念正在转变，从分工合作中谋求更大发展空间正在被越来越多的企业家认可和接受，一些企业通过分工合作获得了更大的发展空间，一些新兴领域的企业从一开始就重视构建分工网络，实现了快速成长，也为传统企业提供了借鉴，更为重要的是，信息技术和互联网的蓬勃发展降低了企业间、区域间的交易成本，为分工深化提供了新的技术支持，这些均为中国国内的分工深化提供了新机遇，政府要因势利导，调整产业政策、区域政策，为分工的深化提供更为可靠的制度支撑。

第四节　制度的完善：从非正式制度到正式制度

一般来说，健全的制度是市场经济发展的必要条件，但是改革开放以来，中国在缺乏健全的法律体系和制度安排下实现了经济的高速增长，支撑经济增长的私营企业和外资企业也都实现了较快发展。如图7–3所示，城镇就业人员规模增长显示了私营企业和外商投资单位的快速发展情况。中国从计划经济向市场经济转型采用的是一种双轨制渐进式改革，乡镇企业在边缘地带兴起，在沿海设立经济特区和出口加工区等吸引外资企业，一系列试点、实验和"既不鼓励、也不禁止"的非正式制度创新推进着经济的增长与转型进程。中国可以在法律体系不健全、产权机制不完善的条件下成功注入市场化激励机制，非正式制度发挥了促进作用，而随着市场经济的成熟和改革的深入，非正式制度的局限性也日益明显，中国的经济增长需要从一个依赖于生产要素积累的增长模型转向一个主要依靠技术创新驱动的增长模型，对法律、产权、契约、社会保障等正式制度的需求明显上升（Linda Yueh，2015）。

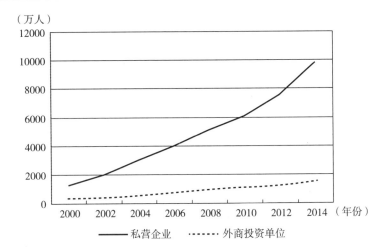

图 7 – 3　私营企业和外商投资单位城镇就业人员情况

资料来源：《中国统计年鉴》（2015）。

丹尼·罗德里克（2009）把经济增长阶段分为启动增长和保持持续增长两个阶段，并认为保持持续增长比启动增长更加困难，需要更为广泛的制度改革，启动增长并不需要太多的制度变革，但是长期持续稳定增长需要建立起一套完善的高质量制度①，并认为中国的经济增长不能视为理所当然，如果没有法治、金融、产权、政治治理等各领域强大的正式制度作为后盾，也会面临制度基础跟不上经济发展需要的困境，而从启动增长阶段向保持持续增长过渡需要更为广泛的制度变革，形成新的产业政策。

基于国内价值链构建的产业结构优化升级，重点在于加快推进研发、设计、品牌以及生产性服务业等环节发展，而这些环节对制度的要求更高，王永钦（2008）甚至以"制度密集型产业"统称这些高度依赖良好制度环境的产业，如科研、金融、咨询、教育等现代服务业，并认为动态地看，对于一个经济体来说，某一发展阶段的制度结构可能只适合于当时的产业结构，而制度变革是产业结构优化升级的重要保证，中国当前的制度结构比较适合于劳动密集型产业的发展，各地集中资源发展某个特地产业的动员能力十分强大。所以从长期看，伴随

① 丹尼·罗德里克认为，所谓高质量制度是指能够引导经济主体进行合理社会行为的规则，这些制度可以是非正式的（如道德规范、关系、可执行的协议等），也可以是正式的（如法治、产权明晰等），随着市场交换的扩大，正式制度的重要性会不断强化，因为建设正式制度固定成本高，但边际成本很低，而非正式制度却具有较高的边际成本。

着经济发展和产业升级，中国一定会跨过一直以来以劳动密集型产业和区段为主的经济发展阶段，向中高附加值环节攀升，但是，正如王永钦指出的，这些环节往往对制度质量有着更高的要求，如果没有深层次的制度变革，未必会随着经济增长实现产业结构的优化升级，历史上许多国家曾被长期锁定在特定的产业结构上，陷入了"中等收入陷阱"。

根据德勤①发布的《2016年全球制造业竞争力指数》提供的数据（见表7-1），可以看出，中国制造业的成本优势仍较明显，但是在人才、创新、法律环境等方面与美、德、日等国家差距比较明显，中国在法律监管环境方面的得分仅为24.7分，而德国、美国、日本分别为88.3分、89.3分和78.9分，分别是中国的2.9倍、2.7倍和2.6倍。世界银行出版的《东亚复兴：关于经济增长的观点》提供的数据显示：启动一个企业所需天数，中国是48天，而美国、新加坡只需要5天和6天。这些数据说明我们在正式制度建设上存在着较大空间，我国当前加快简政放权，释放经济活力，正在加快正式制度的建设和规范。

表7-1　主要制造业国家的竞争驱动力因素分析

	美国	德国	日本	韩国	中国	印度
人才	89.5	97.4	88.7	64.9	55.5	51.5
创新政策和基础设施	98.7	93.9	87.8	65.4	47.1	32.8
成本竞争力	39.3	37.2	38.1	59.5	96.3	83.5
能源政策	68.9	66.0	62.3	50.1	40.3	25.7
物质基础设施	90.8	100.0	89.9	69.2	55.7	10.0
法律监管环境	88.3	89.3	78.9	57.2	24.7	18.8

注：满分为100分。

资料来源：德勤.2016年全球制造业竞争力指数［R］.2016.

党的十八届四中全会审议通过了《中共中央关于全面推进依法治国若干重大问题的决定》，提出全面推进依法治国，建设中国特色社会主义法治体系，是一项宏大的系统工程，对于中国经济转型和产业结构优化升级具有重要意义。尤其是如何让制度建设相对滞后的中西部地区建设法治政府，对于国内价值链构建和

①　德勤（Deloitte）泛指德勤有限公司（一家根据英国法律成立的私人担保有限公司），主要为各行各业的企业客户提供审计、税务、财务、管理咨询等服务。

产业结构优化升级至关重要。当前，中西部地区在法治、软环境建设、政府效率等方面与东部地区存在着不小的差距，一定程度上制约了高层次产业向广阔内陆地区的转移，制约了资源在全国范围内的优化配置。2015 年 12 月，中国政法大学发布的《中国法治政府评估报告 2015》，对国内 100 个城市的法治政府建设情况进行了排名，前 50 名当中东部城市达到 28 个，中部地区 16 个，而西部城市只有 6 个，从一个侧面反映出中西部地区在法治建设上的滞后局面，我们在调研中与企业家交流，发现大家都对沿海地区的软环境非常认可，而对中西部地区的投资环境满意度偏低，也印证了这一问题。

制度质量的差异对于国内价值链构建将造成一定的制约，当前国内区域产业转移中存在着普遍的"双向转移"现象，在加工制造环节向内陆转移的同时，内陆地区企业的总部、研发中心、营销中心等也在加速向沿海地区布局，笔者在调研中发现，在内陆省份往沿海地区派驻大量招商队伍的同时，浙江、江苏等地的一些高新区、经济技术开发区等也往内陆地区派驻了一些招商引资人员，主要是招引内陆地区大中型企业的总部和研发中心，近些年内陆地区科研机构和企业研发中心外流现象比较严重，这从一个侧面反映出了不同区域的制度差异对产业转移的影响，也验证了研发、品牌等高附加值环节对于制度质量有着更高的要求。因此，中西部地区未来面临着提高制度质量的艰巨任务，未来制度的完善对于基于国内价值链的产业结构优化升级具有重要意义。同时，东部沿海地区也要提高制度质量，为产业链向研发创新、品牌、服务等高附加值环节升级提供更大支撑，与世界接轨，以应对全球生产网络的调整，提高在全球价值链中的定位。

第五节　政府的转型：从"为增长而竞争"到"为质量而竞争"

对中国高速增长之谜有诸多解释，大多数研究认为这一增长缘于成功调动了地方政府的积极性，张五常（2008）提出县际竞争是中国奇迹最为重要的制度安排，张军（2008）称之为"为增长而竞争"。考察改革开放以来的区域经济发展历程，可以看出地方政府的竞争主要集中在如何推进产业发展上，这是由中国仍处在工业化中期的阶段性特点决定的，回顾改革开放以来的历史，地方政府在推动区域产业发展方面的作用也毋庸置疑。

但是，"为增长而竞争"的模式也造成地方政府过度强调招商引资，片面追求GDP，负面效应逐渐显现（陈钊和徐彤，2011），区域产业发展中普遍存在着"以邻为壑"的竞争（陆铭，2008），地方政府部门为了完成招商引资指标任务，不同区域之间拼土地、拼政策、拼环境、争项目，"为增长而竞争"固然可以提高产业发展速度，但由此产生的问题也很多，部分产业领域产能过剩与新产能扩张并行，金碚（2015）认为其最突出的经济行为是"血拼竞争"，求快贪大，为此不惜付出很高的资源与环境代价。这种牺牲资源与环境的增长竞争难以为继，也不符合"以人为本"的科学发展理念。

可以预见的是，伴随着新一轮的产业与科技革命，国际国内产业转移将呈现新趋势新特点，未来一段时期地方政府的竞争仍将集中在产业发展上，因为中国制造多处在价值链低端，向上提升的空间巨大，地方政府仍然能够在产业转型升级上发挥增长甄别与因势利导的作用（林毅夫，2012）。但是，"为增长而竞争"的负面影响必须避免，国家层面正在全面清理各地优惠政策，未来区域产业发展必须向"为转型而竞争"转变，只有为地方政府增加新的约束条件，才能促进地方政府"为转型而竞争"，推动区域产业的转型升级和协同发展。

"为增长而竞争"（张军和周黎安，2008）指的就是基于地方经济增长的晋升锦标赛，重点是地方政府通过各种途径招商引资全力推进产业发展，应该说，地方政府的竞争是中国经济增长故事中最为精彩的章节。但是，伴随着中国制造的规模扩张与结构变迁，尤其是新常态下面临着经济下行压力的持续加大，简单的外延式扩张已经逐渐式微，只有加快产业结构优化和转型升级，中国制造才有出路。

改革开放以来，"为增长而竞争"为区域产业发展提供了强大动力，但是在转型视角下，这一动力正在逐渐转变为中国产业结构优化升级的阻力。一是"为增长而竞争"延缓了中国制造在全球价值链上的攀升。中国制造在全球价值链的低端锁定（刘志彪，2009；戴翔，2005）已经被许多研究证实，价值链位置才是制造业竞争力的关键，向价值链高端环节攀升是未来发展的主攻方向，但是"为增长而竞争"导致地方政府把产业规模与财政收入创造作为首要目标，而许多能够支撑价值链攀升的新兴产业项目、高技术项目、服务业项目与创新型项目，在发展初期不可能具有很大规模，对地方财政的贡献也比较弱，难以获得地方政府的青睐与发展机会，客观上阻碍了产业结构优化升级。二是"为增长而竞争"阻碍了现代产业分工合作体系的构建。"为增长而竞争"导致地方政府之间"以邻为壑"的政策，使得区域产业结构与比较优势并不一致，一定程度上扭曲了产业结构调整的空间，阻碍了产业链在区域之间的合理布局，企业跨区域发展整合产业链受到了很多限制，难以形成分工合理的现代产业网络，中国制造的产业链整体竞争力优势大大削弱。三是"为增长而竞争"阻碍了资源配置效率的提升，蔡昉（2009）认为，由于地方政府与地方经济活动过于密切，常常像企业家一样直接参与谈项目和引投资等活动。这就会使得地方政府为产业项目竞争而相互比拼优惠条件，落地项目容易脱离本地的比较优势而造成低效投资。戴翔（2015）认为当前发展战略性新兴产业"一哄而上"，在不具备技术优势的情况下只能是在产业链低端"铺摊子"，区域间的资源配置效率大大降低，产业发展的质量与效益提升缓慢，产业升级被延迟。

新常态下，经济增速回归中高速正是顺势推进产业结构调整和转型升级的战略机遇期，关键在政府层面要创新与完善考核机制，针对各区域的特点实施差异化考核标准，提高研发投入、研发机构入驻、高技术项目、高端人才等指标的权重，把招商引资、承接产业转移的重点转移到创新环节上，引导地方政府从注重规模和投资向注重效益和创新转变，形成"为转型而竞争"的新竞争模式，真正引入一批符合区域比较优势、带动本地产业升级、参与全球产业分工的新项目，避免工业发展陷入以规模扩张为主的传统发展方式陷阱，真正把工业发展的立足点转到质量和效益上来。近几年各地招商引资中有很多失败案例，很多依靠优惠政策招来的所谓大项目，由于本地缺乏产业链和人才支撑不能形成良好的产业生态，反而成为地方发展的包袱。"为转型而竞争"就是要把地方政府的注意力从规模扩张转向质量与效益，更加注重依托比较优势谋划产业发展，在具有优势的产业链环节做大做强，深入把握新一轮区域产业转移的逻辑变化，强化本地在产业链和价值链上的战略定位和竞争优势，在参与国际国内分工中形成新的现代产业分工合作体系。

笔者在前文提出了产业发展的两种模式，即基于投资的产业发展模式和基于创新的产业发展模式，一个地区应根据发展阶段的演进采用不同的产业发展模式。这可以与丹尼·罗德里克（2009）的启动增长和保持持续增长两个阶段对应，两个阶段的发展模式与制度安排显著不同，当经济规模较小的时候，应当依靠扩大资本投入提高产出以满足快速增长的需求；当经济总量达到一定规模以后，继续增加产业规模的效率下降，此时应当通过技术进步提高产业的竞争优势。"为增长而竞争"适用于区域发展的初期，这时候产业发展基础比较薄弱，产业规模远未形成，而对于产业发展趋势容易形成共识，信息相对充分，比较适合把产业规模与增长速度作为主要目标，用更加优惠的产业政策吸引大项目入驻以带动产业发展。在经济规模达到一定阶段后，产业特点已经比较鲜明，土地等资源变得比较稀缺，传统产业增速放缓，新兴产业正在萌芽，而政府在新兴产业发展方面并没有掌握更多信息，因而要转向"为转型而竞争"，地方政府要把目标设定在产业转型与结构升级上，更多地关注软环境的建设，更加重视市场的决定性作用，从而引导地方产业发展建立在比较优势的基础上，在区域产业协同发展中强化自己的优势环节，在全国范围内构建国内价值链，支撑中国制造以一个更加均衡的形态融入全球价值链，实现在全球价值链上的攀升（见表7－2）。

表7－2　"为增长而竞争"与"为转型而竞争"的比较

	"为增长而竞争"	"为转型而竞争"
阶段特点	初期	中后期
目标设定	产业规模与增速	产业转型与结构升级
竞争方式	以邻为壑	强化区域分工与合作
绩效评价	产业规模	产业结构与附加值

资料来源：笔者制作。

从"为增长而竞争"到"为转型而竞争"必须重构政府与企业的关系，政府和企业要把精力转移到注重如何向集群转型上，更加关注产业链培育、服务体系建设、研发投入、新产品开发能力、资源节约与生态环境等指标，长期以来这些指标并没有被政府和企业作为最重要的约束条件。未来就是要引导地方政府更加重视这些新的约束条件，加快构建新的绩效考评体系，形成新的激励约束机制。

一是更加注重产业内部结构指标。要切实引导企业把投资转移到产业新兴化及其新产品、新技术上，投资到能够带动新一轮工业经济增长的领域。增量调整绝不能投资低水平重复项目，而是应顺势调整产业结构。要抓住经济衰退、产业萧条、一些高耗能高排放、产能过剩的传统产业陷入困境的难得机会，顺应形势加快结构调整和转型升级。加快新兴产业壮大和传统产业转型发展，增量调整重点是填补产业链空白环节，引进和改造升级项目重点是要占据产业的价值链高端，调整的目的在于通过新项目投资，提升区域产业及企业的新型化程度和整体竞争实力。

二是更加重视研发投入与创新指标。当前中国面临的机遇，不再是简单纳入全球分工体系、扩大出口、加快投资的传统机遇，而是倒逼我们扩大内需、提高创新能力、促进经济发展方式转变的新机遇。必须进一步强化创新驱动，增强创新驱动发展新动力。可以看出，国家层面推进经济增长从投资驱动向创新驱动转型的战略意图十分明显，未来一段时期，在创新驱动上会加大推进力度。各地产业发展面临着传统机遇、传统优势、传统动力逐步弱化的局面，必须要在创新发展上培育新机遇、新优势、新动力。

三是更加重视资源节约与生态环境指标。由于资源和环境价格低廉，中国的产业结构存在明显的高耗、低效特征，主要依靠资源消耗环境损害型的技术路径，强化了"拼资源、拼消耗"的产业结构模式。随着对资源与环境的约束不断增强，资源价格逐步正常化，环境成本逐渐内部化，产业发展对资源节约环境友好型技术的需求持续增强，应该抓住机遇，进一步加快优势资源产业的技术改造，推进节能减排、清洁生产、循环经济等技术在资源产业中的应用，强化资源产业的竞争优势，推动产业结构调整的技术路径由资源消耗环境损害型向资源节约环境友好型转变。

四是更加重视产业链对接指标。引导地方政府把提高产业链接度作为一个重要目标，在招商引资中要重点引进产业链瓶颈环节、缺失环节以及与本地产业链形成对接的环节。围绕本地主要产业的薄弱环节招商，尽量杜绝为完成指标引入低水平重复建设项目，避免引入项目与本地项目在同一层次上相互竞争，支持本地中小企业与入驻的高端项目间形成分工合作关系，鼓励工业企业将研发、设计、售后服务等服务增值环节独立化，加快推进制造业服务化，强化金融服务、专业物流等对现代产业分工网络的支撑能力，促进本地产业链与本地服务链协同耦合发展，提高本地产业分工合作网络的核心竞争力，使入驻项目成为带动本地产业转型发展的"新引擎"。

可喜的是，近几年地方政府发展产业的理念正在发生变化，尤其是沿海地区已经不再单纯追求增长速度，而是把转型升级作为新目标，与前些年主要关注投资和项目建设不同，现在地方政府和企业家越来越多地开始强调研发平台和研发投入问题，其实内在要求已经变化，如果不重视创新，企业就不会长足发展甚至会关门倒闭，就不会有GDP，现在到了考核机制适应这种变化的时候了。当然，本书提出的"为转型而竞争"只是一个概念性框架，真正的实施还需要更为细致的深入研究。

　　总的来说，基于国内价值链的产业结构优化，需要找到制约产业结构调整的外生变量，本书着眼于外生变量提出了产业结构优化面临的五大难点，即动力的转换、空间的重塑、分工的深化、制度的完善、政府的转型。这五大难点有着层层递进的内在逻辑关系，动力的转换需要在空间的重塑中寻求新动力，而空间的重塑需要区域产业分工的进一步深化，分工的深化需要相应的制度安排上的调整和完善，制度的完善又内在要求政府行为的转型，反过来，这五大难点之间也有着相互制约或者相互促进的作用。

　　因此，制约产业结构优化的五大难点层层递进、相互联系、互为一体，需要系统应对。党的十八届三中全会以来，"四个全面"战略布局持续推进，在法治建设、社会建设、制度建设、简政放权等领域推出了一大批政策措施，为中国产业结构优化和区域协调发展提供了新支撑。

第八章　追赶的发力点：构建国内价值链的重点分析

国际金融危机以来中国的产业结构调整面临根本性变化，与之前存在着根本不同，改革开放以来嵌入全球价值链下国际产业资本与中国劳动力的结合是中国产业成长的上半场，国际国内产业资本与内陆优势要素结合则是其下半场。面对新的发展阶段和形势，通过国内价值链重构优化中国的产业结构需要从提高制造业核心竞争力、加快发展生产性服务业、构建现代产业分工合作网络、培育一批企业品牌、支持"走出去"整合全球产业链、持续优化外贸结构、优化产业空间布局、提高劳动力素质八个重要方面着力。

第一节　提高制造业核心竞争力

中国制造业规模已位居全球第一（见图 8 - 1）①，根据工业和信息化部的数据，2010 年中国制造业规模占全球比重达 19.8%，超过美国位居全球第一，2019 年中国制造业增加值达 26.9 亿元人民币，占全球比重为 28.1%，连续 10 年保持世界第一制造大国地位。中国制造拥有三大超强优势，即伴随着中国国内消费者的消费结构升级，"亚洲工厂"也在高附加值和高利润的市场营销与客户服务中获取了更大的份额，中国市场的庞大需求大大巩固了亚洲供应链，基于国内市场需求构建价值链对于中国制造转型升级的重要意义。

---

① 中国工程院. 制造强国战略研究报告［R］. 2015.

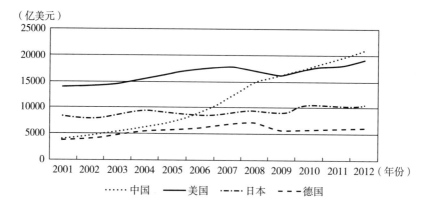

图 8 - 1　2001～2012 年美、德、日、中四国制造业增加值演变情况

资料来源：中国工程院《制造强国战略研究报告》。

但是，中国制造业大而不强，虽然全球消费者已经离不开"中国制造"了，但在国际上"中国制造"依然是低端产品的代名词，产业产品结构优化升级的空间很大。2020 年 12 月，中国工程院发布的《2020 中国制造强国发展指数报告》数据显示，2019 年制造强国发展指数依次为美国、德国、日本、中国、韩国、法国、英国、印度、巴西等，中国仍然位于第三阵列。制造强国发展指数由规模发展、质量效益、结构优化、持续发展四个分项构成，从分项数值看，中国制造业规模发展指数排名第 1 位，质量效益排名第 7 位，结构优化排名第 4 位，持续发展排名第 7 位。

表 8 - 1　2019 年各国制造强国发展指数

陈列	第一阵列	第二阵列		第三阵列				其他	
国家	美国	德国	日本	中国	韩国	法国	英国	印度	巴西
指数值	168.71	125.65	117.16	110.84	73.95	70.07	63.03	43.50	28.69

资料来源：《2020 中国制造强国发展指数报告》，中国工程院，2020 年 12 月。

制造业是创新的重要领域，在许多行业研发与制造之间具有较高的依存度，尤其是对于模块化程度较低的产业，如果把研发环节和工艺、制造等环节完全分离，长期看会损害研发创新能力，一是研发人员需要随时从制造环节反馈信息，提升技术和产品设计能力，提高生产效率，也就是说制造环节蕴含着丰富的创新信息，这一循环反馈机制对于创新能力十分重要，二是伴随着消费结构升级，对产品的需求更加个性化，企业必须采取小批量、大规模定制生产模式，研发、设计和制造环节更需要无缝对接，以适应快速变化的市场需求。进入 21 世纪以来，随着加工制造环节的嵌入，跨国公司纷纷在中国布局研发中心，除了要集聚中国成本较低的创新要素和利用本土性知识外，以上原因也不容忽视。

制造业是一个经济体发展的基础支撑，是"国民经济的主体，是立国之本、兴国之器、强国之基"。尤其是在新一轮产业革命背景下，信息化对产业转型升级的促进作用更加凸显，制造模式发生着巨大变化，以美国工业互联网和德国工业 4.0 为代表的智能制造模式正在逐渐渗透，全球制造业竞争格局正在发生巨大变化。

党的十九届五中全会提出"坚持把发展经济着力点放在实体经济上"，着重强调"保持制造业比重基本稳定，巩固壮大实体经济根基"。这是党中央准确把握发展环境深刻复杂变化作出的重大战略决策，把对制造业的重视提升到了前所未有的新高度。

世界进入动荡变革期与我国转向高质量发展阶段形成交汇，必须更加重视制造业发展。当前，国际环境日趋复杂，不稳定性不确定性明显增加，逆全球化思潮涌动，全球贸易呈现疲软状态，WTO 发布的世界贸易景气指数，从 2016 年一季度的 99 降低到 2020 年二季度的 87.6，创历史新低，同时单边主义、保护主义、霸权主义等威胁持续增加，世界进入动荡变革期，百年未有之大变局下制造业已经成为新一轮国际竞争和大国博弈的"竞技场"，我国转向高质量发展阶段面临的环境异常复杂，制造业是应对外部环境复杂变化、迈向高质量发展新轨道的中流砥柱，是放大比较优势、构筑未来发展战略优势的重要支撑。2019 年我国工业占 GDP 比重已经下降到 32% 左右，存在着过早"去工业化"的风险，高质量发展需要稳定制造业这个实体经济"定盘星"。

新一轮产业革命与我国实施制造强国战略形成交汇，必须更加重视制造业发展。以新一代信息技术加速渗透与融合为特征的新一轮产业革命蓬勃兴起，数字经济成为全球经济增长的新引擎，中国信通院的数据显示，我国数字经济规模达到 35.8 万亿元，占 GDP 比重为 36.2%，服务业、工业、农业数字经济渗透率分别为 37.8%、19.5% 和 8.2%，各行各业加速向数字化、网络化、智能化方向拓展，产业形态、生产方式、制造模式均面临深刻变革，软件定义、数据驱动、平台支撑、服务增值、智能主导、生态赋能的特征日益明显，新产品、新模式、新业态、新产业持续涌现，新产业革命与我国实施制造强国战略形成历史性交汇，我们必须抓住机遇推动数字经济和实体经济深度融合，把数字技术转化为制造业竞争力，抢占新一轮产业竞争制高点。

主要发达国家重塑产业竞争优势与中国企业攀升价值链形成交汇，必须更加重视制造业发展。2008年国际金融危机以来，主要发达国家深刻反思脱实向虚的发展模式，聚焦实体经济重塑竞争新优势，"再工业化"战略渐成共识，在华跨国企业加速推进"中国+1"战略，推动高端制造环节向国内回流，将一般加工环节向东南亚国家转移，对中国制造形成"双重挤压"。2019年中国制造业增加值达26.9万亿元，占全球比重达到28.1%，稳居世界第一，但正如习近平总书记在郑煤机考察调研时强调的，"我们现在制造业是世界上最大的，'大'和'全'有了，在'高精尖'方面还有不少短板"。只有高度重视以制造业为核心的实体经济，支持企业提升在全球价值链中的地位，才能切实提升经济质量效益和竞争力。

对于当前发达国家的"再工业化"战略，国内一些专家和企业家不以为然，强调中国劳动力成本的不可替代性。但是，仔细分析近几年回流发达国家的制造业案例就可以发现，这种回流不是对中国生产线和制造模式的简单复制，制造模式已经发生了巨大变化，以数控机床、工业机器人以及大数据技术为支撑的智能制造模式是其主要方式，这一模式再加上发达国家在物流、能源以及制度上成本较低，显然会对中国制造造成巨大冲击。因此，中国应高度关注发达国家"再工业化"战略引发的问题，及早做好应对措施。

制造业企业是国内价值链构建的重要主体，研发、设计、品牌等环节以及物流、金融等生产性服务业的发展建立在制造业的转型升级之上，也是产业产品结构优化升级的重要领域。当前中国制造业结构和层次偏低，已经远滞后于国内市场需求。根据财富品质研究院发布的《2015年中国奢侈品报告》提供的数据，2015年中国人在全球奢侈品交易中占46%，其中约78%购自海外。因此，提高制造业竞争力，推动制造业转型升级，是未来一段时期内产业结构优化升级的重点。

第二节　加快发展生产性服务业

生产性服务业本身就是产业结构优化的一部分，并且生产性服务业发展滞后已经成为制约中国产业结构优化升级的瓶颈因素，尤其是对国内价值链构建而言，生产性服务业至关重要，中国制造突破全球价值链的锁定、向研发品牌等环节攀升，需要产品设计、原料采购、订单处理、仓储物流、批发零售等生产性服务业环节的支撑。随着分工的持续深化，生产性服务业与制造业之间的互动性和依赖性逐步加强，生产性服务业将会渗透到制造业的每一个环节，呈现出制造业服务化的发展趋势，形成"制造＋服务"一体化发展格局，生产性服务业与制造业的边界变得模糊。

在全球价值链的产业发展模式下，中国生产性服务业发展受到制约。近几年，在生产性服务业领域，跨国公司开始加大在中国的投资和布局，从实际使用外资数据看，近几年，生产性服务业实际利用外资的增速加快，根据商务部发布的《中国外商投资发展报告2019》，2018年我国实际使用外资金额中，服务业占比已经高达68.1%，远高于制造业占比（30.5%）。

我国服务业全球价值链参与度偏低，牛华和张梦锦（2020）构建了服务业全球价值链参与程度的理论框架，并利用世界投入产出表测算了2000～2014年中国及主要经济体服务业全球价值链参与度指数，结果发现，中国服务业参与全球化的程度还落后于德国、丹麦、爱尔兰、俄罗斯、韩国等经济体，尽管中国服务业GVC增加值全球份额占比差距显著缩小，但是中国还有较大的提升空间。黄蕙萍等（2020）的研究认为，尽管我国生产性服务业的后向参与程度在日渐提高，但在全球价值链中获利能力较低，有低端锁定的威胁。

可以看出，中国生产性服务业的发展正在加速。然而在中国，一直以来生产性服务业被包含在制造部门中，没有形成独立业态，加之一些生产性服务业领域的市场机制远未形成，制造业企业存在"服务内置化"现象，更为重要的是，在嵌入全球价值链的发展模式下，本土生产性服务业与外资制造业之间的关联度比较低，限制了生产性服务业的需求，降低了生产性服务业的效率和质量，使得中国的生产性服务业在品牌、知识产权、服务品质、高素质等方面缺乏核心竞争力。

第三节　构建现代产业分工合作网络

在产业结构优化中需要关注的另外一个重要问题是产业组织结构，大中小企业之间形成紧密的配套协作关系是产业链竞争力的核心。在中国，龙头企业真正能够带动中小企业专业化配套、对产业链进行整合的数量较少，产业集群往往是企业堆积而没有内在关联，也就是说没有形成现代产业分工合作网络。

进入 21 世纪以来，沿海地区的产业集群一定程度上形成了产业链合作关系，但是基本上由跨国公司掌控，而内陆地区的产业集群基本上处在初始状态，缺乏高效的产业链合作，我们在调研中发现这样一种情况：一个地方拥有某个完整的产业链，研发、制造、配套等产业链上、中、下游环节都有，但是区域内企业之间没有分工合作。与日本、韩国等相比，中国缺乏大企业研发集成、中型企业供应零组件、小型企业提供外围配套、服务型企业提供专业化服务的产业生态网络。

Michael Porter（2012）在《国家竞争优势》中强调了产业集群对产业竞争力的重要支撑作用，一个国家的产业竞争优势趋向于集群式分布，各国的竞争优势形态都是以产业集群的面貌出现的，一个集群一旦形成，集群内部的产业和企业之间就会形成互动关系。在产业集群作用下，一个国家上游产业的竞争优势，同样有助于下游产业形成国际竞争力。

但是，中国的产业集群数量太多、太分散，各地都在规划建设产业园区，尤其是中西部地区，而在一些没有产业基础的地方规划建设产业园区，实际上难以形成高效的产业链网络。以工业机器人为例，伴随着中国工业机器人销量的持续增长，据统计，中国目前在建的工业机器人产业园就有 40 家以上。产业分散布局不仅造成要素集聚度低，空间布局不合理，也会导致同质化恶性竞争，弱化产业竞争力。

在国内价值链构建下，产业结构优化的一个重要方面就是优化产业组织结构，依托产业集群构建现代产业分工合作网络（见图 8 - 2），促进大中小企业间形成紧密、高效的合作关系，以整体产业链参与国际竞争，突破全球价值链的"低端锁定"。

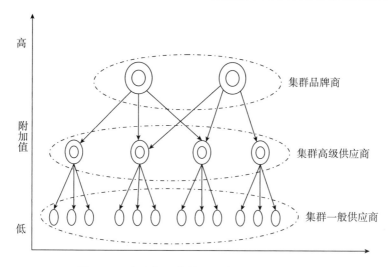

图 8 - 2　产业集群中的现代产业分工合作网络

资料来源：笔者自绘。

第四节　培育一批企业品牌

企业品牌是衡量一个经济体综合实力的重要方面，美国、德国、日本等国家和地区产业竞争力主要体现在知名品牌上，日本、韩国等东亚经济体综合实力的上升受益于产生了丰田、索尼、三星、现代等知名品牌，依托这些企业品牌对国内价值链进行构建，自主品牌出口占比大幅度提高，大大提升了区域产业在全球的影响力，也提高了产业发展质量与效益。然而，中国自主品牌出口占比偏低，2013 年仅为 11% 左右。

21 世纪以来，中国制造业竞争力稳步提升，但是由于缺少品牌影响力，价格和利润与跨国企业品牌相比存在不小的差距。党的十九报告强调指出，根据国家统计局公布的数据，我国社会主要矛盾已经转化为人民日益增长的美好生活需要和不平衡不充分的发展之间的矛盾。人民日益增长的美好生活需要蕴含着消费升级巨大空间，2019 年中国人均 GDP 超过 1 万美元，市场竞争和消费结构正在发生巨大变化，为中国企业培育塑造品牌带来了新机遇和新支撑，加快推动"中国制造向中国创造转变、中国速度向中国质量转变、中国产品向中国品牌转变"势在必行。由此，产业竞争正由单一的价格竞争转向包括质量、技术、文化和服务等在内的企业品牌竞争，消费倾向正由物质性消费向包括服务、时尚、品位等在内的文化性消费转变，品牌竞争和品牌消费倾向将更加明显。

在市场化基础上为本土企业提供研发、品牌塑造上的支持，提高国际竞争力，整合全球价值链，是东亚经济体产业升级的经验。在消费结构向知名品牌转变的过程中，代工企业以及无牌企业将面临生存压力，没有企业品牌的支撑和带动，产业链整合和价值链重构也难以顺利进行。2014 年 5 月 10 日，习近平总书记在河南调研指导工作时提出"推动中国制造向中国创造转变、中国速度向中国质量转变、中国产品向中国品牌转变"。2016 年 6 月 10 日，国务院办公厅发布《关于发挥品牌引领作用推动供需结构升级的意见》，提出设立"中国品牌日"的倡议。2017 年 4 月 24 日，国务院印发《国务院关于同意设立"中国品牌日"的批复》，同意自 2017 年起，将每年 5 月 10 日设立为"中国品牌日"。"中国品牌日"的设立表明我国对品牌建设的高度重视，围绕需求升级培育自主品牌，通过优势品牌国内价值链进行整合，提升在全球价值链中的地位，是中国制造实现产业追赶的必然选择。[①]

第五节　支持企业"走出去"整合全球产业链

在全球价值链中，中国优势企业必须"走出去"，在全球范围内整合、创新产业链资源，把国外产业链纳入国内价值链构建中，实现在全球价值链上的攀升。

近年来，中国对外直接投资持续增长，如图 8 - 3 所示，由 2007 年的 265.1 亿美元增长到 2014 年的 1028.9 亿美元，增长了 2.9 倍。数据增长的背后是中国企业"走出去"在全球范围内构筑生产网络和全球供应链，根据中国与全球化智库（CCG）发布的《中国企业全球化报告（2020）》[②] 提供的数据，中国企业在全球的投资影响力不断提升，占全球外国直接投资流量比重连续三年超过10%，占全球外国直接投资存量的比重排名全球第三。

---

① 相关资料来自国家工信部网站。
② 王辉耀等. 中国企业全球化报告（2015）［M］. 北京：社科文献出版社，2015.

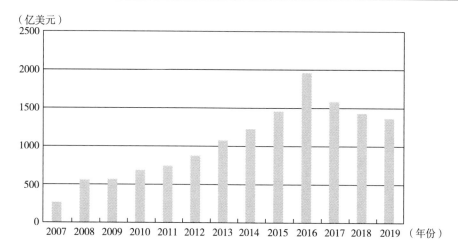

图 8 – 3　中国对外直接投资净额

资料来源：根据历年《中国统计年鉴》数据整理。

中国企业"走出去"呈现出集群式发展趋势，《2015 中国产业园区持续发展蓝皮书》提供的资料显示，当前中国企业在近 50 个国家自主投资建成、在建、拟建的产业园区共 118 个，[①] 主要涉及加工制造、资源开发、农业开发和商贸物流等产业领域，园区"走出去"成为中国企业整合全球产业链的新模式。未来中国需要把产品"走出去"、企业"走出去"和园区"走出去"结合起来，提高品牌知名度和抗风险能力，把全球资源纳入中国的价值链，推动中国的产业结构优化升级。

第六节　持续优化外贸结构

要通过优化外贸结构进一步享受全球化红利，通过"做强一般贸易、提升加工贸易、做大服务贸易"进一步发挥进出口对产业结构优化的促进作用。中国一般贸易和加工贸易的出口结构存在着较大差异，一般贸易以纺织服装、通用及专用设备为主，加工贸易以通信设备和电子产品为主，是嵌入全球价值链的典型行

---

① 同济大学发展研究院 . 2015 中国产业园区持续发展蓝皮书［M］. 上海：同济大学出版社，2015.

业，应引导本土企业由贴牌生产（OEM）向委托设计（ODM）和自主品牌（OBM）升级，通过参与全球价值链，逐步提高企业的自主设计和自主研发能力，推动加工贸易产业链和本土产业链的有机结合，增加研发、设计、品牌等国内附加值含量，带动国内生产性服务业发展。

中国的服务贸易一直为逆差，并且近年来呈现逐步扩大的趋势（见图8-4），根据《中国统计年鉴》（2020）的数据，2019年全年服务进出口总额为7850亿美元，其中出口总额为2836亿美元，进口总额为5014亿美元，服务贸易逆差达到2178亿美元，是全球最大的服务贸易逆差国。分行业看，服务贸易逆差大多集中在运输服务、旅游、保险服务、专有权利使用及特许费等领域，在资本密集型、知识密集型服务等高附加值领域体现出和货物贸易一样的特点，显示出中国生产性服务业发展的滞后。商务部在第三届进博会上发布的《中国服务进口报告2020》中的数据显示，生产性服务业进口快速增长，2012年以来电信计算机和信息服务进口年均增长23.3%，是全球增速的3.5倍，2012年以来中国累计进口数字服务8345.1亿美元，年均增长6%，对全球数字服务进口增长的贡献率为4.4%。

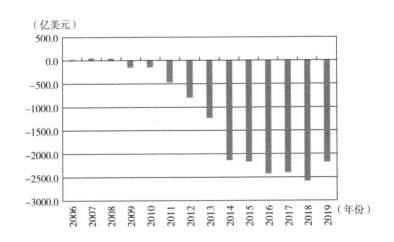

图 8 - 4　2006～2019 年中国服务贸易差额

资料来源：《中国统计年鉴》（2019）。

进一步发挥进口对优化产业结构、构建国内价值链的促进作用，引导国内企业引进国外先进技术设备、关键零部件以及高端生产性服务等，尤其要扩大具有明显技术外溢效应的资本品进口，在中西部地区，注重以引进国外先进的技术设备来改造传统制造业和促进高新技术产业发展，促进产业结构升级。在东部发达地区，以出口服务贸易为主促进东部地区服务业规模的扩大和内部产业结构的优化。积极利用"一带一路"和亚洲基础设施投资银行的建立，通过对外直接投资转移出过剩产能，腾笼换鸟，为新兴产业的发展提供空间，以满足国内产业结构优化和转型升级的需要。

第七节 优化产业空间布局

过度嵌入全球价值链的发展模式一定程度上造成了国内产业空间结构上的失衡，双重"中心—外围"格局制约了区域产业分工和协调发展，全球价值链主导的生产网络，把技术控制在封闭体系内，关键零组件往往由海外配套，"两头在外"的产业发展模式形成了对国际市场和海外技术装备的过度依赖，使得本土装备制造业和生产性服务业发展滞后，东部沿海地区与中西部地区的产业关联更加弱化。

当前，中国制造显然处在一个战略转折点上，国际金融危机爆发以来，中国传统的产业发展模式所受到前所未有的冲击，系统梳理和总结一下国际金融危机爆发以来各区域产业发展的现实，可以发现，沿海地区的产业转型升级并不顺利，中西部地区产业发展对资源环境的压力更大，各区域竞争推出的优惠政策限制了区域比较优势的发挥，降低了中国制造的整体竞争力。尤其是在新常态下，经济下行压力持续加大，如何强化区域间产业发展的协同性，以更好地发挥中国回旋余地大的优势，对中国制造向形态更高级、分工更复杂、结构更合理演化至关重要。

2020 年，我国提出加快形成以国内大循环为主体、国内国际双循环相互促进的新发展格局，就是要发挥"中国制造 + 中国消费"的超大规模市场优势，逐步从外向型的发展模式转变为以内循环为主的发展模式，以一个更加均衡的国内价值链分工网络提升在全球价值链中的地位。

国内价值链构建视角的产业结构需要各区域发挥自身的比较优势，形成产业集聚效应，培育一批世界级优势产业集群，提高资源和产业的空间配置效率，龙头企业可以根据区域资源条件和产业基础在全国范围内整合产业链。但是，当前各区域脱离比较优势的产业规划和恶性竞争，对于基于国内价值链的产业结构优化具有一定的抑制作用。

第八节　提高劳动力素质

人口红利是中国经济增长的重要解释变量，所谓人口红利，指的是一个国家或地区劳动年龄人口占总人口比重较大，抚养率比较低，由于普通劳动力无限供给推延了资本报酬递减现象的出现，从而支撑经济高速增长，这种建立在劳动力规模基础上的传统人口红利，可以称为数量型旧人口红利。但近年来，我国人口结构正在发生根本性变化，根据国家统计局的数据，2011年我国劳动年龄人口规模达到高峰，总抚养比（总体人口中非劳动年龄人口数与劳动年龄人口数之比）形成底部，蔡昉认为2011年前后中国迈过"刘易斯转折点"（即劳动力过剩向短缺的转折点），数量型旧人口红利已经消失。厉以宁认为伴随着消费升级和产业升级，中国正在开启新人口红利时代，所谓新人口红利就是基于技能人才的质量型人口红利，新人口红利孕育着新的发展动力和发展模式，是中国经济由高速增长阶段转向高质量发展阶段的重要支撑。

嵌入全球价值链（GVC）的产业发展模式，对非熟练劳动力需求量很大，培育了一大批的产业工人，但是，缺乏国内价值链制约了生产性服务业发展，特别是工业设计、科技服务、信息服务等行业，主要吸纳高素质的大学生就业群体，造成中国产业对于高素质劳动力需求偏少，压低了我国大学生的就业空间。同时，我国高校毕业生数量屡创新高，如图8-5所示，2020年全国高校毕业生总数达到874万人，大学生就业形势复杂严峻。近年来，中国出现了农民工"用工荒"和大学生就业难并存的现象，反映了中国产业结构与人才结构的不匹配，一定程度上与嵌入全球价值链（GVC）的产业发展模式有关。

中国正处在"刘易斯转折点"上（蔡昉，2008），人口红利正在衰减，非熟练劳动力面临短缺，意味着中国必须转变过度嵌入全球价值链的产业发展模式。基于国内价值链的产业结构优化，意味着产业结构从劳动密集型产业向知识、技术密集型产业的转型升级，其将催生出一大批新产业、新业态、新模式，对于高素质劳动力的需求也将逐步增长，这就要求中国的高等教育、职业教育等既要加快转型，引导劳动力合理在产业和区域内流动，实现区域经济、产业发展和人才结构的和谐对接，又要提高劳动力素质以适应新的产业结构，推动劳动力要素由旧产业向新产业的顺利转移。

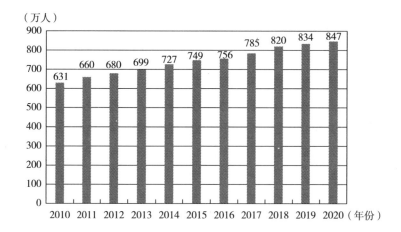

图 8－5　2010～2020 年中国大学生毕业人数

资料来源：根据教育部公布的数据整理。

第九章　追赶的新轨道：数据驱动的中国制造升级

党的十九大报告提到"数字经济等新兴产业蓬勃发展"，并强调"加快发展先进制造业，推动互联网、大数据、人工智能和实体经济深度融合"，这是继2017年3月数字经济首次写入《政府工作报告》后，又首次写入了党代会报告，数字经济正在成为国家创新驱动发展的主攻方向和供给侧结构性改革的关键动力。从发展实际看，数字经济已经渗透到经济社会生活的方方面面，成为中国产业转型升级的新动能，尤其是在服务业领域，电子商务、移动支付、共享经济等领域催生了一大批基于数字经济的新业态、新模式、新平台，快速提升了消费者的体验感和获得感。同时，伴随着智能制造、物联网、大数据、人工智能等技术的快速发展，数据成为最为关键的生产要素，数字经济真正解决了制造业和信息化融合中的"信息孤岛"问题，互联网、物联网对生产率的贡献和作用才真正显现了出来。腾讯研究院出版的《数字经济：中国创新增长新动能》认为，制造业是数字经济的主战场，2017年10月30日召开的国务院常务会议通过了《深化"互联网＋先进制造业"发展工业互联网的指导意见》，对互联网与制造业融合发展进行了战略部署，为数字经济驱动下中国制造转型升级打开了新空间。

第一节　数字经济的概念内涵及其发展现状

20世纪90年代以来，随着互联网、物联网的快速渗透，尤其是2007年以来智能手机和移动互联网的快速普及，数字技术和数字产业蓬勃发展。当前，数字技术创新日新月异，数字经济发展进入加速拐点，对经济社会发展的促进和重塑作用正在显现。

一、数字经济的概念与内涵

数字经济的概念可以追溯到加拿大学者泰普斯科特于1995年出版的《数据时代的经济学》和美国学者尼葛洛庞帝于1996年出版的《数字化生存》，两位学者深入研究了互联网的出现对经济社会的冲击与影响，泰普斯科特首次提到数字经济时代，并前瞻性地提出了各行业企业数字化转型的路线图，包括数字化创意开发、数字化流程实施、数字化产品设计、数字化制造和营销、数字支持型产品销售等方法。尼葛洛庞帝提出"数字化生存是以信息技术为基础的新的生存方式"，在数字化环境中，生产力要素的数字化渗透、生产关系的数字化重构、经济活动的全面数字化等呈现出一种全新的社会生活方式，今天我们仍然感受到两位学者对数字经济相关研究的前瞻性和洞察力。

但是，数字经济发展真正进入黄金时代，是智能手机和移动互联网的出现与快速渗透，伴随着移动端的快速膨胀，全球范围内的网络连接产生了巨大的数据量，催生了云计算、大数据等海量数据分析技术及处理平台。对经济社会发展中产生的海量数据进行分析和提炼所形成的有价值的知识再在经济社会发展中使用，产生了大量的新业态、新模式，可以统称为"数字经济"。2016年9月G20杭州峰会公布《二十国集团数字经济发展与合作倡议》，对数字经济的定义是"以使用数字化的知识和信息作为关键生产要素、以现代信息网络作为重要载体、以信息通信技术的有效使用作为效率提升和经济结构优化的重要推动力的一系列经济活动"。中国电子信息产业发展研究院在最新的中国数字经济发展指数白皮书中，对数字经济的定义是：以数据资源为重要生产要素，以现代信息网络为主要载体，以信息通信技术融合应用、全要素数字化转型为重要推动力，促进公平与效率更加统一的新经济形态。

数字经济是互联网发展到成熟阶段后产生的经济形态，阿里研究院认为数字经济正由1.0版的IT（Information Technology）化向2.0版的DT（Data Technology）化演进，数字经济已经超越了信息产业范围与互联网技术范畴，具有更加丰富的内涵。首先，数字经济是一种经济社会形态，马化腾（2007）认为数字经济是继农业经济、工业经济之后的一种新的经济社会发展形态，要站在人类经济社会形态演进的历史长河中看待数字经济的深刻长远影响。其次，数字经济是一种基础设施，数字经济不是仅停留在技术层面和工具层面，而是一种网络化的基础设施，像工业时代建立在电力、交通等物理基础设施网络之上一样，未来经济社会发展将建立在数字基础设施之上，传统基础设施在物联网技术支撑下也将全面实现数字化，进入万物互联时代。最后，数字经济是一种技术经济范式，从科学技术发展史看，数字技术是与蒸汽机、电力同等重要的"通用目的技术"，必然重塑整个经济和社会，数据将成为最重要的生产要素，重构各行各业的商业模式和盈利方式，未来所有产业都是数字化产业，所有企业都是数字化企业。

二、数字经济发展现状

20世纪90年代以来，数字经济得到各国政府的高度重视，美国、英国、德国、日本等发达国家纷纷推出各具特色的数字经济发展战略和规划，尤其是国际金融危机爆发以来，面对技术创新放缓和经济复苏乏力，各国着力加大对数字经济的支持力度，加快培育经济增长的新动力，以移动互联网、物联网、大数据等为核心的数字经济蓬勃发展，新产业、新业态、新模式层出不穷，催生了一大批数字化企业。截至2016年底，全球市值最高的前10家公司中数字化企业占据5席，前20家企业中数字化企业占据9席，为世界经济注入了新动力、新活力。2016年以来，全球经济出现持续复苏迹象，可以说数字经济做出了突出贡献。

腾讯研究院提供的数据表明，全球主要经济体的数字经济增速明显快于生产总值增速，2016年，中国、美国、日本、英国等主要经济体数字经济同比增速分别为16.6%、6.8%、5.5%和5.4%，均远高于本国生产总值增长速度。从数字经济规模看，2016年美国、中国、日本、英国等国数字经济规模分别达到了11万亿美元、3.9万亿美元、2.3万亿美元和1.43万亿美元，占本国生产总值的比重分别为59.2%、30.6%、45.9%和54.5%。

近年来，凭借庞大的消费规模和强大的技术支撑，中国数字经济发展站到了世界前沿。2017年8月麦肯锡发布了《中国数字经济如何引领全球新趋势》研究报告，认为中国已经是全球领先的数字技术投资与应用大国，对大数据、人工智能、自动驾驶、3D打印等关键数字技术的风险投资均进入全球前三位。中国信息通信研究院发布的《中国数字经济发展白皮书（2017年）》中提供的数据表明，2016年中国数字经济规模达到22.6万亿元，同比增长18.9%，占国民生产总值的30.3%，对国民生产总值的贡献高达69.9%，成为新常态下推动新旧动能转换、拉动经济增长的重要引擎。

数字经济与经济发展水平高度相关，提升数字基础设施已经成为各国经济发展的一个重要举措。近年来，凭借庞大的消费规模和强大的技术支撑，中国数字经济发展站到了世界前沿。根据 2019 年 4 月中国信息通信研究院发布的《中国数字经济发展与就业白皮书（2019 年）》可知，2018 年我国数字经济规模达到 31.3 万亿元，增长 20.9%，占 GDP 比重为 34.8%。2020 年 7 月，中国信通院发布《中国数字经济发展白皮书（2020 年）》，数据显示，2019 年我国数字经济增加值规模达到 35.8 万亿元，占 GDP 比重达到 36.2%。数字经济已成为中国经济增长的新引擎。

中国已经成为仅次于美国的全球第二大数字经济体，中美两国成为引领全球数字经济发展的核心力量，中国庞大的消费规模为数字经济业态创新提供了广阔空间，美国较强的研发优势为数字经济技术创新提供了基础支撑，"美国创新—中国复制"成为数字经济发展的流行模式。但是，近年来，伴随着百度、阿里巴巴、腾讯等互联网企业的快速崛起，技术创新投入持续加大，信息技术人力资源优势逐渐显现，中国数字化企业在全球的技术竞争力和品牌影响力持续提升，全球互联网企业 30 强中中国企业占据 10 席，仅次于美国，在移动支付、共享经济、无人驾驶、语音识别、人工智能等领域，中国的技术创新和模式创新已经站在了世界前沿，"Copy to China" 正在向 "Copy from China" 转变。

第二节　数字经济背景下制造业转型趋势分析

一、数字经济背景下制造业发展存在问题分析

数字经济下个性化、定制化、多元化、及时性消费崛起，传统的制造业发展模式从研发、制造、销售、物流、服务以及组织结构等方面已经不能适应新变化。当前及未来一段时期产业升级的逻辑是："新常态 + 高质量"格局下的产业升级。高速增长阶段：短缺经济——供小于求，需求侧重基本功能满足，产品不愁卖，生产制造能力重要。高质量发展阶段：过剩经济——供大于求，需求侧重心理满足，个性化，研发设计、品牌更重要。

消费端发生变化，"新常态"描述消费需求：模仿型排浪式消费阶段基本结

束，个性化、多样化消费渐成主流；市场竞争逐步转向以质量型、差异化为主的竞争。对生产商提出新要求，满足个性化定制和柔性化生产需求，引发智能工厂建设热潮。这又对装备制造商提出了新要求，装备智能化，甚至需要提供智能制造综合解决方案。智能装备、智能工厂如果只是孤岛没有连接起来，产生的数据形不成工业知识，这就需要工业互联网平台，通过工业数据分析沉淀工业知识，对装备和工厂进行赋能，这是中国制造产业链演化的基本逻辑。

二、数字经济下制造业发展新趋势

数字经济下制造业正处在体系重构、动力变革、范式迁移的新阶段，数字化、网络化、智能化提速，本书重点从软件定义、数据驱动、平台支撑、服务增值、智能主导五个视角研判制造业转型发展新趋势。

一是软件定义。软件是人类知识数字化的结果，在工业软件中沉淀了工业界所有的优秀的知识积累，软件是一种赋能体系，新制造就是用软件中的数字化的人类工业知识来不断优化物理世界中的资源配置的制造过程。在第三次工业革命中，软件作为机器中的新的组成部分而出现。软件定义制造最终要实现数字化，数字虚体中的设备与产品都有自己的数字化映射（DT），DT 也翻译作"数字孪生"。数字工厂与实体工厂虚实互动，把运行数据直接采集并进行分析。软件定义制造实现产品、设备、人的智能互联，是智能制造的前提与基础。

二是数据驱动。数字技术是与蒸汽机、电力同等重要的"通用目的技术"，必然重塑整个经济和社会，数据将成为最重要的生产要素，重构各行各业的商业模式和盈利方式，未来所有产业都是数字化产业，所有企业都是数字化企业。数据将成为驱动经济发展的关键生产要素，制造业是数字经济的主战场，中国制造规模大，拥有庞大的设备数量、丰富的制造场景和巨量的数据资源，这些数据里蕴含着巨大的工业知识，亟待开发，未来工业大数据发展将快于消费大数据。

三是平台支撑。随着云计算、大数据以及工业互联网平台的成熟，工业互联网成为了制造业企业转型升级的重要支撑，工业互联网改变了工业知识的生成、积累、复用方式，沉淀在工业互联网上的模型可以为制造业企业的研发、生产、管理和服务等环节赋能。

四是服务增值。客户需要的是解决方案而不是产品本身，企业要做的是"能力交付"而非"产品销售"，"能力交付"还将带来服务主体和服务方式的变化，比如所有的设备将通过租用的模式布局在生产厂家，工厂只是设备的使用方，设备厂家将成为设备管理和维修的主体。工业互联网正全新定义产品交付形态，"数据＋模型"将进一步拓展服务领域，甚至通过 APP（被封装的工业知识）为企业全产业链提供运营服务，可监测了解产品运行和使用情况，可远程服务和维修，能自主运作和感知周围环境，进而做出快速反应。

五是智能主导。为什么把智能放在最后呢？因为只有以上四点实现了，才具备了智能制造的前提与基础，机器人、自动化等技术普及仍然是对人的体力的替代，而智能制造是对人的智力的替代，没有人工智能的制造不能称为智能制造，智能制造最终要实现利用人工智能技术赋能制造业。AI 与制造业的结合，其根本目的是提升效率，降低成本。

第三节　数字经济驱动中国制造转型升级的机理分析

数字经济对不同产业的渗透存在差异性，而其是从消费领域率先发展起来的。中国信通院发布的《中国数字经济发展白皮书（2020 年）》中的数据显示，2019 年我国产业数字化增加值约为 28.8 万亿元，占 GDP 比重为 29.0%。其中，服务业、工业、农业数字经济渗透率分别为 37.8%、19.5% 和 8.2%。但是，当前消费互联网加速向产业互联网延伸，数字经济正在由消费领域向制造领域扩展。制造业是经济发展的主体，未来数字经济最值得期待的是与制造业的融合，破解中国制造转型升级中的"痛点"问题。

一、数字经济破解创新链瓶颈

我国制造业规模已经连续多年位居世界第一，也是全球最大的工业产品出口国，但是中国制造附加值偏低，一定程度上存在着被全球价值链"低端锁定"的风险，关键瓶颈在于创新能力不高，突出表现为消费者与研发者信息分割、产业链与创新链对接不够等问题。传统制造业企业研发的流程是集中人才财力开发一个新产品，然后在市场上进行推广，失败风险较高，并且由于创新资源分散，在研发过程中难以整合业内研发资源，制约了创新效率。

数字经济正在颠覆传统制造业的研发模式，借助数字化的开放式创新平台，消费者可以深度参与到一个产品的研发设计中，消费与研发之间的障碍被打破，由此产生了一个新词汇 Prosumer——生产消费者。数字经济使得大量的消费需求信息低成本、及时性地呈现给企业研发设计部门，推动中国制造企业围绕庞大的消费群体开发新产品。企业可以用最简洁的方法尽快推出"最简可行产品"（Minimum Viable Product，MVP），通过在线消费者的体验评价、优化建议等逐步完善产品细节，快速推出 2.0、3.0 等系列升级版，这种快速迭代研发模式是基于消费者的产品研发，其把客户的需求信息和变化及时反馈到研发端，大大降低了产品推广失败的风险。另外，制造业企业可以通过研发众包平台、网络设计平台、网络设计大赛等吸引消费者参与设计，获得好评较多的设计产品可以优先进入生产和销售环节。同时，企业通过搭建数字化网络化协同研发平台，可以打破行业、企业、地域等限制，集聚业内研发资源为同一个创新项目出谋划策，而设计工具数字化云端化为不同人员参与设计提供了一致标准和平台，可以有效推动产业链与创新链的紧密对接。

二、数字经济提升制造链质量

一直以来，中国制造存在的一个广为诟病的问题是质量不稳定，很多国内企业在技术改造和新建生产线时，优先选择国外品牌企业价格高昂的装备，主要原因是这些高端装备在生产线上表现稳定，能确保产品质量。近几年，中国制造产品质量明显提升，但在可靠性、连续性、稳定性等方面均存在一定差距，制造链质量是中国制造转型升级中必须重视的一个核心问题。

数字经济为中国制造链的质量提升提供了新支撑，数字化生产、智能化制造可以有效提高生产过程和产品质量的稳定性。数字化工厂是基于数字平台的虚拟工厂和物理工厂无缝对接的工厂形态，物理工厂中的设备安装了各类传感器，能够及时把运行信息传递到虚拟工厂，虚拟工厂执行与物理工厂相同的制造过程，能够及时发现制造过程中出现的问题，并对可能出现的问题进行预判，确保生产线正确运行和生产质量稳定。数字化工厂在解决标准化的同时，数字平台还可以通过对制造过程产生的大量数据的分析和挖掘，对生产制造流程进行优化提升，设备可以通过自分析自决策矫正上一道工序中出现的问题，提高制造链运行效率和产品质量，改变了传统的工业知识沉淀方式。同时，在数字化过程中，通过数字技术和智能制造技术，对制造过程和产品进行模块化设计，可以把问题局限在一个模块内，避免了问题出现时对整个生产线进行检查和改造，提升了运行效率和质量。

三、数字经济优化供应链效率

伴随着产业分工越来越复杂，制造业的供应链管理难度大大增加，大型制造企业同时协调成千上万个外协零部件，管理着庞大的供应链网络。尤其是中国作为一个大国经济体，依托资源分布和区位条件，产业链布局空间距离较大，部分产业链的整机制造、零组件和配件之间的协作半径甚至超过一千千米，增加了管理难度和成本，对及时、准确交付造成较大压力。作为全球最大的制造工厂，供应链效率至关重要，尤其是当前产品复杂度提升、迭代速度加快、生命周期缩短，对中国制造供应链效率提出了更高要求。

随着网络基础设施的逐步完善，数字化网络化供应链平台压缩了时空距离，为供应链效率优化提供了平台支撑，尤其是大数据技术、人工智能技术的逐步成熟和应用，有效解决了供应链上的连接、检索和交互问题，实现了设计商、制造商、供应商、集成商等成员的有机联合，大大提升了供应链效率，节省了时间，降低了成本。此外，高效率的数字化供应链平台还可以支撑材料、零部件等供应商提前介入整机制造企业的研发、中试等环节，形成协同发展格局。在实践中，一批第三方专业化供应链平台发展壮大了起来，如阿里淘工厂、网易严选等，其以共享工厂模式把供应链高效集中起来，全球的需求方都可以通过网络平台在最短时间内找到最优的供应链资源，不仅优化了供应链效率，还实现了产能共享，激活了闲置产能，有助于新常态下中国制造的产能整合与供给侧结构性改革。

四、数字经济拓展服务链空间

向"微笑曲线"两端高附加值环节延伸，尤其是向系统集成、综合服务等环节延伸，拓展中国制造的服务链空间，提高中国制造服务增值能力，培育一批综合解决方案提供商，是中国制造转型升级的关键路径。从全球范围看，制造业服务化趋势明显，发达国家制造企业的服务性收入占比已经超过30%左右，有些企业如 GE、IBM 等已经超过70%，而目前我国仅为10%左右，发展服务型制造空间巨大。但是，中国制造中代工、组装等占比较大，在服务化领域的要素积累和人才储备严重不足，向服务化转型面临较大障碍。

数字经济无疑为制造业服务化提供了技术和平台支撑，通过互联网、物联网、大数据等技术，使得制造企业在远程维护、在线监测、线上服务等领域拓展服务链更便捷更高效。同时，数字化技术、互联网技术等可以推动制造企业整合内外部资源，创新服务化模式，在个性化定制、系统集成服务、解决方案提供等方面培育新业态新模式。大规模的制造业服务化可以催生第三方网络化服务平台，为同类型制造型企业提供专业化服务，聚集海量数据，加快制造业服务业模式创新，降低了中小型制造业企业服务化的成本。

第四节　数据驱动的智能制造

一、智能制造理论演进

新一代科技革命和产业变革迅速席卷全球，智能制造是此轮变革的核心已逐步成为共识。在新一代信息技术不断突破的带领下，新动能不断形成，新产业不断出现，新经济蓬勃发展，围绕智能制造的各种新概念也不断产生，有必要对相关理论概念进行辨析，从中把握智能制造的内涵和特征。

1. 智能制造相关概念辨析

（1）工业4.0：该概念最初由德国提出。2011年，在"汉诺威工业博览会"上德国成立了"工业4.0工作组"。2013年4月，该工作组向德国政府提交《保障德国制造业的未来——关于实施工业4.0战略的建议》，标志着这一概念正式落地。根据德国的理解和学者的概括，工业4.0主要可以概括为"建设一个系统、研究两大主题、实现三项集成、实施八项计划"。首先，建设一个系统是指赛博物理系统（Cyber Physical System，CPS）。CPS的本质是将物理设备联网。设备、物料互联互通，连接物理空间和虚拟信息空间，使得信息空间对物理空间深度感知，物理设备通过信息空间实现数据计算、通信、控制、远程协调等功能，实现人、物、数据深度融合。其次，两大主题是指智能工厂和智能生产。工业4.0理念下，智能生产对产品设计、生产规划、生产执行等生产各个环节的数据语义结构和表达方式进行统一，使价值链全流程数据透明互通。智能工厂在系统级将不同层级软硬件皆进行模块化，统一接口，深度打通数据传递渠道，使得生产系统从分层次的网络化生产向管理、生产、控制一体化的平面结构转变，进而提高各个子系统间数据调用与操作的效率与准确性。再次，三项集成可以看作在实现智能生产和智能工厂之后达到的标准或目标，即价值链端到端工程数字化集成、价值链上企业间横向集成以及企业内部灵活的纵向集成与网络化制造系统。最后，八项计划可以看作实施保障，为达到上述目标，需要从标准架构、系统模型、基础设施、安全保障、工作组织、持续培训、监管框架、资源利用八个方面着手。工业 4.0 是对整体工业体系的一种转型升级。

（2）工业互联网：工业互联网概念最早在 2011 年由美国通用电气公司总裁伊梅尔特提出，于 2012 年美国通用电气公司、IBM、思科、英特尔等五家行业龙头企业共同组建了工业互联网联盟（IIC），这一概念得到了大力推广，并在各国不断的实践和发展中形成了较为完整的理论体系。首先，工业互联网的定义。工业互联网本质是基于云的开放式工业操作系统。它是为满足制造业数字化、网络化、智能化需求，基于海量工业大数据构建采集、汇总、分析、服务体系，支撑制造业资源广泛连接、弹性供给、高效配置的开放式工业云平台，也是转化大数据价值，通过云计算等技术，最终满足智能制造发展需求的关键实现方式。其次，工业互联网的架构。工业互联网边缘层负责采集工业数据，通过数字化改造、协议转换、边缘智能等手段，实现工业数据在多源设备、异构空间的传输、上传和采集。进而通过 Laas，即云基础设施，对采集到的数据进行存储。再由核心环节工业 Paas 完成数据建模与数据分析，实现微服务也就是单一功能模块的集成，微服务架构能够更加快速、敏捷、准确地创建、拓展、更新和运维应用服务。其内部又分层为通用 Paas 平台、工业大数据平台、工业应用开发工具和工业微服务组件，分别负责提供开发环境、运行环境和运营环境，数据管理、建模和分析，专用开发工具、应用模板、图形化编程和机理模型、数据驱动模型、微服务管理，并进行到工业互联网的终极环节，传统软件云改造和新兴工业 APP。最后，工业互联网的价值。工业互联网将复杂的工业技术、经验、知识等抽象化的资源进行沉淀，通过提供工业应用开发工具和微服务组件对传统软件云进行改造，产生新型工业 APP，实现这些抽象化资源的复用和重构，提高研发效率，降低创新成本，并使得智能制造成为可能。

从以上概念分析可以看出，智能制造与工业 4.0 的概念高度交叉，工业 4.0 概念的命名侧重于整个工业体系，但它的赛博物理系统、智能生产、智能工厂两个主题，三大集成等，是工业 4.0 的基础架构，也是智能制造的重要内容之一，工业 4.0 革命相当于智能制造革命。而工业互联网则可以看作通向智能制造的重要通道，真正意义上的智能制造是建立在工业互联网平台的基础之上的。其他相关概念诸如云制造、网络协同制造、人工智能等概念是对智能制造其中一个环节或者实现手段、实现方式的概括，归根结底这些概念的本质和最终目标是智能制造。

2. 智能制造三种基本范式

中国工程院发布的《新一代人工智能引领下的智能制造发展战略研究》提出了智能制造三种基本范式，即数字化制造、数字化网络化制造（"互联网＋"制造）、数字化网络化智能化制造（新一代智能制造）。

首先，数字化制造是基础。采用数字化编码将制造过程的对象用数据来表述，构建网络通信系统，将异构数据和语义进行统一，实现数据互联互通和制造各个环节的信息集成。将信息从其原本附着物上分离，使信息搜集、存储、处理、分发的效率和准确性大幅提升，从而达到提高产品质量、提高劳动生产率、缩短产品研发周期等目的，提升企业内部竞争力。数字化制造解决的是企业内部问题。

其次，数字化网络化制造是关键。通过新一代信息技术与制造业深度融合，建立起人与人、物与物、人与物的深度连接。打破信息孤岛，实现企业与用户的充分沟通，制造企业从以产品为中心向以客户为中心转型；实现上中下游全产业链上企业间的数据协同、资源协同、流程协同；实现制造业企业从产品生产向全生命周期的服务型制造转变。数字化网络化制造将企业看作完整产业链上的一环，追求产业链优化，解决企业外部问题。

最后，数字化网络化智能化制造是方向。在数字化网络化制造建立起人与人、物与物、人与物的深度连接，在产业链优化协同的基础上将人工智能技术应用于制造业，实现真正意义上的智能制造即新一代智能制造。新一代智能制造赋予制造系统学习提升的能力，人、机、物深度融合，在人的指令下，机器智能可以代替人的体力劳动和脑力劳动，对物进行感知、观测、控制、执行，并在深度学习中完成自身的优化提升。

3. 智能制造的内涵及特征

（1）智能制造的逻辑起点。追根溯源，智能制造兴起于企业对于优化研发资源、生产资源、物流资源、管理资源等资源配置，以便在不确定环境中做出最优决策的需求。美国国家标准与技术研究院提出智能制造能够解决三个基本问题：差异性更大的定制化服务、更小生产批量、不可预知的供应链变更和中断。因而智能制造的逻辑起点可以看作是提升主体对于外部环境变化的响应能力。

（2）智能制造的基本定义。智能制造的定义从不同角度来看略有差异但大体相同。可以看作是制造技术与数字技术、先进制造业与新一代信息技术深度融合的产物，它是面向产品全生命周期，贯穿各个环节，具有信息感知、优化决策、执行控制、深度学习等功能的制造系统集成，是旨在高效、优质、安全、柔性、清洁、敏捷的制造产品、服务客户的一种新的生产方式。

（3）智能制造的主要特征。关于智能制造的特征业界基本形成共识，即"20字箴言"：状态感知、实时分析、自主决策、精准执行、学习提升。以宁振波为首的中航工业集团专家总结了前十六字，英诺维盛公司总经理赵敏补充了学习提升，最终形成了可以循环的完整闭环。宁振波在《三体智能革命》一书中，将智能制造根据不同发展阶段划分为以下三个系统，并且每个系统的特征有所不同。

第一，初级智能系统。初级智能系统具备三个特征，即状态感知、自动决策、即刻执行。该系统基于科学效应实现，例如数控机床防撞刀装置等，可以根据感知自动决策执行，基本的工业智能即可实现，无须加入计算系统。

第二，恒定智能系统。恒定智能系统具备四个特征，即状态感知、实时分析、自主决策、精准执行。该系统要求对感知捕捉到的信息进行实时分析，依据分析结果自主决策执行，基本实现自主工作，资源配置效率得到极大提高，因此必须嵌入计算系统和工业硬件软件知识系统，但智能水平在系统构建的时候已经提前设定，不会发生变动。

第三，开放智能系统。开放智能系统具备五个特征，即状态感知、实时分析、自主决策、精准执行、学习提升，实现了"人工智能＋智能制造"，达到了智能制造的终极模式。该系统高度智能并具有一定的认知能力，其智能水平可以依靠学习获得持续性提升；建立在强大的计算能力基础上，对大数据进行分析、积累和应用，并不断产生新的知识。

二、智能制造发展实践

为应对新一代科技革命和产业变革的机遇和挑战，世界各国纷纷将智能制造作为主战场，并围绕智能制造布局实施了一系列重大战略举措，美国工业互联网、德国工业4.0等都是其中的佼佼者，中国也积极部署，加速推动智能制造在实践中落地成长。

1. 国外智能制造发展实践

（1）德国工业4.0。

首先，重塑顶层架构。在战略层面德国政府整合现有资源，成立创新对话机制、高科技平台、研究与创新专家委员会"三位一体"的专家咨询机构。研究与创新专家委员会和创新对话机制分别在2006年和2008年就已成立，前者由六位德国顶尖专家学者组成，侧重对创新政策的分析评估，后者依托德国国家科学与工程院，是联邦政府与商界、学界的对话平台。高科技平台于2015年成立，是专门为高科技战略服务而成立的专家委员会。

其次，构建工业4.0核心组织。一是工业4.0平台，依托德国机械及制造商协会（VDMA）等，德国成立了世界上最大的、有效推动制造业数字化的平台。该平台通过六个小组关联德国政府决策层，涵盖各个领域专家，吸纳大中小企业，并开展国际合作，成为连接政、商、学和外界的桥梁。二是标准化委员会（SCI 4.0），该委员会致力于推进跨领域的数字化标准的确立，融合了机械、电气和IT等领域，同时与中国、美国、日本、意大利、澳大利亚等都确立了双边关系。三是实验室网络（LNI 4.0），主要负责相关标准的具体落实、检测和反馈。该组织偏向应用型，面向中小企业，将工业4.0相关实践成果向中小企业传递。

最后，形成工业4.0架构。德国工业4.0架构聚焦于整体制造过程和价值链完整周期，和它相关的部件模型，将一系列数字化的零件、部件、设备、生产线、车间和信息化系统等所有制造资源通过统一的CPS模型，对其功能、性能、状态进行描述，并通过通信协议、句法和语义，为这些异构资源提供交互的统一界面。

（2）美国工业互联网。

首先，突出创新优势引领。美国互联网产业发展历史悠久，美国在建设工业互联网过程中突出信息技术驱动，坚持以信息技术创新引领发展，不断夯实工业互联网发展的技术基础。美国相继出台了《先进制造伙伴关系计划》《先进制造业战略计划》《国家制造业创新网络计划》，并在《先进制造业国家战略计划》之后又发布了《美国先进制造领导力战略》，将发展重点聚焦到人工智能、先进制造、数字制造、5G技术等领域。由美国国防部牵头成立的数字制造与设计创新中心（DMDII）提供平台服务，吸收一批制造业和软件业巨头与相关研究设计机构，支持智造工厂、智能机器、CPS等关键技术研发和产业转化。高度重视促进工业互联网落地的核心技术，即 CPS 系统，美国国家科学基金会连续 14 年将 CPS 研发纳入资助范围，2019 年预计投资 8228 万美元。

其次，充分发挥龙头企业作用。美国在制造业、互联网产业、信息技术产业上拥有一批国际领先水平的龙头巨鳄。这些企业在推进工业互联网发展中起着重要作用。美国知名的工业互联网联盟与德国工业 4.0 平台齐名，2014 年由 AT&T、思科、通用电气、IBM 和 Intel 联合成立，设有指导委员会和工作委员会，负责日常管理。工业互联网联盟主要聚焦工业互联网技术、安全、试验平台市场营销等领域，降低屏障和阻碍，加快互联模式推广，推进工业互联网技术应用，同时在实践和对外联系中，不断发展新的会员补充实力，截至 2018 年底已有 246 家成员，在全球的影响力和话语权不断扩大。依靠 GE、罗克韦尔、思科、IBM、微软亚马逊、艾默生等领军企业的积极布局和主导发展，美国不断吸纳全球顶尖研究机构和龙头企业加入，形成了全球工业互联网平台的核心力量，领跑全球工业互联网领域。

最后，推出工业互联网架构（IIRA 1.8）。美国于 2017 年推出最新的工业互联网架构 v1.8 版。IIRA 1.8 与德国的 RAMI 4.0 略有不同，德国在机械制造上积累雄厚，更注重制造过程的"硬件"，美国在"软件"上更为发达，同时美国的数据处理能力更为出众，因此在 IIRA 1.8 中，数据分析是核心，并且注重跨行业的通用性和互相操作性。

2. 中国智能制造发展实践

（1）智能制造已经成为普遍共识。

中国电子技术标准化研究院发布的《智能制造发展指数（2019）》对全国 8000 多家企业开展了智能制造能力成熟度自诊断，结果显示：85% 的企业处于成熟度一级，已着手实践探索智能制造，并对企业设计、生产、流通、服务等核心环节业务开展了流程化管理。12% 的企业呈现显著的自动化特征，处在成熟度二级，自动化技术和信息化技术应用更加深入广泛，核心业务环节与装备能够实现单一的数据共享。3% 的企业处在成熟度高的三级和四级，说明智能制造高成熟度发展尚处于起步阶段。此阶段企业已经实现了数字化，并继续探索网络化与智能化，企业设备和系统实现集成，数据可以跨业务共享流转，各类管理资源、生产资源形成模型，并能够基于模型进行预测和不断优化。

（2）中国智能制造正在快速上升期。

随着中国制造业数字化水平的不断提升，智能制造基础不断牢固，中国智能制造迈入快速成长期。一是智能制造对制造业企业利润贡献率提升显著。德勤智能制造企业调研对中国智能制造利润率进行了测算，将 2017 年与 2013 年的相关数据进行对比，结果如图 9-1 所示。其中，2013 年 55% 的制造业企业智能制造利润率低于 10%，智能制造利润率超过 50% 的企业仅占被调查企业的 14%。五年之后，2017 年智能制造利润率低于 10% 的企业仅为 11%，降低了 44%，11%～30% 的利润率空间内企业所占比例最大，为 41%，智能制造利润率超过 50% 的企业比例提升到了 33%，增加了 19%。说明大多数制造业企业在对智能制造的实践中逐步获利，利润水平不断提升。二是典型应用需求不断增强。中国工业机器人市场规模在 2017 年已经占全球 27%，主要用于高端装备制造、电子信息、汽车等产业，连续六年成为全球工业机器人第一消费大国。

图 9-1　2017 年与 2013 年企业智能制造利润率分布对比

数据来源：德勤 2018 中国智能制造调研报告。

（3）智能制造行业发展不均衡。

德勤《智能制造发展指数报告（2019）》显示，离散型智能制造成熟度要略高于流程型，特别对于成熟度在三级及以上的企业，离散型制造占比明显更高（见图 9-2）。离散型制造的产品由多个零件加工之后装配形成，这些加工程序往往互相离散并不连续，以装备制造、船舶、汽车、电子电器等为代表的离散型制造多为大型企业，数字化基础牢固，本身整体实力较高，近年来在数字化向网络化智能化升级的过程中做了大量尝试，智能制造成熟度更高。化工、炼油、水泥等一类的流程型制造在初级的流程化、自动化方面做得较好，但智能改造程度有待加深。

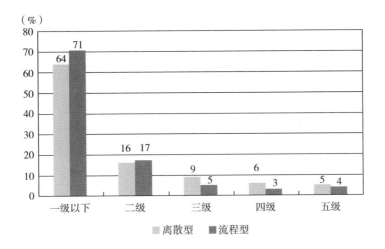

图 9 - 2　离散型和流程型智能制造成熟度对比

数据来源：德勤《智能制造发展指数报告（2019）》。

3. 中国智能制造发展新趋势

（1）物流成为重要切入口。

在新一代科技革命和产业革命快速席卷、影响越来越深刻的时代，大多数企业都需要走上智能制造的创新发展道路，以应对新时代的机遇和挑战。智能制造涉及研发、生产、销售等各个环节的诸多模块，对软件硬件均有较高要求，难以一蹴而就。企业往往会选择生产全流程中的一个或几个环节尝试智能化改造进而推动智能制造。从当前发展情况来看，更多的企业将智能物流作为发展智能制造的切入点。企业内部发展的物流涵盖采购、仓储、运输、售后等多个环节，与完整的生产线紧密相连，发展智能物流可以提升生产线数字化水平，提高生产效率。针对物流智能化改造的投入，相对其他软件研发、硬件改造成本更低，周期更短，风险相对也低，使得企业能够更快地从智能制造中获益。而且智能物流也同时连接上下游企业，从供应商到销售商，便于企业以此为切入点重塑生产流程的信息化管理。

（2）集成化发展步伐加快。

集成是企业从智能设备发展至智能生产线、智能车间、智能工厂，完成智能制造系统集成的重点是企业逐步提升智能水平的关键环节。随着中国智能制造逐步进入快速发展阶段，国内系统集成商也在迅速崛起。目前国内系统集成商主要从国外购买机器人整机，再根据不同的客户需求和行业特点，制定有针对性的解决方案。业务主要有为企业生产线或大型项目提供自动化、数字化改造，设备升级或联网服务、工业控制、传动、生产资源和管理信息的系统设计等，主要业务范围还集中在下游应用端，为终端客户提供系统集成解决方案。国内发展起来的一批较为领先的系统集成商主要有新松机器人、成焊宝玛等，应用领域主要集中在汽车工业。根据中国电子技术标准化研究院的评价分析，目前68%的企业完成了设备、系统间集成规划，27%的企业实现了设备和系统间的集成，11%的企业具备了完整的集成架构和技术规范，8%的企业实现了研发、设计、生产、物流、销售、管理等环节的全系统集成，因而集成化发展还存在极大空间。

（3）协作机器人是主流方向。

完整的新一代智能制造具有状态感知、实时分析、自主决策、精准执行、学习提升的特征，但学习提升是"人工智能＋智能制造"高度融合的新一代智能制造才具备的特点，从短期范围内看，人工智能还难以达到这一程度，工业机器人难以完全替代劳动力，人机协作将是很长一段时间内发展智能制造的主要工业模式。2019年上海工博会上，日本发那科、川崎、丹麦UR等公司均在现场首发协作机器人，国内企业新松、杰卡等也发布了自己的协作机器人。2019年世界机器人大会、世界智能制造大会上，协作机器人均受到国内外企业的追捧。

（4）智能制造呈现东强西弱。

从2015年开始，国家工业信和信息化部为推进智能制造技术应用，树立行业典范，开展了智能制造试点示范项目评选工作。2015年到2019年，国家级智能制造试点示范项目从46个增加到99个，从2018年这些示范项目分布区域来看，华东地区最多，几乎占全国总数的45%，华北地区第二，占13%。我国的智能制造示范企业也主要集中在东部地区，特别是科研实力突出的环渤海地区，经济活跃、创新能力强的长三角地区和产业基础技术充足的珠三角地区。虽然以四川、安徽、河南等为核心的中西部地区发展势头强劲，先进制造业亮点频现，但与东部地区相比仍处在布局自动化的初级阶段。

第五节　数字经济驱动中国制造转型升级的路径研究

数字经济为中国制造转型升级提供了新支撑，同时，由于数字经济是一种通用目的技术和基础设施，也对中国制造业提出了更高要求，制造业呈现出"软件定义、数据驱动、平台支撑、服务增值、智能主导"的新特征（苗圩，2017）。数字经济驱动下中国制造转型升级路径正在发生变化，尤其是要从工艺升级、产品升级、价值升级、链条升级等传统思维模式中跳出来，以平台化、生态化、软件化、共享化、去核化等实现"换道超车"。

一、平台化

数字经济驱动中国制造业企业向平台型企业转型升级，制造业企业生产组织方式平台化是大势所趋，海尔、三一重工、沈阳机床、红领等传统制造型企业依托数字技术和互联网向平台经济转型，如海尔通过"企业平台化、员工创客化、用户个性化"，把企业打造成一个集聚了信息、资源、数据的开放式平台，打通了内外部资源，打破了信息不对称，推动了产业跨界融合，催生了一大批新产品、新业态、新模式，为企业转型发展提供了新动力和新支撑，制造业企业借助平台思维从生产者、交付者转变成为整合者、链接者。当前，企业竞争在加快向平台竞争转变，通过打造平台经济为全行业提供服务，平台价值随着使用者的增加而呈现指数级增长。近年来，沿海地区制造业企业加快培育平台经济，对全国乃至全球产业资源进行系统整合，把信息流、资金流、数据流等集聚到专业化平台上，进一步强化了核心竞争力。

二、生态化

马化腾（2017）认为，在数字化背景下，不同产业和区域的生态之间，开始发生越来越多的关联，它们可能将不再羁于行业、地域等因素带来的条块分割，紧密地交错起来，让跨界地带产生了丰富的创新空间，从而形成了一个"数字生态共同体"。制造业企业可以通过平台经济培育壮大生态系统，促进消费者、设计师、制造商、服务商等参与方集聚到同一生态圈中，形成联动优势，生态链优势一旦形成就可以依托海量数据进行协同演进、自我强化，在激烈的市场竞争中彰显系统优势。以小米公司为例，根据小米生态链谷仓学院出版的《小米生态链占地笔记》中的数据，当前，小米生态链企业数量已经达到 77 家，其中 30 家发布了新产品，小米生态链已经发展成为了一个智能硬件孵化器，截至 2016 年底，小米生态链硬件销售额已经突破 100 亿元。

三、软件化

数字经济时代，软件定义一切。当前，工业技术软件化趋势加快，工业软件定义了研发、产品、制造、运营、管理等业务流程，数字化设计、智能制造系统、工业互联网、人工智能、3D 打印等技术日趋成熟，制造业的研发方式、制造模式、业务流程、盈利模式等正在重新被定义。同时，工业软件云端化加速，基于工业互联网、面向特定应用场景的工业 APP 也在持续涌现，尤其是数字工厂、智能制造的推广渗透，设备之间的端到端集成更加成熟，基本实现"无人工厂"，其中的核心是工业软件。而目前我国工业软件发展相对滞后，国外企业在我国高端工业软件、中低端工业软件的市场占有率分别高达 80% 和 50%。

四、共享化

数字经济时代，制造业将是共享经济最大的市场，中国拥有超大规模的设备规模，在传统产能过剩和产品升级加速双向挤压下，研发设计能力、生产制造能力、检验检测能力、物流配送能力等都可以通过共享经济平台进行交易，推动闲置设备、闲置工厂重新投入使用，阿里淘工厂、航天云网等模式的成功运行，证明了共享经济在制造业领域拥有广阔发展空间。同时，面对个性化、小规模需求快速增长，企业规模和产品批量小微化，单个企业投资大量设备会占用资金，使用效率也不高，共享工厂模式应运而生，当前，新松机器人、明匠智能等智能制造方案提供商均在谋划在优势产业集群、众创空间布局共享工厂，为同类企业提供加工制造服务，中小微企业通过在线平台传输数据完成订单、制造过程，以及交付、结算、物流等全流程，真正实现互联网制造（Made in Internet），如深圳燕罗街道 Mould Lao 众创空间为 18 家企业提供共享工厂，创造了新的制造模式。

五、去核化

数字经济时代，制造过程的各个参与方均被充分赋能，大数据、物联网、智能制造等技术也使得分散决策成为可能，并且效率更高，科层制、事业部制等传统管理模式难以适应数字经济时代新要求，倒逼制造业企业组织结构"去核化"（或称"去中心化"），每一个点都可以围绕客户需求对企业内外部资源进行重新组合，开辟新产品新市场。如海尔近几年践行的"人单合一"模式，把员工转变为平台主、小微主、小微成员，同时创新薪酬体系加快组织结构和管理模式变革，激活了内部资源，激发了企业内部"大众创业、万众创新"热潮，催生了一大批新业态、新模式，为企业转型发展注入了新活力。

第六节　基于工业互联网的新制造模式

一、数字经济背景下工业互联网发展现状

近年来，随着技术的成熟以及企业需求的增长，我国加大了对工业互联网平台的支持力度，工业互联网平台快速发展，本部分主要从以下四个层面分析数字经济背景下工业互联网的发展现状。

一是理论支撑更加坚实。近年来，中国信通院、阿里、华为、腾讯、金蝶、用友均深度介入工业互联网业务，海尔、三一、航天云网也搭建了工业互联网平台，这些企业和机构在实践基础上对工业互联网理论进行了前沿探索，理论体系更加完善。工业互联网是通过新一代信息通信技术建设连接工业全要素、全产业链的网络，以实现海量工业数据的实时采集、自由流转、精准分析，从而支撑业务的科学决策、制造资源的高效配置，推动制造业融合发展。工业互联网平台的本质是通过工业互联网网络采集海量工业数据，并提供数据存储、管理、呈现、分析、建模及应用开发环境，汇聚制造企业及第三方开发者，开发出覆盖产品全生命周期的业务及创新性应用，以提升资源配置效率，推动制造业的高质量发展。

二是平台体系正在构建。在国家层面政策支持及各省市政府补贴刺激下，我国制造型企业、工业软件服务商、工业设备提供商及 ICT 四类企业多路径布局工业互联网平台。近两年我国工业互联网平台数量实现了快速发展，截至 2018 年 3 月，国内工业互联网平台类产品数量已高达 269 个，多层次系统化平台体系初步形成，依托平台培育了一批方案提供商和 APP 服务商，工业互联网平台产业生态逐步形成。在工业互联网平台的产业生态中，产业链上游是为平台提供技术支撑的技术型企业，往往在平台构建中处于被集成的行列，技术类企业包括云计算、数据采集、分析、集成和管理、边缘计算等厂商；产业链中游是四类平台企业，包括装备与自动化、工业制造、ICT 企业和工业软件类企业；产业链下游是

垂直行业用户和第三方开发者，创新开发各类工业 APP，为平台注入新的价值。

三是平台应用日益活跃。工业互联网平台已经成为新工业体系的"操作系统"，海尔的 COSMOPlat、阿里的 ET 工业大脑、三一的根云等平台应用广泛开展，形成了一批可复制可推广的应用模式。从应用场景来看，大部分工业互联网平台应用主要聚焦于设备管理和生产过程管控服务，企业运营管理服务初步得到商业化实践，资源优化配置、产品研发设计及制造工艺优化均处于初级探索阶段（见图 9-3）。从应用方式看，SaaS 平台快速发展，根据阿里云发布的《2018—2019 年度中国 SaaS 市场洞察》报告可知，制造业成为 SaaS 第一大领域，工业 APP 作为推动软件产业与工业业务场景深度融合的重要手段，必将成为拓展软件产业发展空间、带动软件产业爆发式增长的有力举措。从商业模式来看，专业服务和功能订阅是现阶段主要的盈利模式。

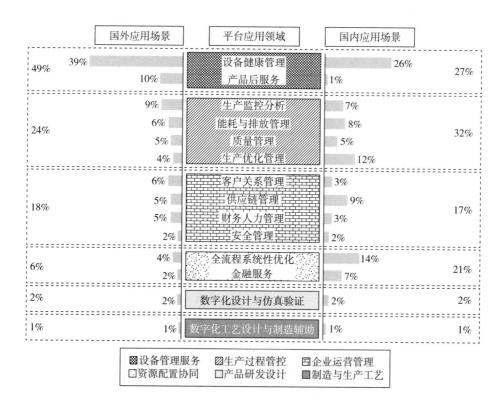

图 9-3 2018 年国内外工业互联网平台应用场景分布

资料来源：艾瑞咨询《2019 中国工业互联网研究报告》。

四是数据模型加速沉淀。工业互联网平台的本质就是"数据 + 模型 = 服务"，随着接入设备的持续增多，工业大数据在工业互联网平台上不断积累，机理模型、数据模型、业务模型等加速沉淀，数字化模型把工业技术原理、行业知识、基础工艺、模型工具等规则化、软件化、模块化，并封装为可重复使用的组件，部分工业互联网平台已经形成了若干行业知识图谱和业务数据模型。阿里云已经开放 ET 工业大脑平台，已经开放 3 大行业知识图谱、19 个业务模型、7 个行业数据模型和 20 多个行业算法模型，制造业企业可以依托这些模型，将行业知识、大数据能力、AI 算法融合在一起，量身定制适合自己的智能应用。

二、P2M2C：基于工业互联网平台的新制造模式

本部分构建一个基于工业互联网的 P2M2C 新制造模式，通过对近年来我国平台经济发展轨迹的分析，研究平台经济的内涵及其运行模式。

1. 基于工业互联网的 P2M2C 新制造模式分析

本书提出，基于工业互联网平台的新制造模式——P2M2C，其基本逻辑是平台 P 赋能 M 以深度服务 C，工业互联网为制造商赋能，制造商更好地为客户提供产品与服务。P2M2C 是一个开放的系统，其逻辑是技术赋能 M 和深度服务 C，形成一个以工业互联网为基础设施和底层规则的新制造生态系统，iABCD（IoT、AI、区块链、云计算、大数据）等新兴科技将成为科技赋能 B 端的重要武器。P2M2C 模式将形成一个生态体系，包括工业互联网平台、工业 APP、iABCD 技术提供商、制造业企业、科研机构等在内的新制造业生态体系（见图 9 - 4）。

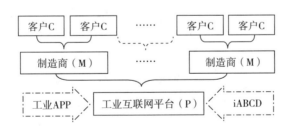

图 9 - 4 基于工业互联网平台的 P2M2C 新制造模式

基于工业互联网平台的 P2M2C 新制造模式对于中国制造转型升级具有重要价值，能够破解制造业发展中存在的诸多瓶颈问题。一是快速对接消费端变化，当前制造业企业竞争力的核心是抓住消费者个性化、多元化需求的变化快速推出

新产品,工业互联网通过与消费互联网的连接,快速获得消费者即时消费信息,并通过大数据挖掘,快速开发出满足消费者需求的产品,引导制造业企业向研发创新环节延伸。二是生产质量控制,通过把设备和管理信息接入工业互联网平台,利用 ERP、MES、DCS 等及时对生产过程和产品质量进行在线监测,及时对工艺参数进行动态优化,把质量控制贯穿在生产过程全流程,大大提高了产品质量的稳定性。三是支撑服务型制造,通过对产品进行远程控制、运维等,提供更加符合客户要求的综合服务,大大拓展了服务增值环节,降低了制造业企业的服务成本,尤其是一些服务可以由专业的 SaaS 平台商提供专业化智能化服务。

2. 新制造模式案例研究

本部分主要通过对海尔 COSMOPlat、阿里 ET 工业大脑、三一根云、美的的美云智数的多案例比较研究,在工业互联网平台的成长轨迹中发现相似性和差异性,重点揭示具有制造业基因的海尔 COSMOPlat 和具有互联网基因的阿里 ET 工业大脑的平台成长、运行、复用的基本逻辑。

案例一:海尔的 COSMOPlat 平台

2016 年海尔在互联网工厂建设的基础上探索搭建 COSMOPlat 平台,目前 COSMOPlat 平台支撑了海尔 20 多家互联网工厂,目前海尔生产线上生产的产品,51% 是客户定制的,18% 是消费者直接下单定制的,海尔的产品不入库率已达 69%,订单交付周期缩短了 50%。COSMOPlat 已复制到建陶、家居、农业、服装等 12 个行业,覆盖了 11 个区域和 20 个国家,连接了 2121 万台的智能终端,为 3.5 万家企业提供了增值服务。2017 年 COSMOPlat 平台实现交易额 3113 亿元,定制定单量达到 4116 万台,已成为全球最大的大规模定制解决方案平台,降低了企业发展智能制造的技术门槛和成本,推动了区域和行业在智能制造领域的发展。在大规模定制模式的转型方面,山东荣城一家房车企业通过引入 COSMOPlat 大规模定制模式,在 7 大节点进行业务模式变革,将定制植入平台,将实现定单量翻番,交货周期将由 40 多天减少到 20 天,模块采购成本降低 7%。在产业资源配置及协同制造方面,COSMOPlat 与淄博市淄川区合作建立 COSMOPlat 建陶产业基地,把山东淄博 1600 亩建陶园的 135 家企业集成为 20 家,在成本、产能和产值大幅度提升的同时,由企业单打独斗整合为真正的产业集群。

案例二:阿里"ET 工业大脑"

2018 年 8 月 1 日,阿里巴巴集团旗下的阿里云发布了"ET 工业大脑"两年来的"内测"成绩单，并宣布向国内制造企业开放"ET工业大脑"平台。阿里"ET工业大脑"已经成功服务了协鑫光伏、中策橡胶、正泰新能源、攀钢集团等数十个工业细分领域的龙头企业，在良品率、成本、霄龙等方面实现突破，帮助企业创造利润数十亿元。"ET工业大脑"是阿里云利用人工智能算法，帮助企业深度挖掘工业数据，激活数据价值，降低生产损耗、提升良品率的一种算法服务，基于该平台，合作伙伴可以轻松实现工业数据的采集、分析、挖掘、建模，并且快速构建智能分析应用。"ET工业大脑"开放平台将开放3大行业知识图谱、19个业务模型、7个行业数据模型以及20＋行业算法模型，同时，生态伙伴可以在该平台上进行编程，将行业知识、大数据能力、AI算法便捷地融合到一起，为工厂量身定制智能应用。企业在"ET工业大脑"开放平台上，只需两步就可以打造智能工厂，即先通过数据工厂实现快捷上云，再基于AI创作间训练出工厂的专属智能。此外，该平台还极大降低了操作门槛，普通工程师也能轻松进行操作，项目实施周期从过去的6个月缩短至最低6天。"ET工业大脑"的目标是三年服务国内100万条制造业生产线。阿里云承接打造国家级工业云平台，目标是服务全国10万家制造企业。

案例三：三一的根云平台

早在2008年，三一重工就已开始筹谋进军工业互联网，2016年，公司物联网团队斥资10亿元打造的"树根互联"技术有限公司正式成立。2017年，"树根互联"和腾讯共同发布"根云"，通过与腾讯云的云计算能力相结合，"根云"把分布全球各地的40万台设备接入平台，采集了近1万个运行参数。目前，根云已经覆盖30个工业细分行业，兼容95%的通信和控制器协议，普适中国38万家中小企业的现状，预计能盘活万亿级的工业存量资产，帮助广大工业企业实现互联网式的换道超车。目前根云已经成功推广至超过10个以上行业近百个企业的应用案例，包括农用机械、纺织机械、发电机组、新能源、特种车辆、工程机械、风机设备、煤矿行业、医疗器械、数控机床、铸造行业、融资租赁等跨行业赋能，以星邦重工为例，"树根互联"为星邦重工输出了从机器设备控制器、物联硬件模块到物联呈现及售后服务管理SaaS云平台的整体物联网解决方案，根云赋能企业建立设备全生命周期智能服务体系，客户满意度提高30%以上，客户留存率提高15%，售后服务收入提高10%，易损件备件呆滞库存降低40%以上，工程车利用率提高30%。

案例四：美的的美云智数

美云智数源自世界 500 强企业美的集团信息科技，美的集团旗下云服务商，创立于 2016 年 11 月，自主研发 5 大产品体系、16 个"全价值链 + 云化体系 + 数据智慧"SaaS 产品以及解决方案，广泛应用于智能制造、大数据、移动化、信息化等多个领域，通过信息化手段拉通整个价值链、全流程、全球管控，支持了美的集团销售规模 1600 亿元。一整套落地的解决方案还成功复制到了玩具、零售、鞋服等行业的标杆企业，帮助企业构建自己的应用产品体系。公司成立半年以来，已跟长安汽车、永辉超市、奥飞娱乐、视源股份、盈峰集团、京信通信、金龙客车、华星光电、五征集团、美易达、艾莱依、磊科、康佳、特步、安踏、361°等企业建立合作关系。

3. 新制造模式的两种路径比较

通过对前面四个案例的分析，我们可以清晰地看到，大概可以把工业互联网平台发展路径分为两种，即基于制造业基因的工业互联网平台和基于互联网基因的工业互联网平台，前者以海尔、三一、徐工、美的、航天云网等为代表，后者以阿里云"ET 工业大脑"、华为云、腾讯云、金蝶云以及用友云为代表。前者是通过搭建制造业自己的平台，先在内部应用，并把自己丰富的制造业知识向平台迁徙，形成数据模型，成熟后把工业互联网平台推向全行业或者其他行业，为其他企业或者集群提供平台服务，逐渐形成综合性工业互联网平台；后者是利用自己在大数据、云计算、人工智能、平台经济等方面的技术积累与制造业企业合作，共同开展工业数据分析，逐渐积累行业数据和模型，形成综合性工业互联网平台。

第七节　数字经济驱动中国制造升级的对策建议

数字技术和数字经济是新一轮科技革命和产业变革的重要领域，更是我国建设现代化经济体系的组成部分和关键支撑，中国具有发展数字经济的比较优势，数字经济蓬勃发展为中国制造转型升级提供了重大战略机遇。把我国消费互联网优势转化为产业互联网优势，推动数字经济与实体经济深度融合，需要在以下四个方面着力：

一、加快构建国家智能制造标准体系

数字经济在制造业领域的渗透推广必须要有统一的智能制造标准，避免建设过程标准不一，造成分割发展，难以形成整体优势。我国于 2015 年底发布了《国家智能制造标准体系建设指南（2015 年版）》，2016 年 8 月成立了国家智能制造标准化协调推进组、总体组和专家咨询组，按照"共性先立、急用先行"的立项原则，首批 7 项智能制造标准立项，并加快立项进程，以尽快构建较为完善的智能制造标准体系，培育本土智能制造综合解决方案提供商。同时，积极参与全球智能制造标准制定，当前德、美正在共同探讨工业 4.0 参考架构模型（RAMI 4.0）和工业互联网参考架构（IIRA）的一致性，以期最终形成统一的全球框架，中国应发挥制造规模、信息技术、大数据技术等综合优势，与德、美两国开展合作，寻求在全球框架中的参与权与话语权。

二、培育发展工业互联网平台

在数字化、网络化、智能化新型工业形态的驱动下，工业互联网平台必然成为制造业数字经济发展的核心。目前，各国围绕工业互联网加快战略布局，竞争日益激烈，我国应贯彻落实《深化"互联网＋先进制造业"发展工业互联网的指导意见》，加快推进工业互联网平台建设，为数字经济与制造业融合提供平台支撑。一是打造国家级工业互联网平台，加快启动国家工业互联网平台建设，依托行业协会、大型互联网企业等，围绕优势行业，优先建设一批开放性、共享性、公益性的国家级工业互联网平台。二是引导优势企业建设行业互联网平台，支持有能力的制造型企业发展大型工业云平台，鼓励互联网公司搭建第三方工业云平台，引导现有工业电子商务平台向工业互联网平台转型，鼓励中小企业把业务向云端转移，引导工业数据、信息系统、管理软件等向云平台迁移。

三、增强制造业数字化基础支撑能力

围绕制造业数字化转型新要求，增强新一代信息化基础支撑能力。一是强化"新四基"建设，围绕自动控制与感知（一硬）、核心软件（一软）、工业云与智能服务平台（一平台）、工业互联网（一网）等，强化新型基础能力和平台设施建设，为数字工厂、智能工厂提供信息基础支撑，以适应数字经济时代对制造业

基础设施网络的要求。二是加强工业信息系统安全支撑，制造业数字化、云端化对信息安全提出了更高要求，因而要贯彻落实《国家网络空间安全战略》，完善提升国家工业控制系统在线安全监测平台，为制造业信息安全提供强大支撑。

四、培育复合型高层次人才

数字经济与实体经济融合需要大批既懂信息技术又懂制造技术的复合型高端人才，这类人才目前存在着较大缺口，尤其是真正具有实践经验的人才更是稀缺。具体来说，可从以下三个方面着手，培养复合型高层次人才。一是引导互联网企业和制造型企业联合建立人才培养基地，在智能制造、工业互联网等具体项目中培养锻炼人才。二是引导高校增设相关专业和方向，加强应用型技能型人才培养，增强相关人力资源供给。三是提高制造业工人数字化素质，引导制造业企业通过短期培训、继续教育等方式，对基层工人进行智能制造、信息技术等实操性培训，降低智能制造、工业互联网推广普及中的基层阻力。

第十章　追赶的新环境：中国产业结构优化面临的新形势

当前，中国经济进入新常态，产业结构优化所面临的国际形势和国内环境均发生深刻变化。就国际形势而言，新一轮产业变革和科技革命蓄势待发，经济全球化和区域经济一体化并行发展，国际产业分工格局调整重塑，贸易保护主义抬头，全球经济在深度调整进程中曲折复苏，世界总需求不足问题在短期内很难发生根本改观，世界经济发展的不稳定不确定因素有增无减。就国内形势而言，中国经济增速放缓，由高速增长转入中高速增长，工业化进程整体进入中后期阶段，农业不优、制造业不强、服务业不足问题依然存在，劳动力、土地等生产要素成本持续上升，人口红利逐步消失，资源能源和生态环境约束趋紧。

第一节　战略机遇和有利条件

一、新一轮科技变革方兴未艾

回顾世界经济发展史，可以发现，每一次持续时间长、影响大的经济危机都会引发新一轮科技创新浪潮，为世界经济的复苏和发展提供新的动力源泉，进而推动各经济体走出萧条，迈入新一轮经济周期的繁荣期。当前，全球经济增长越来越受到资源、能源和生态环境等方面的瓶颈制约，如何妥善处理社会经济发展和生态环境保护的关系，如何尽快地摆脱经济危机的影响和困扰，如何实现可持续发展，日益成为全球重要经济体在抵御金融风暴时关注的焦点问题。当前，新一轮的科技变革和产业革命正在孕育兴起，发达国家在高新技术、新材料、新能源、环保产业等领域的技术创新竞争日益加剧，世界经济或将进入技术创新密集爆发期。

新一轮科技革命下，发达国家纷纷推出"再工业化"战略，重塑产业竞争优势，德国工业 4.0、美国工业互联网、日本社会 5.0 等均在聚焦新一代信息技术、强化产业优势。与此同时，发达国家进一步加大了对高端产业的投资力度。例如，美国于 2009 年出台了《美国再投资与恢复法案》（*The American Recovery and Reinvestment Act of 2009*），该法案决定投资 600 亿美元，用于建立 46 家能源研究中心，加大研究开发支持力度，资助范围主要涵盖能源替代、能源输配、电动汽车等领域，同时升级改造现有的高耗能产业。通过该法案的实施，创造了数百万个新的工作岗位，这些工作岗位分布于研究、制造与建筑等行业。此外，发达国家高度重视新能源产业、绿色经济的发展。例如：英国时任首相布朗于 2009 年宣布，启动批量生产电动汽车、混合燃料汽车的绿色振兴计划，以应对旷日持久的经济衰退，创造数以十万计的就业机会。2009 年以来，韩国政府先后发布了《新增长动力规划及发展战略》《绿色能源技术开发战略路线图》《低碳绿色增长战略及五年规划》，旨在通过实施发展绿色产业、应对气候变化和能源自立等战略举措，促使韩国在 2020 年底进入全球七大"绿色大国"阵营，并在 2050 年进一步跻身成为全球五大"绿色强国"行列。这些战略文件的重点就是在保持经济稳步增长的前提下尽可能地减少能源消耗和资源使用，最大限度地减少温室气体排放，实施绿色创新、绿色结构调整和绿色价值链战略。

世界主要发达国家纷纷实施绿色新政，重点发展新能源产业、绿色经济和低碳技术，借助低碳技术升级改造原有传统支柱产业，引发了全球产业结构的战略重组与深度调整。新常态背景下，主要发达国家大力推动低碳经济和新能源产业发展，必将对全球产业分工体系演化变革产生积极影响，世界范围内的新一轮产业变革和产业优化升级潮流势不可当。

二、新型城镇化进程不断加快

城镇化的快速发展，可以形成经济持续增长的巨大推动力量，还会对生产方式、产业结构产生重要影响，是新常态下产业结构优化的重要引擎。优化产业结构和提升城镇化发展的质量之间存在着互促互动的关联机制，一方面优化产业结构有利于推动城镇转型发展和提高城镇化的质量，另一方面，提升城镇化的质量有利于拉动产业结构调整升级并促进产业合理布局。

随着以制造业为主体的第二产业的发展以及农业比重的不断下降，农村剩余劳动力逐渐向城市集聚，导致城镇规模和数量逐步增大，中国新型城镇化进程不断向前推进。随着城镇化率的稳步提升和城市人口的日益增加，城市基础设施建设水平不断提高，由此带动了投资需求的扩张，同时，城镇化率提升还会带来城市区域消费需求的增长，从而为先进制造业和现代服务业的扩张以及产业结构的优化升级提供坚实支撑。

2019年12月，习近平同志在《求是》上发表的《推动形成优势互补高质量发展的区域经济布局》，对我国区域经济布局做出了战略性思考，对新形势下促进区域协调发展提出了系统的思路与举措，指出我国经济发展的空间结构正在发生深刻变化，中心城市和城市群正在成为承载发展要素的主要空间形式。城市群发展为产业转型升级和布局优化提供了新的空间载体，有利于推动产业链和价值链空间布局优化，中心城市为研发环节和高端制造加快发展提供了更好的载体，一般加工制造业向中小城市转移以为高附加值环节发展拓展空间。

三、全面深化改革的制度保障

为了贯彻落实党的十八大关于全面深化改革的部署，2013年11月，党的十八届三中全会通过了《中共中央关于深化改革若干重大问题的决定》，其中，关于使市场在资源配置中起决定性作用和更好发挥政府作用，关于坚持和完善基本经济制度，关于深化财税体制改革等，必将充分激发市场主体的发展活力，为进一步优化产业结构、促进产业转型升级提供制度保障和体制遵循。也就是说，体制机制创新为产业结构优化调整提供制度保障，激发市场参与主体活力。加快体制改革、制度创新和政策调整，对于促进产业结构优化升级、提升产业国际竞争力、提高产业组织效率均将发挥积极作用。

科技体制和人才体制的改革对产业结构优化升级起决定性作用。比如，通过整合分散在发改、科技、工信等众多部门手中掌握的科技资源，进一步明确规定国家各类科技计划、科技专项和科技基金的职能定位和支持重点，合理引导国家科技资源更多地汇集到企业，从而提高有限的科技资源的配置效率。建立健全大学、科研院所研究成果转移机制和绩效考评机制，以及技术转移年度报告制度，从而加快政产学研结合，切实提高研发成果市场转化率。完善技术创新环境，完善有利于科技创新的财税政策。

加快发展职业教育和终身教育，建成学习型社会。不断培育壮大高技能、高素质劳动者队伍，培养大国工匠，培育适应现代产业体系发展要求，具备较强技术开发能力，熟悉国际标准以及国际贸易规则的复合型人才。加强职业培育，重视职业教育，形成社会各界高度重视职业教育的发展局面，关注一线生产人员的培养，真正能够按照工业化和信息化深度融合的内在需求与实际特点，为工业企业培养既具备一定专业技能又具备不断学习、不断进步、不断完善的人员。

四、国家支持政策的密集出台

围绕制造业高质量发展，国家陆续出台支撑政策。近年来，《关于深化制造业与互联网融合发展的指导意见》《关于深化"互联网＋先进制造业"发展工业互联网的指导意见》《关于推动先进制造业和现代服务业深度融合发展的实施意见》等文件陆续出台，支持制造业高质量发展的政策体系加快形成。

党的十九届五中全会通过的《中共中央关于制定国民经济和社会发展第十四个五年规划和二〇三五年远景目标的建议》，强调坚持把发展经济着力点放在实体经济上，对制造业高质量发展进行了新部署，一是提出了保持制造业比重基本稳定，锻造产业链供应链长板，立足我国产业规模优势、配套优势和部分领域先发优势，打造新兴产业链，推动传统产业高端化、智能化、绿色化，发展服务型制造，符合制造业发展新趋势。二是加快推进产业基础高级化、产业链现代化，实施工业基础再造工程，强化制造业发展基础，提升产业链发展水平。三是推进数字产业化和产业数字化，以数字化驱动制造业转型升级，实现数字经济和实体经济深度融合。未来，国家层面有望出台更多的含金量高的政策，促进传统产业优化升级，激活传统产业，催生新兴产业，推动全产业链优化升级。

第二节　重大挑战和关键制约

一、产业发展面临双重挤压

国际经济危机发生之前，发达国家发展战略重点主要集中在信息产业、通信业、金融行业等所谓的高技术服务业。危机爆发之后，发达国家开始意识到问题的严重性，意识到过度依赖虚拟经济而忽视实体经济引发了一系列问题。在此情况下，发达国家纷纷提出重振制造业，实现"再工业化"。所谓再工业化，不是简单地发展传统工业，而是重新审视国内产业尤其是制造业的作用，是出口推动型增长方式和制造业增长要回归实体经济。

欧盟至今尚未完全摆脱"欧债危机"的影响，在采取各项救助与财政整顿措施的同时，立足长远，提出了"再工业化"战略，期望通过产业结构升级与制造业回归来重振经济。早在2010年，欧洲就提出了"欧洲2020战略"，其三大发展重点中的"智能增长"就涵盖了"再工业化"的主要内容，而于2012年10月发布的《指向增长与经济复苏的更强大的欧洲工业》，明确地设定了"再工业化"战略目标，即到2020年将工业占欧盟国内生产总值的比重由当时的15.6%提高到20%。在成员国层面，英国、法国、西班牙等许多国家纷纷制定了相应的"再工业化"战略，例如：英国于2011年发表《强劲、可持续和平衡增长之路》，提出了6大优先发展行业；法国于2012年新成立生产振兴部来重振法国工业；西班牙于2011年以"再工业化援助计划"的方式，由政府出资约4.6亿欧元来资助国内的再工业化项目。

美国从20世纪80年代起虚拟经济不断膨胀，导致"次贷危机"爆发，贸易赤字、失业问题突出。痛定思痛，美国政府积极采取了一系列推进国内"再工业化"的措施：2009年12月公布《重振美国制造业框架》；2010年8月提出《制造业促进法案》；2011年6月启动《先进制造业伙伴计划》；2012年2月启动《先进制造业国家战略计划》。除政府外，美国制造商协会于2011年11月发布了《美国制造业复兴计划——促进经济增长的四大目标》的报告，在客观分析的基础上，系统地提出了促进美国制造业复兴的具体措施。美国明确提出，美国经济新战略的核心就是产业回归，即重回实体经济，从原有的消费型经济转向出口导向型经济，从原有的依赖金融活动转为依赖实体经济的发展。

美国涌现了Google、Amazon等跨界融合企业，大力研究人工智能技术，探索无人机以及无人驾驶汽车。2006年，美国提出信息物理系统（CPS）的概念。在工业信息化方面，美国硅谷代表了一个完整的企业创新生态系统。在美国学术界，一些专家学者也十分强调制造业的重要作用。其中，哈佛商学院的两位教授，加里·皮萨诺和威利·史的著作《制造繁荣：美国为什么需要制造业复兴》指出，制造业的衰落会在长期内侵蚀美国的创新能力，进而引起美国国力的衰落。两位专家提出了较为新颖的"产业公地理论"，认为只有振兴产业公地，才能实现美国制造业的复兴。

日本作为传统的制造业和对外贸易大国，也提出了多项旨在发展本国制造业的战略举措。在战略层面，2009年12月至2012年10月的3年间，日本政府提出了5轮经济振兴对策，强化日本工业的竞争力是这些振兴对策的重要内容。安倍政府上台后，在大肆扩张货币与财政的同时，也关注制造业的复兴。2013年6月提出的"日本再兴战略"中，将产业再兴战略作为今后三大重点战略之一，并提出了经济结构改革、雇佣制度改革、推进科技创新、实现世界最高水平的IT社会、强化地区竞争力和支持中小企业的六项具体措施。2014年6月，日本政府再次强调了这些战略。在战术方面，日本对某些具体的产业也给予了高度关注。比如，对于新兴的3D打印技术，日本政府就采取大力扶持的态度，将其列入2014年的产业重点，并计划在这一年投入45亿日元，以期在未来能够达到将速度提高10倍、精度提升5倍的目标。

新常态下的国际产业格局必将发生新的变化，并对我国产业结构优化升级产生深刻影响。值得注意的是，现今的再工业化并非大力恢复传统制造业，而是倾向于高价值和高创新的先进制造业，为经济发展培育新的经济增长点。

越南、印度等一些东南亚国家依靠廉价的资源、丰裕的劳动力等比较优势，开始将目光聚焦于中低端制造业领域，企图以更为低廉的劳动力成本优势承接劳动密集型制造业的转移。一些跨国公司和跨国资本纷纷直接到新兴国家投资设厂，有的则考虑将中国工厂迁至其他新兴国家。从总体上看，我国制造业发展正面临发达国家"高端回流"和发展中国家"中低端分流"的双向挑战。

二、人口红利正在逐渐消失

近乎无限供给的农村富余劳动力所带来的人口红利，被认为是中国经济持续高速增长所借助的重要优势。我国著名经济学家蔡昉研究员将西方发展经济学理论运用于解决中国经济现实问题，通过计算，指出人口红利对国内生产总值增长的贡献率达到26.8%。然而，由于劳动力市场供给和需求关系发生变化，农业生产效率不断提高，城市生活成本日益增加，以及"低出生率、低死亡率、低增长率"现象的出现，我国充沛的劳动力资源不断减少，劳动力出现短缺问题，引以为豪的人力资源和人口红利正在逐渐消失。我国原有的劳动力、土地和环境成本等生产要素低价格竞争优势逐渐消逝，成为新常态下我国经济结构性减速的因素之一。

针对人口红利逐渐消失导致的劳动力成本上升趋势，各地纷纷明确应对策略。比如，在劳动力成本逐渐上升的压力下，浙江省率先实施"机器换人工程"，是"四换三名"（腾笼换鸟、机器换人、空间换地、电商换市，名企、名家、名品）工程的一部分。计划历经 5 年时间，每年实施 5000 个机器换人项目，实现 5000 亿元机器换人投资，推动工业生产方式由传统"制造"向现代"智造"转变。用工成本高是实施"机器换人工程"首要原因，2005 年至 2012 年期间，浙江规模以上工业企业人均劳动报酬从 14847 元/年增加到 41370 元/年，年均增长 15.8%，总量和增幅均居全国前列。2013 年 5 月，浙江经济和信息化委员会针对 30 个工业行业、567 家企业进行了机器换人专项问卷调查，结果显示，75.7% 的企业把"用工成本高"列为开展机器换人的首要原因。

三、资源环境要素约束趋紧

很长一段时间内，我国产业结构是以重化工业为主的粗放型产业结构，在这种产业结构下，经济的发展主要以资源的大量投入作为支撑。南方电网能源发展研究院发布的《中国能源供需报告》数据显示，2018 年我国能源消费总量为 46.4 亿吨标准煤，占全球一次能源消费总量的 23.6%，连续 10 年居全球第一位。

嵌入全球产业链是我国资源环境压力增大的一个重要因素，彭水军等（2016）从全球生产链视角分析了外需对中国能源消耗的影响。1995 年到 2009 年间，美、欧、日等发达国家通过进口替代向中国转移了大量的能耗，尤其是 2001 年入世以来，中国出口猛增，也成为了发达国家转移能耗和碳排放的"重灾区"，2001 年之后我国外需能耗增速大大提高，1995~2001 年外需能耗增加了 0.2 亿吨标准煤，年均增长率仅为 1.29%，而 2001~2008 年外需能耗增加了 7.69 亿吨标准煤，年均增长率高达 21.22%，表明中国在存在巨额外贸顺差的同时，也存在着巨大的生态逆差。陈迎（2008）、黄敏（2011）、王磊（2015）等学者也从不同角度研究了我国外贸与能源消耗的关系，验证了生态逆差的存在，反映出中国在目前的国际分工体系中还处于全球价值链的加工环节。

第十一章 追赶的案例：
行业与企业视角

本章从我国行业和企业视角研究产业追赶，改革开放以来，我国凭借丰富的劳动力优势和强大的科研优势，在诸多产业领域实现赶超，并涌现了一批赶超型企业。

第一节 追赶型行业典型分析

一、中国智能手机的崛起：整合全球供应链

智能手机产业是中国制造业转型升级的一个缩影，当前不论是整机制造、品牌还是核心零部件领域，中国智能手机产业已经具有强大的制造优势和竞争力。

根据中国信息通讯研究院公布的数据，2011 年我国智能手机出货量仅为 0.7 亿部，2016 年出货量为 5.22 亿部，占全球比重为 35.1%，均达到顶峰，2020 年智能手机出货量为 2.96 亿部，其中 5G 智能手机出货量规模为 1.63 亿部，占比 55%。

根据市场研究公司 Gartner 公布的数据，2012 年，全球智能手机出货量前5 位为三星、诺基亚、苹果、中兴、LG，仅有 1 家中国品牌，但是 2016 年，全球智能手机出货量已经调整为三星、苹果、华为、OPPO 和 vivo，3 家中国品牌进入前 5（见图 11 - 1）。2019 年，全球智能手机出货量前 5 位的厂商分别为：三星、华为、苹果、小米、OPPO，从表 11 - 1 可以看出，中国品牌手机市场占有率明显上升。

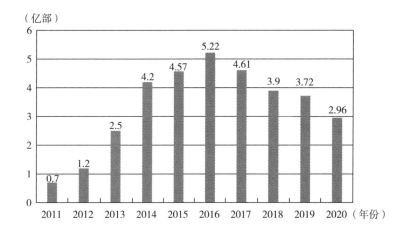

图 11 - 1　我国智能手机出货量

资料来源：根据中国信息通讯研究院公布的数据整理。

表 11 - 1　全球智能手机出货量排名

排名	厂商	出货量（亿部）	市场份额（%）
1	三星	2.98	21.8
2	华为	2.40	17.6
3	苹果	1.98	14.5
4	小米	1.25	9.2
5	OPPO	1.20	8.8

资料来源：Gartner 网站。

尤其在国内智能手机市场，以三星为代表的国际品牌市场份额持续下降，华为、小米、OPPO、vivo 等中国国产品牌正在加快占领市场，这也是在激烈的市场竞争中发展起来的，提升了中国品牌的美誉度和竞争力。尤其是华为、小米创造性地实施双品牌战略，不断向高端机型提升，在高端市场占有率持续提高，在中低端市场的主导地位继续稳固，压制了国外品牌在中国市场的扩张。

华为、小米、OPPO、vivo 等品牌凭借着巨大销量，重构了智能手机供应链关系，成为了智能硬件全球供应链的强大整合者。国产手机发力前，智能手机供应链一度被国外厂商垄断，2010 年小米科技成立，主打高性价比，以价格低于进口手机 2/3 的售价出售高性能的智能手机，带动了国内厂商和国内手机供应链的完善。从 1G 到 5G，每次通信技术升级换代都伴随着手机行业的大洗牌，国产品牌凭借着在全球供应链中的影响力，在历次通信技术升级换代中实现了跨越式发展。

智能手机是中国制造向品牌高端延伸的一个典型案例，凭借着巨大市场规模以及本土企业在成本控制方面的优势，国产品牌在高性价比市场领域迅速放量，形成国际供应链企业的重要客户，凭借对零部件的巨大需求提升对供应链的掌控力。目前，华为手机的供应链包括：索尼的摄像头芯片，三星、LG 的面板，台积电的芯片，电池、声学、摄像头模组等大部分均来自国内供应商，高端柔性OLED 面板京东方已经实现替代，光学镜头和模组、电池等方面国内供应商已经全面替代。小米手机有 800 多个器件，涉及 100 多个供应商，包括高通、索尼、英伟达、夏普、联发科、LG，成为国际品牌的重要客户。

日本、韩国的电子信息产业在产业升级过程中都逐渐与美国形成了竞争关系，但是，日本电子产业在日美贸易战后逐渐衰落，而韩国则抓住机遇实现了崛起，韩国从 DRAM 切入半导体行业，目前在手机 SoC、存储芯片、屏幕和图像传感器领域均拥有核心技术。在国际竞争中，中国智能手机企业也在探索与国际企业之间如何从竞争关系向"竞合"关系转变，继续利用全球供应链提高本土品牌竞争力。

二、中国电商品牌的崛起：互联网＋国内价值链

近年来，我国电商品牌崛起，必要、有品、网易严选等通过互联网对产业链整合，创造了 C2M 模式，塑造新品牌，是数字经济下国内价值链构建的可行之路。网易严选是电商品牌的发起者，2016 年 4 月，网易洞悉到了中国消费者对中国版宜家和无印良品的期待，抢占先机推出网易严选，作为国内首个 ODM 模式的电商品牌，网易严选采用"互联网＋工厂"模式，主打"好货不贵"，获得了都市白领的青睐，是以互联网整合国内价值链的典范。此后，小米有品、必要等顺势崛起，打造了一批新国货。

网易、必要、小米、名创优品等一批杂货集合类品牌快速崛起，符合国内价值链构建的基本逻辑。一是消费者行为明显变化。人们在物质消费上表现更加理性，炫耀性消费逐渐弱化，智能家电、床品毛巾、锅碗瓢盆、生活摆件等影响生活品质的"品质消费"日益受到重视，消费者的生活状态、生活方式、消费模式等发生巨大变化，需要价格适中、品质良好、彰显品位的新物品。二是国内优质供应链形成。2001 年以来，国内企业从跨国公司供应链中学习到了很多制造、

品控、交货等知识，制造、质量控制、交货期控制等能力明显提升，服装、玩具、家电、家具等领域产能过剩，需要品牌进行整合。三是产品设计能力。工程师红利爆发，中国在家具、家电、服装服饰等领域拥有一批设计师，具备了适应本土市场的产品开发能力。四是品质保障。这些电商品牌重视自身品牌建设，拥有强大的供应链管理能力和品质管控能力，如网易严选自建团队，从选品开始，到原料采购、生产、销售、物流、售后等，对各个环节进行把控，打造了一整套包括设计、生产、选货、品质管理以及服务在内的体系，并承担商品售后责任。

随着电子商务的崛起，C2B、ODM 生产模式也能够帮助制造商加快产品开发、降低市场需求不确定性，电商平台通过与制造商更密切的合作缩短供应链，快速满足消费需求变化。未来一段时期内，必要、有品所代表的向上游制造商渗透的品质化电商模式，是网上零售业升级的重要趋势之一。

品质电商最强大的竞争力在于对消费数据的分析能力，能够精准判断消费趋势，反过来促进新产品开发，提高研发准确性。消费互联网平台上的数据成为产品创新和品牌塑造的重要支撑要素，助力中国新国货崛起。如天猫创新中心成立以来已服务了超 100 个品牌，孵化超 300 个项目，平均每个品牌的单项项目费用缩减了 15%。天猫新品数字系统可将新品研发的时间从两年缩短到 6 个月。在新品研发过程中，新品数字系统可以助力商家完成"机会挖掘、创意产生、概念验证、试销迭代"4 个步骤的在线化和数字化。

从小米有品看，平台上包括电视、洗衣机、拖地机、电饭煲、衣服、皮鞋、运动鞋、背包等几乎涉及日常用到的所有匹配，以简洁的工业设计、适中的价格迅速占领了白领消费市场，通过有品这个平台对传统产业链进行了有效整合，大大提高了国货的品格，是中国制造向研发设计、品牌等两端环节提升的可行路径。

第二节　追赶型企业典型分析

一、华为：从追赶到领先

华为从一个小企业逐渐成长为了全球最大的电信设备供应商及关键技术的领

导者，是中国企业追赶的典型案例。2019 年，华为主营业收入超过 8500 亿元，在民营企业 500 强和制造业 500 强中排名第一。华为的崛起在于对研发的高强度投入，2019 年华为研发投入超过 1200 亿元。

据世界知识产权组织（WIPO）公布的数据，2017 年至 2019 年华为已连续三年登上世界范围内企业 PCT 专利申请量榜首。2019 年华为全年的专利申请数量达到了 4411 件，日本的三菱电机株式会社则以 2661 份排名第二，韩国三星电子以 2334 份位居第三，美国高通以 2127 份位居第四。不仅仅是华为，还有 4 家中国企业进入 2019 年 PCT 专利申请全球前 10 强，OPPO、京东方和平安科技分别位列第五名、第六名和第八名，中国也因此成为了拥有 PCT 专利申请前 10 强企业最多的国家。

侯媛媛（2011）把华为的自主创新历程分为三个阶段：①技术模仿；②重点跟进；③国际同步。也就是说，华为从一个加工代理的厂商，通过模仿、学习、吸收、消化，然后通过自主技术创新成为世界级的企业。

华为 2004 年发布 10G 路由器，2006 年发布 40G 路由器，均落后于美国企业思科，而到 2010 年华为发布 100G 路由器时，已经追平对手，2012 年华为开启 400G 路由器时代，开始领跑思科。在路由器、交换机等电信网络传输核心设备领域，华为追赶了 17 年。

20 世纪 90 年代，在国际金融危机冲击下，全球经济下行，华为抓住机遇在欧美市场扩大份额，2005 年华为在国外的营业收入已经超过了国内，华为与西门子等跨国企业成立合资公司，国际市场发展有了更好的基础。华为还抓住机遇在全球范围内整合创新资源，目前在全球已经建立了 16 个研究所和 36 个联合创新中心，分布在美国、英国、德国、法国、俄罗斯等国家。林学军（2018）认为华为公司在全球设立研发机构，开展全球创新合作，大力构筑全球创新链（GIC），利用全球创新的知识、技术等资源，也是它从一个小企业快速成长为一个具有一流技术水平的国际企业的重要因素。

华为是在企业服务领域和消费领域都做得非常优秀的企业，根据华为网站公布的信息，2017 年华为在通信设备的市场份额提高到 28%，成为全球最大电信设备制造商，2017 年，华为营收为 6036 亿元人民币，约合 925 亿美元，华为运营商业务占比首次跌破 50%。运营商业务收入 2978 亿元，同比增长 3%，对总体收入的贡献率为 49%，而消费者业务营收 2372 亿元，同比增长 32%，占据收入的 39%；企业业务收入 549 亿元，占比 9%，消费端业务成为华为的重要支撑。

二、三一重工：从技术跟随到国际并购

三一重工的挖掘机发展史，是一部关于产品品质提升的成长史和奋斗史。工程机械协会数据显示，三一重工的挖掘机产品2011年市场份额达到11.56%，第一次成为国内最大的挖掘机生产企业，至今已经连续9年夺得行业销售冠军，并且遥遥领先行业追赶者。

三一重工的挖掘机成长过程见证了国内挖掘机产业崛起的过程，2004年三一重工的核心产品是以混凝土机械为主，而挖掘机被誉为工程机械领域"皇冠上"的明珠，发展挖掘机成为当时公司业务战略的重点突破方向。当时挖掘机没有完全国产化，民营企业面临着核心技术缺失、核心零部件都掌握在外资品牌手中、生产制造工艺落后、中高端市场被外资品牌垄断等问题。

根据《中国挖掘机产业五十年》一书的资料，2006年之前的三一重工挖掘机处境艰难，挖掘机销量一直无法逾越1000台的年销量生命线，这个销量意味着没有配套能力、制造能力和服务能力，当时的北建、长挖、上建等知名国产品牌就因为销量低而逐渐销声匿迹了。2006年，三一重工将挖掘机业务移到昆山，当时安徽、江苏和山东是挖掘机产业密集区域，人才储备充足，配套齐全，在当地政府大力支持下，2007年三一重工的销量达到1600台，超越了柳工和玉柴，2011年，销量超过了2万台，市场占有率超过了11%，超越了所有外资品牌，成为行业第一。

三一重工实现了渐进式赶超，靠的是研发和品质。根据《梁稳根和他的三一重工》一书中的资料，从2006年开始，三一重工模仿小松，启动品质提升A计划，提出了产品创新上的四新技术，即在新动力、新控制、新系统、新造型上进行突破，然后解决整个机器的可靠性问题，列出了38项改善，160项小项目改进，产品实现了智能控制、省油、高效，产品性能已经达到了卡特彼勒的同等级水准，开始了海外品牌的替代过程。产品提升的关键是领先的研发体系，2012年挖掘机事业部已经聚集了超过300人的研发团队，行业资深专家达到20多位。目前三一重工的研发人员达到了2000多人，研发投入比例和绝对金额都位居同行业第一。2016年以来，三一重工的研发投入持续扩大，领跑行业。

三一重工致力于推进智能化，根据三一重工网站上的资料，位于长沙的三一重工"18号厂房"目前是亚洲最大的智能化生产车间，拥有混凝土机械、路面

机械等多条装配生产线。该智能化生产车间能够提升生产效率的直接原因就是其柔性生产的特色，一条生产线可以组装不同型号的产品，以适应市场变化。数字化、智能化使得三一重工运营效率加速提升，2018 年三一重工的人均产出达到 48.58 万美元，超过山特维克、日立建机和小松等大型跨国企业。

2012 年 1 月 21 日，三一重工股份有限公司、中信产业投资基金（香港）顾问有限公司与德国普茨迈斯特控股有限公司签订合并协议，三一与中信产业基金共同收购了普茨迈斯特 100% 的股权。普茨迈斯特在全世界范围内开发、生产、销售建筑设备机械，尤其是用于建筑、采矿、隧道建设及大型工业项目的混凝土泵。两家公司作为中国混凝土泵行业领军企业与海外混凝土泵领先供应商，其合并符合了明确的战略和产业目标：创造全球混凝土泵行业领导者。从全球来看，三一重工作为追赶者，对比卡特彼勒和小松制造所，在产品品质、渠道能力等方面仍有追赶空间。

三、阿里云：工业大脑全球引领

2018 年 8 月 1 日，阿里云发布"ET 工业大脑"开放平台，基于该平台，合作伙伴可以轻松实现工业数据的采集、分析、挖掘、建模，并且快速构建智能分析应用，两步打造智能工厂。阿里云面向工业领域招募上千家生态合作伙伴，以实现智能制造成功案例的规模化复制，加速推动制造业的数字化转型。工业大脑的目标是把人工智能与大数据技术嫁接到生产线，帮助生产企业实现生产流、数据流与控制流的协同，提升产线效率，以自主可控的路径实现自主可控的智能制造。

根据阿里云网站上的资料，"ET 工业大脑"开放平台开放了 3 大行业知识图谱、19 个业务模型、7 个行业数据模型以及 20 + 行业算法模型，同时，生态伙伴可以在该平台上进行编程，将行业知识、大数据能力、AI 算法便捷地融合到一起，为工厂量身定制智能应用。

对于企业来说，在"ET 工业大脑"开放平台上，只需两步就可以打造智能工厂，即先通过数据工厂实现快捷上云，再基于 AI 创作间训练出工厂的专属智能。此外，该平台还极大地降低了操作门槛，普通工程师也能轻松进行操作，项目实施周期从过去的 6 个月缩短至最低 6 天。

"ET 工业大脑"在天合光能、中策橡胶、京信通信、正泰新能源等项目上的实践案例，展示了其"独特"的 4 种超能力，工业大脑正在成为制造业数字化转型的平台支撑。一是跨界复制能力。工业大脑在图像识别、智能排产、设备预测性维护、能耗优化等方面的沉淀，具有较强的通用性，可以跨行业复用。比如用于电池片良率提升的工艺参数推荐技术，也可以应用在多晶硅、硅片及电池组件的生产良率优化上。恒逸石化工业大脑项目在能耗优化上的经验积累同样可以复制到钢铁、水泥、纺织等行业。二是逆向推演能力。工业大脑强大的数学能力加上足够的计算速度，使得它有望通过模型有效识别海量参数间的关键路径，从结果逆向推导原因。这种方式突破了"专家经验"传统的思维定式，将隐性和碎片化的工业问题变得显性化，并由此生成新的知识。三是低成本试错能力。数字世界的试错成本远低于物理世界。大脑以微创的方式，并不需要大量的硬件投入与生产线的改变，仅通过在虚拟环境中对数据的改动与优化，即可产生明显的价值与收益，且试错成本低，路线不对可及时调头。四是知识沉淀。知识、经验、方法、工艺与实践可封装在模型、SaaS 软件和工业 APP 中，基于工业互联网平台传播，加速知识的流动。比如依托阿里云工业大脑 AI 创作间，可以像搭积木一样快速搭建行业通用的数据模型，训练企业专属的工业智能。工厂的工程师即便不懂写代码，也一样可以进行智能应用的开发。

"ET 工业大脑"绝不是简单地模仿人脑，而是以自己独特的数据化思维方式解决人类解决不了的问题。工业大脑的思考过程是从数据到知识再回归到数据的过程，工业大脑的力量将渗透到制造业全产业链、全价值链、全生命周期中，持续为制造业企业带来机会和增值空间。

四、吉利：自主品牌整合全球价值链

吉利汽车收购沃尔沃成为中国汽车工业发展的一个里程碑，当前吉利正着手向全球开发、全球采购、全球制造、全球营销进行战略布局，为中国汽车工业发展提供了新路径。回顾吉利发展历史，以产品为基础，以客户为导向，以技术为护盾，以营销为助推器，让这家民营汽车公司逐步成为了中国汽车品牌的"龙头"，并直接参与到了全球汽车话语权的争夺中。

根据《新制造时代李书福与吉林沃尔沃的超级制造》一书的资料，吉利从摩托车制造入手，直到 1998 年 8 月 8 日，吉利第一辆汽车——豪情下线，但正式上市销售已经是 1999 年 11 月。2001 年，中国正式加入 WTO，汽车产业逐渐开始放开，民营企业造车也成为可能，豪情就是这一年登上了汽车生产目录。2002 年，吉利投入 2 亿元研发 CVVT 发动机项目。2003 年 3 月，MR479Q 发动机

通过国家计划单列市级新产品鉴定；同年 5 月，CVVT - JL4G 18 发动机研发项目在宁波启动，也是在这一年，吉利进入国家"3 + 6"主流轿车制造厂家行列。2007 年，吉利在全国拥有 5 个生产基地，产能 41 万辆，但当年其销量仅占产能的一半，约为 21.9 万辆。

2009 年 12 月，福特与吉利就收购沃尔沃的主要商业条款达成一致，2010 年，吉利汽车顺理成章地将沃尔沃收入麾下。在这个阶段，除了收购沃尔沃，吉利在发动机、自动变速器、电子助力转向系统、胎压监测与安全控制系统等方面也有了技术性的突破。在经过 4 年消化、吸收、学习与融合创新的过程后，吉利汽车迎来新的发展阶段，从 2015 年开始，自主研发产品大规模入市，吉利品牌在原有帝豪、远景的基础上，引入"家族化"概念，推出帝豪 GL、帝豪 GS、远景 SUV、远景 X1、远景 X3 和远景 S1 等多款车型，在从低端走向高端、从价格优势走向技术领先的道路上，吉利乃至中国汽车在这个时期有了质的提升。其中，BMA 架构是吉利历时 4 年、完全自主研发和设计的一个全球化模块架构，可以被定义为吉利发展进程中的一座重要里程碑，可以大幅缩短新车研发周期，从传统平台 40 个月研发一台新产品，缩短至 18 ~ 24 个月，并且可实现传统动力与新能源动力车型的同步开发和同步推出，其中在新能源动力方面拥有 PHEV（插电混动）、HEV（油电混动）、MHEV（48V 混动）等多种形式。同时，在智能网联方面已申请 100 多项知识产权，主要涵盖自动驾驶、AI 语音识别等。此外，吉利也在孵化自己的出行公司与技术公司，例如曹操专车和亿咖通。2015 年成立的曹操专车已经具有了较强的竞争力。

2019 年 4 月 11 日，吉利在新加坡正式推出独立高端纯电品牌——几何，与吉利和领克一起实现三大品牌齐头并进。目前，几何 A 已经开始交付，其不仅在国内销售，还吸引了诸多海外经销商加盟，吉利在全球范围内得到了认可。现在的吉利，全球拥有超过 12 万名员工，其中包括超 2 万名研发和设计人员，建有五大工程研发中心和五大造型设计中心，每年保持 5% ~7% 的研发支出占比。

第十二章　腹地的追赶：国内价值链视角下的河南工业

河南作为一个内陆农业大省，一直加快推进工业化进程，2006 年河南工业增加值突破 6000 亿元，首次居全国第 5 位，此后一直稳居这一位次，实现了由一个农业大省向工业大省的转型，作为内陆战略腹地成为承接产业转移的重要载体，在成套装备、食品、新型材料、生物医药等产业中的一些细分领域实现了赶超，一批龙头企业和知名品牌强势崛起，成为国内价值链的重要环节，有力地支撑了向工业大省的转变，也表现出对国内价值链构建的战略腹地支撑。

第一节　河南工业的崛起之路

一、河南工业规模稳步提升

1992 年河南工业增加值还不到 500 亿元，1995 年便突破 1000 亿元，而河南工业增加值的快速提高是在 2000 年以后，2001 年突破 2000 亿元，2006 年突破 6000 亿元，首次居全国第 5 位，进入中国工业第一方阵，2010 年突破万亿元，2019 年达到 18413 亿元（见图 12 - 1）。

2019 年河南工业增加值 18413 亿元，居全国第 5 位，是第一名广东的 46.7%，比第四名浙江少 4428 亿元，比第六名福建多 2243 亿元。前 5 位工业大省合计 141462 亿元，占全国工业增加值的 44.7%（见表 12 - 1）。

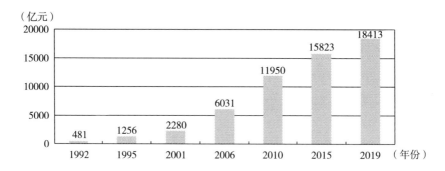

图 12 - 1　历年河南工业增加值规模

数据来源：河南统计局。

表 12 - 1　2019 年各省份工业增加值　　　　　　　　单位：亿元

排序	省份	增加值	排序	省份	增加值
1	广东	39398	17	山西	6570
2	江苏	37825	18	内蒙古	5514
3	山东	22985	19	云南	5302
4	浙江	22841	20	广西	5278
5	河南	18413	21	贵州	4546
6	福建	16170	22	天津	4394
7	湖北	16087	23	北京	4241
8	四川	13366	24	新疆	3862
9	湖南	11631	25	吉林	3348
10	河北	11503	26	黑龙江	3291
11	安徽	11455	27	甘肃	2320
12	上海	9671	28	宁夏	1270
13	陕西	9610	29	青海	817
14	江西	8966	30	海南	589
15	辽宁	8165	31	西藏	132
16	重庆	6657			

数据来源：国家统计局。

二、河南工业比重先升后降

从工业占比看，河南工业呈现倒 U 形走势，2010 年达到峰值，为 51.5%，

2017 年河南服务业首次超过工业比重，高近 2 个百分点，2013 年我国服务业比重首次超过工业比重。2019 年河南工业占比 33.9%，低于服务业 14.1 个百分点（见图 12 - 2）。

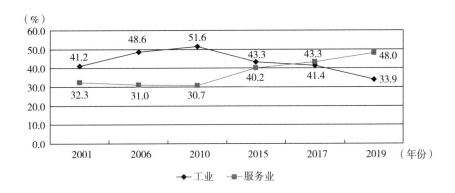

图 12 - 2　2001～2019 年河南工业和服务业结构变化

三、工业内部结构持续优化

从工业内部结构看，如表 12 - 2 所示，总体结构持续优化，五大主导产业（装备、食品、汽车及零部件、电子信息、新材料）占比从 2012 年的 37.4% 提高到 2019 年的 45.5%，战略性新兴产业（智能装备、生物医药、节能环保和新能源装、新一代信息技术）占比从 10.6% 提高到 19%，高技术制造业也提高了4.3 个百分点。同期，传统产业、高耗能产业占比分别下降 6.1 个百分点和 4.6个百分点，作为一个依赖资源和传统产业的区域，产业结构优化成效非常明显。

表 12 - 2　2012～2019 年河南规模以上工业增加值行业结构

年份	2012	2013	2014	2015	2016	2017	2018	2019
五大主导产业	37.4	39.6	42.0	44.0	44.4	44.6	45.2	45.5
传统产业	52.8	49.9	47.6	45.3	44.5	44.2	46.6	46.7
战略性新兴产业	10.6	11.2	12.0	11.8	12.1	12.1	15.4	19.0
高技术制造业	5.6	6.4	7.6	8.8	8.7	8.2	10.0	9.9
高耗能产业	39.9	37.4	35.5	33.2	32.3	32.7	34.6	35.3

数据来源：河南统计局。

第二节　河南重点产业的追赶

20世纪90年代以来，河南依托比较优势，积极承接产业转移，在部分细分领域实现了快速发展，尤其一些优势领域竞争力由加工制造环节向研发、品牌等两端高附加值环节延伸，有力地支撑了河南工业的规模增长和结构优化。

一、河南盾构机产业的追赶

河南省盾构机产业在国内起步较早、发展最快，中铁工程装备集团有限公司已成为国内实力最强、拥有核心技术和自主知识产权最多、国内市场占有率最高的国内盾构机龙头企业，中信重工也涉足盾构机整机制造领域，省内建有隧道掘进机领域唯一的国家重点实验室——盾构机掘进技术国家重点实验室。

目前，河南省已经形成了完整的盾构产业体系和产品门类，产品国内安全掘进里程累计超过2000千米，应用于国内40多座城市轨道交通及地下工程建设中。各类产品已先后出口马来西亚、新加坡、黎巴嫩、阿联酋、意大利、老挝、印度、韩国、法国、丹麦、波兰、澳大利亚等21个国家和地区。综合实力和国内市场占有率连续多年位居国内第一，也成为我国盾构机/TBM研发制造的产业大省和产业强省。河南省盾构机产业综合实力位居国内第一，基础研究、首台套重大技术装备研制及应用等方面走在国内前列。

目前，省内盾构机制造企业中铁装备已攻克和掌握了小直径3~4米土压平衡盾构、硬岩掘进机，常规直径5~8米、大直径9~12米土压/泥水平衡盾构机，9~10米硬岩掘进机，15米超大直径泥水平衡盾构机整机设计及制造、系统集成等方面的核心技术，掘进机关键系统如刀盘、盾体、后配套等已实现自主集成开发。依托强基工程，主轴承、减速机国产化试验平台投入应用。目前，该项目已研制出直径3米级主轴承以及配套减速机，并已完成模拟工况下的重载负荷试验，通过全面检测和数据分析，确认了部件的适用性、可靠性和耐久性。

省内基本形成了从隧道掘进机产品设计研发、关键部件国产化、产品制造和再制造到技术咨询、技术服务、设备租赁、掘进服务、配件销售等为一体的全产业链条。设计研发方面，郑州建有盾构及掘进技术国家重点实验室，为掘进机行业的基础研发提供了强有力的支撑，中铁装备也具备行业最强的研发能力；配件供应方面，洛轴和郑机所在主轴承减速机等关键零部件方面已经取得重大突破，中铁装备联合两家正在建设的盾构/TBM 主轴承、减速机的国产化试验平台，未来将真正实现关键部件的河南造和批量供应；生产制造方面，中铁装备建有国内最大的隧道掘进机生产制造基地，正在建设中的"中国中铁智能化高端装备产业园"项目，将进一步增强河南盾构产业聚集能力。

洛阳、新乡等地中信重工、洛阳兴达重工等 10 余家企业，为中铁装备产品的盾体、主驱动壳、管片机、刀具等关键部件提供加工制造服务，进一步集聚、拓宽了生产制造链条；省内的中铁七局、中铁隧道集团、中建七局等大型施工企业，在轨道交通、铁路、水利、地下空间开发等基础建设工程上对隧道掘进机的运用，为产品的运用和市场拓展提供了强大的推力。

位于郑州的中铁装备国内市场占有率连续八年保持第一，加快从"追赶"向"引领"转变，品牌价值获得了社会各界的广泛认同。公司在全国布局了多个生产基地，盾构/TBM 年产能 280 台，订单累计已突破 1000 台。产品应用于国内 40 余个省市地区，并远销法国、意大利、丹麦、奥地利、阿联酋、新加坡、马来西亚、黎巴嫩、以色列、越南等 21 个国家和地区，有效服务了"一带一路"沿线建设；在国内构建了"服务片区＋服务中心＋服务项目组"的即时响应服务网络，在新加坡、德国、丹麦等国建立了海外服务中心，将"中铁盾服"打造成为了中国盾构机服务领域第一品牌。

中铁装备致力于构建完整产业生态，坚持走"盾构产业化，一主多元化"的发展道路，以隧道及地下工程装备产业一体化发展为核心优势，致力于构建完整产业生态。公司横向形成了"大""小""异"不同断面以及土压、泥水、硬岩等不同适应性的全系列盾构/TBM 产品，全面应用于城市轨道交通、铁路、公路、矿山、新能源、水利水电等诸多领域，纵向拓展了集设计研发、新机制造、旧机再制造、技术服务、工程服务、机况评估、操作培训、技能鉴定等于一身的产业链条，其中以马蹄形、矩形断面为代表的异形盾机构为中铁装备首创产品。"彩云号" TBM 入选了 2017 年度央企十大"国之重器"；"春风号"盾构机作为目前我国自主研制的最大直径（15.8 米）的泥水平衡盾构机，入选了 2018 年度央企十大"创新工程"；马蹄形盾构机荣获了国际隧道界最高奖项——"国际隧道协会 2018 年度技术创新项目奖"；"龙岩号" TBM 为世界首台四代半盾构机，其搭载的高压水力耦合技术是对 TBM 传统破岩理念的革命性创新，也是业界首次通过产品化实现了掘进机的代际更迭，对于行业技术发展具有里程碑意义。2020年9月29日，公司自主研制的第1000台盾构机成功下线，标志着我国盾构机国产化迈入高质量发展新阶段。

中铁装备加快向服务化延伸，坚持将装备制造与工法推广高度融合，以"机土一体化"为核心理念，实现了设计与施工的良性互动，既为现场各类问题提供了解决方案，又从中得到了全面的应用信息反馈，进而循环往复对产品和工法进行优化，为客户提供最优价值服务，致力于打造"最懂施工的装备制造商"和"最会制造的综合服务商"。

二、河南节能环保装备产业的追赶

近年来，随着国家大力推进节能减排工作，河南省环保装备产业的发展速度明显加快，规模不断扩大，部分领域优势突出，特别是在固体废弃物处理、气体污染物回收、液体污染物处理等方面亮点显著。全省直接和间接从事环保技术及装备产业的企事业单位达3000多家，其中产值达亿元以上的企业就有30家，环保技术及装备相关产业从业人数超过50万人。河南省环保装备产业虽然目前呈现出较好的发展态势，但从总体上看，与经济社会整体发展水平还不相适应，与国外差距较大。

河南在以下节能环保技术和产品领域具有一定优势。在固体废弃物处理方面，目前部分技术及装备在国内先进。中信重工机械股份有限公司的"利用水泥生产系统消纳生活垃圾技术研究"项目，针对中国国情，利用新型干法水泥生产线协同处置生活垃圾，综合利用水泥窑高温、碱性环境、停留时间长的技术特点。气体有害物收集及回用技术方面，目前部分装备在国内领先，河南东大高温节能材料有限公司与中科院过程工程研究所合作开展的宽温度低成本烟气脱硝催化剂项目、洛阳市天誉环保工程有限公司核心技术湿式氨—硫酸铵脱硫工艺及系统、河南中材环保有限公司研发的电袋复合除尘技术等在国内具备较强的影响力。高效清洁燃烧设备和高效换热设备方面，目前部分装备在国内领先，并力争到2025年部分技术和装备在国际领先。郑锅股份形成了DHX型循环流化床锅炉、SHX型循环流化床锅炉、QXX高速外循环流化床锅炉、QXX低速内循环流化床锅炉等序列化高效清洁循环流化床锅炉，通过降低循环倍率、优化关键件结构等措施，有效解决了锅炉磨损、回料装置结焦堵塞、锅炉原始排尘浓度高、排渣困难等问题，使锅炉的结构更加合理，性能更加优良，运行更加顺畅。河南部分优势节能环保装备企业依托装备优势搭建信息化平台，对装备数据进行采集和分析，正在向"平台＋服务"转型。

三、河南起重装备产业的追赶

河南省起重机械产业主要集中在长垣市，长垣起重产业园是河南省十强产业集聚区。2017年、2018年、2019年河南省起重机械产业工业总产值分别为511亿元、583亿元和669亿元。截至2019年底，规模以上企业数量470多家，其中全国行业排名前十位的企业6家，产业规模国内领先，年产43万台起重装备，270万台套起重零部件，产业链覆盖齐全，涵盖了10个系列200多种产品，形成了"设计—制造—安装—服务"一条龙，有出口资质企业54家。

河南起重装备优势明显，起重工业集群已经形成，起重装备机械产品涵盖桥式起重装备、门式起重装备、单梁起重装备、双梁起重装备、防爆起重装备、抓斗起重装备、悬臂起重装备等十大系列200多个品种，广泛应用于机械、冶金、电力、铁路、水利、港口等多种行业。河南省起重产品性价比高，市场优势明显，在人才规模、创新平台数量、生产能力、市场规模、产品技术、知识产权方面均有一定优势。卫华等龙头企业产品成本控制、产品质量处于前列。长垣集聚区围绕骨干企业，聚集上下游产品、降低综合配套成本、延伸产业链条、培育优势支柱产业，已形成布局相对集中，产品相互配套，从订单、设计到制造、安装较为完善的起重产业链。其中，围绕起重机产品全省有1000多家配套企业。

卫华集团在起重装备领域排名全国第一，创建于1988年，已经发展成为以研制桥、门式起重机械、港口机械、电动葫芦、减速机、矿用机械、停车设备、特种机器人等产品为主的装备制造和以建筑工程总承包为主的大型企业集团。集团主导产品广泛应用于机械、冶金、矿山、电力、铁路、航天、港口、石油、化工等行业。服务于西气东输、南水北调、卫星发射、中国核电、中国中煤、中国神华、中国石油、中国石化、北京奥运、上海宝钢、北京首钢、杭州湾跨海大桥等数千家大型企业和国家重点工程，助力神舟系列飞船、长征系列火箭、天宫系列探测器成功飞天，并远销美国、英国、法国、俄罗斯等130多个国家和地区。卫华技术检验测试中心为国家认可的实验室，其出具的检测报告可与世界上60多个国家互认。

卫华集团搭建了起重行业的工业互联网平台，面向起重装备制造业的数字化、网络化、智能化需求，率先将工业互联网、云计算、大数据等技术应用于起重机行业，建设了"起重装备行业工业互联网平台"，实现起重设备产品设计优化、远程监控、故障诊断、预测性维护等远程运维服务应用，打通了技术研发和产业化链条，实现了起重装备的全生命周期管理。卫华大数据中心已累计投接入的各类设备覆盖国内 29 个省级行政区域及东南亚，用户涉及机械机电、石油化工等 13 个行业，121 家企业单位。工业大数据应用被评为河南省制造业与互联网融合创新十大典型案例之一，"基于工业互联网平台的起重机智能化升级实践"案例荣获"2019 年度中国工业互联网杰出应用奖"。卫华集团正在构建"智能起重机＋工业互联网平台＋实时动态管控＋大数据挖掘分析"的智能化发展模式，强化在全球起重装备竞争中的优势。

四、河南智能装备的追赶

河南智能装备重点领域主要是数控机床、机器人、增材制造等产业，随着智能装备的研发、生产、推广应用，河南省的智能装备优势也越来越突出。

数控机床产业。河南省重点发展大型、精密、高速数控加工设备和系统，现已形成一批在全国同行业中具有明显区域优势的产品和产业。一是关键基础部件优势明显，河南关键基础部件产业在轴承、电主轴、床身、滚珠丝杠、直线导轨的研究、开发和设计、生产方面优势明显，主要集中在洛阳、安阳、郑州、平顶山等地。洛阳轴研科技股份有限公司、洛阳 LYC 轴承有限公司研制的数控机床轴承在国内处于领先水平；安阳莱必泰机械有限公司、安阳福沃德机械有限公司、安阳赛尔德机械有限公司、安阳斯普机械有限责任公司的电主轴研发、生产都有明显优势，在国内有着较大的影响。二是专用数控机床规模较大，河南省在专用数控机床产业方面企业较多，如针对轴承行业的专业磨床数控机床、针对汽车行业的专用组合机床以及其他零件的专用数控机床，主要有新乡日升、濮阳贝英、河南科创、安阳二机床、洛阳轴研科技装备、一拖（洛阳）开创、新乡天丰机械、许昌中锋数控、三门峡开创机械等优势企业。三是高档数控机优势也逐渐显现，其中安阳鑫盛机床有限责任公司、台湾友嘉集团（郑州）、河南科创机械有限公司也逐渐加大了高档数控机床的研发和投入力度。

机器人产业情况。在机器人领域，从产业规模看，目前河南机器人产业规模较小，有 100 多家企业、院所和高校开展机器人及其零部件相关技术与产品的研发和生产。从企业实力看，已出现郑州科慧科技、中信重工、新乡勤工、许昌中锋等一批竞争力强的骨干企业。其中郑州科慧科技已建成年产 1000 台套智能焊接机器人生产研发基地，是国内少数能够提供智能车间整体解决方案和交钥匙工程的企业之一。中信重工则通过自主研发，拥有履带式机器人、水下机器人、巡检机器人等平台，研发制造了20余种机器人产品，多项技术成果达到国际先进水平。从区位布局看，郑州依托河南欧帕、河南金谷等一批优势企业，大力发展搬运、码垛机器人，焊接机器人，包装机器人，特种巡检机器人等，打造特色明显、优势突出的机器人产业集聚区。洛阳以打造机器人产业链、做大智能装备产业集群为主攻方向，发展壮大机器人及智能装备产业基地。河南精密减速器、伺服电机、控制器、传感器、轴承等机器人关键零部件已经实现小批量生产和应用；郑州机械所、洛阳轴研科技等重点企业在减速器、轴承研发生产等方面具有较强的技术实力；汉威电子、北方车辆等企业，在新型敏感材料、器件及传感器设计制造等方面技术较为先进。工业机器人方面：河南有郑州科慧科技、河南欧帕、河南金谷、中信重工、新乡勤工、许昌中锋等一批竞争力强的骨干企业，生产的产品种类较为丰富。服务机器人方面：服务机器人是机器人家族中的一个年轻成员，主要分为专业领域服务机器人和个人（家庭）服务机器人，服务机器人的应用范围很广，主要从事维护保养、修理、运输、清洗、保安、救援、监护等工作，河南省安阳神方康复、河南溢泉健康科技实业企业研发的医疗康复、养老助残机器人达到了国内先进水平。

增材制造产业发展情况。河南的增材制造业起步较晚，但发展较为迅速，根据目前掌握的情况，重点增材制造企业7家。在建新乡3D打印产业园一个，已有部分企业入驻。目前洛阳市成立了河南省增材制造产业发展研究院，正在筹建河南省增材智能制造工程实验室，致力于打造河南增材制造领域人才高地、技术高地和产业高地。增材制造与传统的切削工艺相比，具有明显的优势，能够实现"自由制造"，解决许多过去难以处理的复杂结构零件的成型问题，并大大减少了加工工序，缩短了加工周期，而且越是复杂结构的产品，其制造的速度作用越显著。在增材制造领域，河南省在技术发展、三维数据处理、辅助医疗等方面具有较大的优势，也涌现出了一批重点企业，其中：河南筑诚在3D打印、三维数据处理方面技术较为成熟，大大促进了3D打印技术在三维建模、三维数据切片处理、辅助医疗领域以及中小学创客教学领域的应用；郑州智高在推动3D打印技术在模具制造与生产上，在降低模具生产成本、提升产品质量方面具有明显的优势；中国船舶重工集团公司第七二五研究所电子束熔丝应用于增材制造的技术，在船用复杂结构零件、特种零件、合金构件、复合材料构件的3D打印制造及修复技术上进行应用。

五、河南信息安全产业的追赶

河南信息安全产业主要集中在郑州市，2017年全市经认证的软件企业334家，占全省软件企业总数的80%，山谷网安等26家信息安全企业在新三板挂牌，全市信息安全产业发展势头迅猛，信息安全产业产值突破200亿元，同比增长30%。河南省信息安全产业示范基地（金水区科教园区）2019年产业规模达到100亿元，较2018年翻了一番。获得以上发展成绩主要缘于以下四个方面的优势：一是具有较大发展潜力。河南省地处中原，交通优势明显，人力资源丰富，是全国重要的人口大省、经济大省、网络大省，特别是近几年来随着信息技术的快速发展与普及，河南省成为了各级各类科研院所的集聚地，也成为了国家信息安全技术研发和产品生产的重要基地，具有广阔的发展空间和潜力。二是产业基础发展良好。郑州信息安全产业示范基地在金水科教园区成立，获批河南省信息安全产业基地，并构建了"安全芯片＋安全终端＋安全平台＋安全服务"的全产业链条。涌现出了信大捷安、山谷网安、金惠计算机等一批信息安全知名企业。依托信息工程大学、郑州大学、中国电子科技集团公司第二十七所等高等院校和科研院所，成立了郑州市信息安全产业联盟、云安信息安全产业联盟，产业基础良好。三是产业创新能力强。依托信大捷安、山谷网安、金惠计算机和金明源等龙头骨干企业，相继成立了移动信息安全关键技术国家地方联合工程实验室等一批信息安全研发机构，牵头或参与制定了多项国家信息安全技术标准。依托信息工程大学，高新区创建了郑州信大先进技术研究院，形成了信息安全技术研发创新优势，打造了全省信息安全产业技术研发和孵化的创新中心。四是培育了一批国内领先的优势产品。在信息安全硬件、软件和服务等领域，形成了一系列全国领先的信息安全产品。信大捷安的专用安全芯片设计，在移动安全领域全国领先。山谷网安的政府网站安全大数据检测云平台，金惠计算机开发的移动互联网不良信息监测系统"绿坝防黄"，基于图像识别的主动过滤技术居全国前列。

六、河南工业互联网产业的追赶

工业互联网是工业高质量发展的新赛道，河南在这一领域也在加快追赶。工业互联网是新一代信息技术与制造业深度融合的产物，是智能制造发展的基础，可以为工业智能化提供共性的基础设施和支撑能力，已被国家列为重要的新型基础设施。近年来，河南省紧紧围绕贯彻落实国务院《关于深化"互联网＋先进制造业"发展工业互联网的指导意见》《河南省智能制造和工业互联网发展三年行动计划（2018—2020 年）》，以平台为载体，加快推动工业互联网发展，在原材料、矿山装备、起重装备、智能农机、煤焦化、智能传感、盾构装备、建筑材料、节能环保等行业重点培育行业工业互联网平台 70 余家。初步统计，2019 年全省工业互联网平台建设投资达 37.9 亿元，有力地推动了工业互联网的发展。

重点行业工业互联网平台建设蓬勃发展。坚持重点培育和市场机制相结合，在全省范围内共确定工业互联网平台培育对象 14 个，其中综合性工业互联网平台 1 个，行业工业互联网平台 13 个，在原材料、矿山装备、起重装备等行业涌现出一批在全国具有一定影响力和发展潜力的典型工业互联网平台，有力地带动了全省制造业转型升级、提质增效。在原材料行业，依托天瑞集团建设天信工业互联网平台，围绕采购供应、仓储物流、生产制造、运营管理等环节，推动 3.15 万家上游供应商和 2.8 万家下游客户供应链资源整合、优化，实现产品、制造、销售、采购、管理等生产经营各环节的企业间协同。在矿山装备行业，依托中信重工建设矿山装备工业互联网平台，构建"一平台 + 两中心 + 四应用"（一个物联网平台；工业大数据中心、工业创新中心；行业服务应用、业务服务应用、云服务应用、工业 APP 应用）的工业互联网架构，建成覆盖全行业、全产业链的行业工业互联网平台。已实现中信重工 50 余家战略合作客户、300 余家供应商、100 余台重型矿山装备上线。在大型起重物流装备行业，依托卫华集团建设起重物流装备工业互联网平台，重点采集起重装备的运行数据、使用状态和地理位置等信息，开发部署运行监测与分析工业 APP，实现产品远程监控、故障诊断、预测性维护等远程运维服务应用，目前已服务起重机制造企业 5 家，接入各类设备600 余台、覆盖全国 12 个省，初步建成起重装备行业运行分析数字地图。

工业互联网平台应用创新并行推进，上云上平台服务生态体系加速构建。工业互联网平台应用全面开展，模式创新与跨界融合成为特色。全省大中小企业基于平台并行推进创新应用逐渐普及。大企业依托良好的信息化基础，围绕"强化数据、创新模式"重点聚焦开发布局高价值应用，一方面对特定场景进行深度数据分析挖掘，优化设备或设计、生产、经营等具体环节，在现有基础上借助平台推广增强应用能力；另一方面对产业链条进行要素打通并叠加数据分析，提升上下游协同与资源整合能力，积极拓展创新型应用。广大中小企业积极通过工业互联网平台获取企业经营与生产的信息化管理能力，低成本云化部署 MES、ERP 等系统。全省企业上云上平台服务生态体系逐步构建。面向企业数字化、网络化、智能化转型提供相关云化应用和产品服务，吸引国内知名工业互联网解决方案提供商在河南落地或开展合作，组织开展"企业上云"服务商遴选，建立了河南省企业上云上平台供给资源池，确定22家全国知名云平台服务商，培育14家河南省内企业与云平台服务商建立授权关系，面向河南省内企业提供技术服务；拓展20家省内云应用服务商，作为云平台服务商的本地生态合作伙伴，重点为企业上云上平台提供规划、设计、实施、验证、运维等方面的服务，着力构建服务工业互联网应用发展生态体系。截至2020年5月，全省累计实现上云企业5.02万个，其中2020年新增上云企业1.01万个。

第三节　郑州在河南制造追赶中的引领作用

一、郑州加快产业追赶的基础条件和综合优势突出

（一）基础条件

1. "五区""四路"战略叠加效应凸显

近年来，郑州以国家中心城市建设为统揽，以航空港经济综合实验区建设为引领，突出郑州航空港经济综合实验区、中国（河南）自贸试验区郑州片区、郑洛新国家自主创新示范区、中国（郑州）跨境电子商务综合试验区、国家大数据综合试验区"五区联动"，空中、陆上、网上、海上四条丝绸之路"四路协同"，加快打造国际性综合交通物流中枢，抢占内陆地区对外开放新高地，不断提升郑州的发展层次和水平。"五区联动""四路协同"战略叠加效应凸显，为郑州制造业实现开放式自主创新和提升国际竞争力提供了良好的载体平台和广阔的发展空间。

2. 郑州已获批的制造业相关国家战略平台支撑有力

近年来，郑州市获批成为第二批服务型制造示范城市、国家信息化和工业化融合试验区、信息消费试点城市、信息消费示范城市、互联网骨干直连点城市、互联网国际通信专用通道城市、"宽带中国"示范城市等（见表12-3）。郑州市承担的一系列国家战略平台及试点示范为产业能级提升提供了坚实支撑。

表 12 – 3　郑州市承担的国家战略平台及试点示范一览表

	一、制造业类国家战略平台及试点示范			
1	服务型制造示范城市	2018 年 9 月	《工业和信息化部关于公布第二批服务型制造示范名单的通知》（工信厅产业函〔2018〕309 号）	工业和信息化部
2	国家信息消费试点城市	2013 年 12 月	《中华人民共和国工业和信息化部公告》（2013 年第 67 号）	工业和信息化部
3	国家信息消费示范城市	2015 年 12 月	《中华人民共和国工业和信息化部公告》（2015 年第 92 号）	工业和信息化部
4	国际通信专用通道	2016 年 8 月	《关于同意建设郑州互联网国际通信专用通道的批复》（工信部信管函〔2016〕339 号）	工业和信息化部
5	国家级互联网骨干直联点	2013 年 10 月	《关于同意在郑州设立国家级互联网骨干直联点的批复》（工信部电管函〔2013〕453 号）	工业和信息化部
6	国家级两化融合实验区	2013 年 5 月	《关于同意河南省郑州市为国家信息化和工业化融合试验区的复函》（工信部信函〔2011〕178 号）	工业和信息化部
	二、生产性服务业类国家战略平台试点示范			
7	中国（郑州）跨境电子商务综合试验区	2016 年 1 月	《国务院关于同意在天津等 12 个城市设立跨境电子商务综合试验区的批复》（国函〔2016〕17 号）	国务院
8	国家级服务外包示范城市	2016 年 5 月	《关于新增中国服务外包示范城市的通知》（商服贸函〔2016〕208 号）	商务部
9	国家大数据综合试验区	2016 年 10 月	—	国家发展改革委
10	国家物流枢纽建设城市	2019 年 9 月	《关于做好 2019 年国家物流枢纽建设工作的通知》（发改经贸〔2019〕1475 号）	国家发展改革委、交通运输部
11	国家促进科技和金融结合试点城市	2016 年 6 月	《关于组织申报第二批促进科技和金融结合试点的通知》（国科办资〔2015〕67 号）	科技部

续表

12	国家首批供应链体系建设试点城市	2017年8月	《关于加强推进供应链管理体系建设工作的通知》（商办流通司〔2017〕337号）	国家商务部
13	国家知识产权示范城市	2012年创建，2015年通过复核	—	国家知识产权局
14	国家知识产权强市创建市	2017年6月	—	国家知识产权局
15	国家知识产权运营服务体系建设试点市	2017年8月	—	国家知识产权局
16	国家知识产权服务业集聚发展示范区	2017年4月	—	国家知识产权局

3. 郑州制造业竞争力持续提升

近年来，郑州市工业总产值稳居中部六省省会城市首位，27个省会城市前列，成功跨入全国大中城市第一方阵，已经成为具有全国重要影响力的制造业基地。2018年，郑州市全部工业增加值达到3746.2亿元，增长6.9%，其中高技术产业增加值比上年增长12.4%。七大主导产业（电子信息工业、新材料产业、生物及医药产业、现代食品制造业、家居和品牌服装制造业、汽车及装备制造业、铝及铝精深加工业）增加值比上年增长7.6%，总量占规模以上工业增加值的72.2%。2018年，规模以上工业企业主营业务收入比上年增长4.8%；利税总额增长8.3%；利润总额增长6.1%；产销率达到98.6%。通过深化制造业供给侧结构性改革，全市制造业实现了中高速增长，产业结构加快向中高端迈进，培育了一批成长性好、集聚度高、竞争力强的特色优势产业，形成了电子信息、汽车、装备制造、新材料、现代食品、铝精深加工6个千亿级产业集群。

4. 郑州承担的制造业试点示范项目顺利推进

近年来，郑州市多家企业成功入选国家服务型制造示范企业、国家智能制造试点项目、国家互联网与工业融合创新试点企业名单。以服务型制造为例，2017年，中铁装备以"全生命周期管理模式"、大信橱柜以"信息增值服务模式"入选国家首批服务型制造示范企业，郑州恩普特科技等8家企业被评为河南省服务型制造示范企业，悉知科技等3家企业被评为河南省服务型制造示范平台。郑州市制造业企业对服务化转型的认知和重视程度不断提升，50%以上的骨干制造业企业开展服务型制造，企业服务化投入和服务化收入占比显著提升，制造业企业加速向服务型制造转型。

5. 郑州制造业创新能力持续提升

郑州市在一批主导产业中拥有众多研发机构和科研成果，具有很强的创新发展能力。近年来，郑州市重点产业研发机构围绕新能源汽车、轨道交通装备、超硬材料、物联网及信息安全等重点领域，实施了一大批重大科技专项，突破了驱动电机、非晶合金、电子控制等一大批关键核心技术，取得了一大批国内领先的创新成果。软件和信息服务方面，成立了河南省信息安全工程研究中心、移动信息安全关键技术国家地方联合工程实验室等研发机构。汽车制造方面，建成各类技术中心近50家，宇通客车国家级企业技术中心、工程中心、整车试验中心、新能源整车工程实验室，海马轿车、郑州日产也建有国家级研发中心。高端装备方面，拥有郑州机械研究所、机械工业第六设计研究院、国家盾构实验室等一批实力较强的科研院所，以及十多家国家级研发机构（见表12-4）。

表12-4 郑州市国家重点实验室/国家企业技术中心/工程（技术）研究中心

编号	名称
1	盾构及掘进技术国家重点实验室
2	新型钎焊材料国家重点实验室
3	棉花生物学国家重点实验室
4	超硬材料磨具国家重点实验室
5	郑州三全食品股份有限公司企业技术中心
6	恒天重工股份有限公司企业技术中心
7	郑州思念食品有限公司企业技术中心
8	郑州日产汽车有限公司企业技术中心
9	河南庆安化工高科技股份有限公司企业技术中心
10	好想你枣业股份有限公司企业技术中心
11	郑州电缆有限公司企业技术中心
12	郑州煤矿机械集团有限公司企业技术中心
13	中国铝业公司河南分公司企业技术中心
14	郑州飞机设备有限公司企业技术中心
15	河南秋乐种业科技股份有限公司企业技术中心

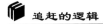
续表

编号	名称
16	郑州安图绿科生物工程股份有限公司企业技术中心
17	河南牧翔动物药业有限公司企业技术中心
18	国家超硬材料及制品工程技术研究中心
19	国家非金属矿产资源综合利用工程技术研究中心
20	国家数字交换系统工程技术研究中心
21	国家小麦工程技术研究中心
22	国家铝冶炼工程技术研究中心
23	国家电动客车电控与安全工程技术研究中心
24	郑州大学橡塑模具计算机辅助工程国家工程研究中心

6. 郑州初步形成了加快制造业高质量发展的政策体系

近年来，郑州陆续出台了《关于加快制造业高质量发展的若干意见》《加快工业投资促进制造业高质量发展的若干政策》《加快重点工业企业培育的若干政策》《制造业招商引资考核办法》《拓展发展空间保障工业用地需求的若干措施》《推进审批服务便利化支持制造业发展若干措施》《关于加快发展服务型制造若干政策的意见》，形成了加快制造业高质量发展的"1 + N"政策体系。

（二）综合优势

1. 区位交通优势

郑州地处全国中心地带，是"一带一路"建设的核心腹地和中原经济区、中原城市群的核心，通过"三纵五横"国铁干线网和"十二横九纵六放射"高速公路网，向西可直达中亚、中东欧、波斯湾，向南通过沿海地区直抵东南亚，向东可通过港口便捷连接海上丝绸之路，是东部产业转移、西部资源输出、南北经贸交流的桥梁和纽带。以郑州为中心的"米"字型高铁路网和航空运输中心加快形成，空中丝绸之路初具规模，郑州新郑国际机场主要指标位居全国前列。以郑州为亚太物流中心，覆盖全球的航空货运网络加快形成，陆空对接、通联海港、多式联运、内捷外畅的现代综合交通运输体系日益完善，越来越多的制造业企业成为郑州交通枢纽地位的受益者。

2. 市场规模优势

郑州市生产总值和社会消费品零售总额在中西部省会城市中排名靠前，投资和消费需求空间广阔，又有河南1亿人口市场规模的支撑，潜力巨大。新郑国际机场一个半小时航程可覆盖全国2/3的主要城市和3/5的人口，具有大枢纽、大物流、大产业、大市场的独特优势，郑州自身消费和周边辐射能力都具有巨大的潜力，为郑州制造业发展提供了重要的基础支撑。

3. 腹地开放优势

近年来，郑州市发挥腹地优势，打造开放载体平台，"四路"并举深度融入"一带一路"，具备了成为"一带一路"建设核心腹地的坚实基础，中国（河南）自贸区成功获批，国际邮件转运口岸及肉类、活牛、冰鲜水产品、食用水生动物等进口指定口岸获准运营，跨境贸易电子商务试点业务迅猛增长，中欧班列（郑州）综合运行能力稳居全国第一方阵。对外开放新格局的形成对于郑州市主动承接制造业产业转移，推进国际产能和装备制造合作具有重要意义，将进一步推动中原腹地成为对外开放前沿。

4. 营商环境优势

郑州市率先进行"五单一网"制度改革，建立了"行政权责清单""行政审批事项清单""项目管理负面清单""行政事业性收费清单"和"政府性基金清单"，完善了"政务服务网"。推进行政审批"两集中两到位"改革，形成了"一窗式"受理、"一站式"服务、"一条龙"审批的行政审批新模式。另外，随着郑东新区金融集聚核心功能区初步形成、中原航空港产业投资基金获批、中原银行挂牌运营等，郑州市金融集聚能力不断提升、财政税收制度不断优化，为制造业发展提供了有力支撑。

二、郑州在河南制造升级中的定位日益明确

突出郑州综合优势和产业特色，发挥国家战略叠加效应和中原战略腹地效应，聚焦"两中心两基地"定位，郑州在全省制造业高质量发展中的引领作用正在提升和强化。

一是区域性制造业创新中心。发挥郑州综合优势，集聚链接创新资源，吸引全球全国科研机构和研发中心落地，引导省内市县制造业企业研发中心在郑州布局，培育一批产学研合作平台，打造一批制造业创新中心，构建"郑州研发—外围制造"发展格局。

二是区域性制造业服务中心。依托服务型制造示范城市建设，大力发展生产性服务业，集聚工业设计、科技服务、品牌营销、产业基金等业态，培育形成创意创业资源集聚带，培育服务型制造新模式，为全省制造业高质量发展提供高水

平服务。

三是智能制造平台基地。抓住智能制造加速渗透的趋势，吸引智能综合服务商落地，引进培育工业互联网平台，引导全省行业级工业互联网平台、工业云平台、工业电子商务平台、供应链平台等在郑州集聚，为全省制造业智能化改造提供平台支撑。

四是制造企业总部基地。依托郑州综合优势，培育壮大总部经济，引导全省制造业龙头企业在郑州建设企业总部，促进一般加工制造环节向周边转移，吸引全球全国制造业大型企业集团在郑州落地区域性总部。

三、郑州的产业发展重点在聚焦

郑州契合先进制造业发展新趋势，结合郑州制造业优势资源，围绕制造业与服务业、制造业与互联网、传统产业与新兴产业深度融合发展，聚焦培育"芯屏端智数"五大引领型产业，提升产业能级，打造郑州产业新名片，提升发展汽车、医药、材料、食品、服装五大优势产业，辐射带动全省传统产业改造和新兴产业集聚。

1. 培育五大引领型产业

一是芯（集成电路）。坚持引进与培育相结合的原则，推动集成电路产业突破发展。抓住我国布局集成电路产业的战略机遇，围绕 5G 通信、智能终端、物联网、汽车电子、超高清视频等新兴应用领域的需求增长，积极与国内外集成电路设计企业对接，吸引芯片设计类企业落地。加快布局存储器封装测试产业，适时引入系统级、晶圆级等先进封装技术，引进国际先进集成电路精密加工技术，发展晶圆切片、磨片、抛光等专用设备制造。重点发展移动智能终端安全芯片，推动车规级安全芯片、服务器专用安全芯片以及适用于各类智能硬件、智能终端及通用物联网的嵌入式超低功耗芯片等基于自主可信的 SOC 安全芯片实现产业化，带动形成"安全芯片研发 + 安全智能终端生产 + 移动安全服务"全产业链条，打造信息安全技术和产品研发基地。

二是屏（新型显示）。依托郑州航空港经济综合实验区规划建设新型显示产业园，按照"成熟技术先行、大小尺寸并举"的思路，提前布局大尺寸 AMOLED 面板、中小尺寸 AMOLED 柔性折叠屏、激光荧光体显示（LPD）面板等产业化项目。积极引进新型显示领军型创新团队，加快推动低温多晶硅技术（LTPS）、量子点发光二极管（QLED）、LPD、微发光二极管（Micro - LED）以及蒸镀和封装关键工艺突破和产业化，推动产业加速集聚。

三是端（智能终端）。以航空港区为核心，坚持苹果与其他手机并重，稳定苹果手机产量，提高非苹果手机附加值，补齐关键零组件短板，大力引进华为、小米、OPPO、vivo等国内知名品牌手机项目，推动智能手机产业加快向高端化、品牌化发展。着力引进一批芯片、主板研发与生产项目，完善相应的研发与全球采购配送相配套的服务体系，加快培育平板电脑、智能电视、可穿戴等新兴产业，研发智能车载、智能教育、移动医疗、移动执法等行业应用智能终端设备，建设全球重要的智能终端研发生产基地。

四是智（智能产业）。重点发展智能装备、智能传感器、智能网联汽车、智能家电及智能制造相关产业链。智能装备主要包括工业机器人、数控机床、智能地下空间装备、智能煤矿综采设备、纺织装备等，要进一步强化技术创新、转型升级、服务集成，扩大国际市场份额，建成一批国际知名大型成套装备领军企业；智能网联汽车方面，重点吸引智能新能源汽车落地，支持宇通发展无人驾驶汽车等；智能传感器方面，重点发展传感器制造、射频识别、短距离无线通信、物联网软件和系统集成、物联网等；智能家电方面，重点支持海尔、格力发展智能空调，吸引品牌企业以及小米等新兴品牌把智能家电基地落地郑州，形成辐射中西部的智能家电产业基地；智能制造方面，重点发展智能制造装备、工业互联网平台、工业云平台服务商、工业软件等，引培一批智能制造综合解决方案提供商，为河南省工业智能化改造提供支撑。

五是数（数字经济）。充分发挥国家大数据综合试验区战略平台作用，围绕制造业数字化转型、服务业数字化转型、农业数字化转型、智慧城市建设等，重点引进一批大数据、云计算、人工智能、5G等领域国际一流、国内领先的龙头企业，支持消费物联网、工业互联网等落地。加快构建以智慧岛为引领，以云湖智慧城、白沙大数据产业园、科学谷为支撑的数字经济发展核心区，辐射联动郑州高新区、金水科教园区等数字产业园发展，建设国家数字经济发展先行区。

2. 提升五大优势产业

一是汽车。重点提升整车生产能力，提高零部件配套率，加快做大特装车规模，积极培育汽车后市场。依托现有客车企业优势，进一步加快客车产业全球化步伐，形成大中型客车产品全覆盖，建成世界级客车产业集群。依托海马、东风风度、启辰、荣威、名爵等自主品牌，加快提升产品附加值，积极研发和推出中高端畅销车型，着力建成全国重要的自主品牌乘用车基地。巩固和扩大环卫、冷藏、房车、检测专用车、环境监测专用作业车等专用汽车产品优势和规模。

二是医药。加快发展生物制药、高端化学制药、现代中药、先进医疗器械和健康产业。生物医药方面重点以基因工程疫苗等为重点发展方向，推进预防狂犬病、病毒性肝炎、艾滋病、流感等重大传染病的防治疫苗及联合疫苗的研究和产业化。高端化学制药方面重点发展抗感染、抗肿瘤、抗病毒、心脑血管、消化系统等疾病防治需要的创新药物，着力开展靶向给药、脉冲制剂、纳米制剂、缓控释制剂等智能型制剂的开发。现代中药方面重点发展治疗心脑血管、消化系统、肝炎、妇科、儿科、抑郁症等疾病的中成药品牌产品，开发原创性中药新产品，加快发展具有显著中医药特色和针对中医优势病程的传统中药复方药物及中药创新药。先进医疗器械方面重点做大做强郑州体外诊断试剂品牌，重点突破质子肿瘤治疗、数字医学影像、多功能激光治疗、微创介入设备、生物芯片、人工器官及组织工程组件等高端诊疗产品，积极发展可穿戴设备、移动医疗设备、医用传感器等智慧医疗产品和康复辅助器具等中高端产品。

三是材料。重点发展铝、超硬材料、高端耐材等产业。加快铝工业"减量、延链、提质"转型发展，重点发展高端氧化铝、高端铝合金和铝终端制品，实施"以铝代钢、以铝代铜、以铝代木、以铝代塑"计划，加快铝及铝合金八个系列产品发展，大力发展以汽车为主的交通用铝、航空航天、船舰、军工用铝和电线电缆、医药食品包装用铝、电子信息、汽车车身等高端铝合金，加快铝板带产品向家居铝终端制品转型。超硬材料方面，积极研发生产大颗粒单晶、纳米金刚石微粉、高品级CBN单晶及复合片，大力发展地质勘探、石油钻探、矿山采掘用大直径、高磨耗比聚晶复合片。高端耐材方面加快发展功能型、环境友好型高端耐材。

四是食品。重点发展链食品、方便休闲食品、粮油精深加工食品、酒及饮料制品等，加快烟草行业转型升级，建成全国重要的现代食品产业基地。冷链食品重点研发餐饮类速冻食品、调理肉制品、搅拌型及凝固型酸奶等新产品，加快发展风味独特、营养丰富的速冻火锅料制品、中式酱卤肉制品，积极开发高端乳制品。方便休闲食品重点加快方便面产品向多品种、营养化、高品质方向发展，鼓励企业研发推广冻干面等新产品，不断提高馒头、鲜湿面条等传统食品加工工艺。饮料方面，巩固饮用水、碳酸及茶饮料产业优势，大力发展果蔬汁、植物蛋白等饮品，开发便捷固体、混合口味饮料等多规格包装产品，向天然绿色、健康营养型饮料方向发展。

五是服装。放大郑州女裤品牌效应，推动中老年女装继续扩大知名度、稳步发展。大力发展服装设计产业，打造服装设计载体平台，引导服装设计师落户郑州。引导服装企业依托互联网创新发展模式，支持优势企业发展智能制造，培育服装行业工业互联网平台，鼓励品牌服装企业向大规模个性化定制和私人定制转型，提供产品附加值。鼓励和支持服装企业进行兼并重组合作，组建服装集团，快速做大做强，支持行业龙头企业加快上市融资。

四、郑州聚焦"八大工程"优化产业生态

（一）"强基提链"工程

围绕打好产业基础高级化、产业链现代化的攻坚战，聚焦四大引领型产业和五大优势产业，实施"强基提链"工程，提升郑州产业链水平。

1. 强化优势产业基础能力

围绕工业"老四基"和"新四基"，支持优势企业开展政产学研用联合攻关，突破关键基础材料、核心基础零部件、先进基础工艺、产业技术基础的工程化、产业化瓶颈。一是实施"补短板"行动，梳理出需要重点突破的标志性关键基础零部件、关键基础材料及先进基础工艺，比如智能终端领域的屏组件、芯片和主板、摄像模组，新能源汽车领域的动力总成关键技术、专用电机和驱动控制器，新材料领域的高品级大单晶及复合超硬材料、功能元器件，机器人领域的精密减速器、伺服电机、传感器、控制器等，组织实施一批重大科技攻关、成果转化和示范应用项目，加快实现批量化生产和应用。二是实施产业技术基础"立柱架梁"行动，依托优势制造企业、科研院所、高校、用户和第三方机构，加强企业技术中心、制造业创新中心、研发与转化功能型平台建设，强化"四基"共性技术供给、关键技术研发与转化。提升试验验证、检验检测认证、知识产权、标准等技术基础支撑能力，完善"四基"公共服务体系。

2. 提升优势产业链现代化水平

围绕打造具有战略性和全局性的产业链，支持上下游企业加强产业协同和技术合作攻关，增强产业链韧性，强化产业链控制力，提升产业链水平，在开放合作中形成更强创新力、更高附加值的产业链。一是加快优势产业链建设。推动优势产业链延伸、补缺，形成产业关键环节价值链闭环，实现全产业链整体跃升；加快新兴领域产业链建设，在新一代信息技术、新能源和智能网联汽车、生物医药、新能源、新材料等领域组织实施产业链改造工程；强化专业化协作和配套能

力建设，充分发挥龙头骨干企业的带动作用，利用产业集群内部合作机制，推动实施一批补链延链强链的技术改造项目，重点加强产品、系统、工艺流程等领域的研发设计；推动供应链优化提升改造，推进装备、汽车、轻工、纺织、食品、电子等行业供应链体系的智能化，加快人机智能交互、工业机器人、智能工厂、智慧物流等技术和装备的应用，提高敏捷制造能力；推进检验检测服务能力建设，重点支持工程机械、特种设备、交通工具、矿山机械、化工设备、数控机床、精密仪器、通信设备、电力设备和耐用消费品等领域的企业建立运行监测中心、不间断应答中心等服务体系，初步构建具有竞争力的制造业检验检测产业体系。二是提升产业链控制力。围绕全产业链控制、关键环节控制、标准和核心技术控制，全面提升郑州制造业产业链控制力。培育产业生态主导企业和核心零部件企业，增强全产业链、关键环节、标准和核心技术的控制力。同时，促进产业链联动发展。一方面，促进产业链上下游联动发展，支持上下游企业加强产业协同和技术合作攻关，增强产业链韧性，提升产业链水平。另一方面，促进产业链内外联动发展，推动国内标准和国际标准衔接，在开放合作中形成更强创新力、更高附加值的产业链，促进产业链、价值链、创新链联动发展。

（二）"双创升级"工程

以创建国家创新型城市建设为抓手，以自主创新能力提升和高新技术产业发展为核心，大力实施开放创新双驱动战略，持续强化郑州制造业发展的"双创"载体、"双创"群体和"双创"环境。

1. 构建以郑州高新区为引领的双创载体

依托高新区资源集聚优势，进一步强化郑州国家高新区的创新驱动引领作用，积极打造以高新区为引领、以多元化创新创业高地为支撑的"1 + N"梯级载体体系。一是加快郑州高新区创新发展，引导高新区突出"高""新"，统筹研发机构、服务平台、人才资源等重大科技资源进一步向郑州高新区倾斜，重点布局战略性新兴产业和高新技术产业，支持高新区建设科学管理体制和高效灵活的创新机制，切实增强自主创新能力和内生发展动力。二是加快制造业创新创业高地建设，大力发展包括互联网创业平台、制造业创新中心、科技企业孵化器加速器、创新创业综合体、全球资源对接合作平台等在内的梯级创新创业载体。充分运用互联网和开源技术，打造"互联网 +"创新平台，构建专业化、集成化、网络化的众创空间。积极创建制造业创新中心，精准把握郑州产业领域优势，力争在新能源汽车、超硬材料、冷链食品、信息安全、高端装备等领域率先实现省级创新中心突破。高标准建设创新创业综合体，对接引进精干、高效、专业化的建设运营团队和创业服务机构，加强创新创业综合体的运营管理和外延服务，实现科技企业孵化、创业培育、创新研发、科技服务、人才集聚和生活服务的集约功能。以"国家技术转移郑州中心"为核心打造全球资源对接合作平台，支持企业、科研机构和高校参加国际大科学计划和大科学工程，鼓励有条件的企业通过设立海外研发机构、联合研发中心等方式，重点建设一批国际创新园、国际联合实验室、国际科技合作基地和院士工作站。

2. 培育大中小企业协同并进的双创群体

一是推动龙头企业创新能力"再提升"。深入实施郑州市"十百千万"科技型企业培育行动，围绕郑州市战略性新兴产业和主导产业，紧扣制造业高端化发展趋势，强化关键核心技术攻关，着力培育一批创新力强、带动力强的科技创新龙头企业。推动骨干企业深入实施技术改造，把工业互联网等新型基础设施建设与制造业技术改造有机地集合起来，加快企业向智能、绿色、服务型制造转型。引导骨干企业建立省级以上工程技术研究中心、企业技术中心、重点实验室、工程实验室等研发机构，加速创新资源集聚。支持制造业骨干企业主导或参与修订地方、行业、国家和国际标准，抢占行业制高点，持续增强创新能力。二是推动中小微企业创新活力"再提速"。加快实施郑州市制造业"科技型中小微企业培育计划"，瞄准"专、精、特、新"方向发展，梯度培育和引导扶持一批年营销额超亿元的科技型中小微企业。支持中小微企业创新创业示范城市建设，鼓励有条件的中小微企业建立企业技术中心，或与大学、科研机构联合建立研发机构，支持符合条件的企业通过上市或挂牌进入资本市场。开展"互联网＋"小微企业创业创新培育行动，鼓励大企业及专业服务机构构建面向中小企业的云制造平台和云服务平台，发展适合中小企业智能制造需求的产品、解决方案和工具包，大力推动中小企业"上云"。三是推动企业研发机构创新领域"再聚焦"。以"国家技术转移基地郑州中心"建设为引领，支持郑州磨料磨具磨削研究所、宇通、中铁盾构等国家工程技术中心或国家重点实验室建设，大力推进制造业博士后工作站建设。以国家技术创新示范企业、省认定企业技术中心为重点，围绕先进装备制造、电子信息、新能源、新材料、生物医药、节能环保等重点领域制定技术创新路线，加强企业重大科技专项公关。

3. 营造支撑强服务全的双创环境

一是建设一批科创服务平台。谋划建设一批国家技术转移转化服务平台，加快国家专利审查协作河南中心、国家技术转移郑州中心、河南技术产权交易所、河南省中国科学院科技成果转移转化中心、中国技术交易所郑州工作站、国家创新驿站郑州站点等平台的规划建设及辐射带动，积极争取各类国家级技术和产品鉴定监测机构落户郑州市。谋划建设一批国家科技金融服务平台，以郑州获批"国家促进科技和金融结合试点城市"为契机，探索构建科技金融服务平台，设立科技创业投资引导基金。加强省市联动，参股河南省科技成果转化引导基金，支持科技成果在郑转化。设立科技贷款风险补偿基金，建立科技贷款风险共担机制，增强科技型企业融资发展能力。二是发展一批新型创新业态。推动"四众"经济发展，大力发展专业空间众创、互联网平台众创、企业内部众创，加快建设包括科技创业苗圃、科技企业孵化器、加速器在内的梯级创新创业载体；积极推广研发创意众包、制造运维众包、生活服务众包，促进现代服务业升级发展；积极推动社会公共众扶、企业分享众扶、公众互助众扶等众扶方式，降低"大众创业、万众创新"的成本；稳健发展众筹，规范发展网络借贷，积极开展实物众筹，帮助创新创业快速实现。

（三）"智能提升"工程

抓住智能制造发展机遇，聚焦优势产业链开展龙头企业引领下全产业链智能化协同改造，建设国家智能制造示范区。

1. 开展重点行业智能升级行动

鼓励企业广泛运用新一代信息技术实施技术改造，加快集散控制、制造执行等技术在原材料企业的集成应用，加快精益生产、敏捷制造、虚拟制造等在装备制造企业的普及推广，运用数字化、自动化技术改造提升消费品企业信息化水平。在现代食品制造业、品牌服装及家居制造业和铝及铝精深加工业等劳动强度大、简单重复劳动特征明显或有一定危险性的生产环节，鼓励企业应用自主可控信息技术和智能设备，开展设施装备自动化、智能化的技术改造，鼓励企业探索差异化智能制造实施路径，支持企业、装备制造商、系统集成商、软件开发商抱团合作，推动自动化数字化智能化成套装备改造，争取在传统产业优势制造企业中培育一批离散型、流程型、网络协同型、个性化定制和远程运维服务型等智能制造模式应用企业典型。加快推进人工智能在智能化改造过程中的应用，实施"智能一代"技术推广计划，打造最强"工业大脑"。

2. 开展智能标杆示范行动

强化行业龙头企业示范引领，积极开展数字车间、智能工厂、智慧园区试点建设。鼓励具备智能化改造条件的行业骨干企业实施数字化、智能化成套装备车间改造，促进制造工艺仿真优化、制造过程智能化控制、生产状态信息实时监测和自适应控制，打造一批自主创新能力强、产品市场前景好、产业带动效应大的智能制造示范车间。鼓励和推动有基础、有意愿、有实力的行业龙头企业，全面运用智能化装备和智能传感器、工业软件、互联网、人工智能等新技术、新产品，实现设备互联、数据互换、过程互动、产业互融。加快新一代信息技术在企业研发设计、生产制造、运营管理、售后服务中的深度应用，打造高标准智能工厂。推进生产线智能化改造，在所有具备条件的传统产业规模以上企业中，推进生产线智能化改造项目，鼓励企业运用数字化和系统集成技术，购置关键技术装备、专用智能化成套设备实施生产线技术改造。积极打造工业互联网平台，围绕龙头企业上下游产业链生态圈数字化、智能化、协同化发展需求，引进和培育一批具有市场竞争力的企业级工业互联网平台，构建智能化生产、网络化协同、个性化定制和服务化延伸等应用模式，着力构建"一区域一平台、一行业一朵云"的工业互联网平台体系。实施"机器人应用"计划，推进机器人应用推广，支持重点领域企业根据行业和自身特点，开展"机器人应用"计划。针对部分行业的劳动力密集、作业环境恶劣、流程和产能存在瓶颈、高安全风险等环节，采取自动化生产线、"自动化生产线 + 工业机器人"等形式，分类组织实施"机器人应用"专项计划。开展行业示范推广，以项目推进、工程示范、行业推广为主要手段，择优确定"机器人应用"百项示范工程项目。组织开展"一业一策"，围绕电子信息、汽车、食品、家电、服装、家居、建材等重点行业需求，确定若干细分行业，积极探索机器人商业推广和营运模式。发挥第三方机构集成服务作用，建立联动的"机器人应用"共同推进机制，支持和鼓励第三方服务机构、行业协会大力开展企业"机器人应用"推广应用工作，为企业提供改造方案、设备采购、设备租赁、金融服务、技术支持、人才培训等服务。

（四）"绿色制造"工程

以传统工业绿色化改造为重点，围绕资源能源利用效率和清洁生产水平提升，实施绿色制造工程，加快构建绿色制造体系，走高效、清洁、低碳、循环的绿色发展道路。

1. 大力发展绿色制造

聚焦钢铁、建材、化工、有色、造纸等重点行业，以安全生产、中水回用、余热余压利用、废水处理等领域为重点，全面推行清洁生产，推动企业应用减污、节水、节能等先进工艺和技术装备，加快建设一批绿色工厂、绿色企业、绿色供应链。推广应用节能环保新技术，重点在汽车、建材、家具、家电、纺织服装、食品等领域，开展绿色回收处理与再制造工艺研发，突破清洁生产工艺、节能环保产品开发、大宗工业固体废物规模化增值利用等关键技术。推进机械装备再制造，重点在汽车零部件、数控机床等领域，组织实施机电产品再制造试点，开展再制造产品认定，培育一批示范企业，有序促进再制造产业规模化发展。依托绿色园区、循环经济示范园区，开展节能减碳、中水回用、资源综合利用、能源梯级利用、循环产业链构建工作，推进园区循环化改造。建设企业能耗在线监测平台和企业能源管理中心，积极创建绿色数据中心和绿色基站，实现对企业和园区用能的扁平化动态监控、数字化控制、分析与优化管理。推行能源"双控"制度，完善主要耗能产品能耗限额和产品能效标准，严格能耗、物耗等准入门槛，严格落实新上高耗能项目用能"等量置换"或"减量置换"原则。

2. 加快淘汰落后产能

以电力、煤炭、水泥、电解铝、造纸等高耗能、高污染行业为重点，严格落实国家和省淘汰落后产能要求，完善落后和过剩产能市场化退出机制，强化能耗、环保、质量、安全等约束机制，综合运用差别电价、补助资金、准入条件、行业标准等政策措施，促进落后和过剩产能加快退出。推广应用国家鼓励发展的107项重大环保技术装备，组织企业开展重大环保技术推广应用工作，加快淘汰落后的生产设备。聚焦化工、铸造、水泥、化纤等行业开展"低散乱"综合整治行动，全面排查整治安全生产、环境保护、产品质量、节能降耗不达标以及其他违法生产的"低散乱"企业，全面推进亩均税收1万元以下低效企业整治提升工作。

（五）"开放合作"工程

聚焦郑州制造业科技创新、动能转换、产业升级的发展需求，汇聚国内外高端资源要素，全力打造具有吸引力、影响力、竞争力的选商引智平台和产能合作平台，推动制造业高质量发展。

1. 强化传统产业平台

以航空港区、高新区、经开区等国家级产业园区为引领，以中牟汽车产业集聚区、巩义产业集聚区等12家省级产业集聚区为支撑，着力打造郑州制造业高质量发展产业平台。一是提升国家级园区的引领效应。作为郑州乃至全省高质量发展引领区，三家国家级产业园区应围绕高端化、数字化、国际化、绿色化、共享化发展要求，聚焦发展重量级未来产业、科学布局产业发展高地、建设高能级创新载体、集聚全球高端人才、加强标志性项目招引和领军企业培育，建成具有核心竞争力的新产业平台。二是推动产业集聚区二次创业。全市 12 家省级产业集聚区需要结合产业功能疏解和自身特色优势，重新梳理园区发展定位和自身在区域格局中的分工，突出创新驱动战略，加速制造业高质量发展，创新运营模式和管理理念，加强新旧动能转换和空间优化重组，推动产业园区从单一的生产园区经济向生产、服务、消费功能复合的城市经济转型，实现产业园区的"二次创业"和高质量发展。

2. 打造特色节会平台

围绕郑州制造业基础及优势，打造一批新型高端节会平台，进一步推动国内外资本和技术与郑州制造业发展新动能对接，推动国际高新技术产品与河南广大市场对接，推动产学研的融合发展和科技成果在郑转化应用。一是谋划打造一批国际化品牌大会。围绕河南制造业发展前沿趋势和产业基础，谋划一批具有国际影响力的展会论坛。参照贵阳中国国际大数据产业博览会、南京世界智能制造大会、合肥世界制造业大会、石家庄中国国际数字经济博览会等运作模式，积极争取中央及省有关部门支持，谋划打造中国（郑州）制造业双创大会等一批高级别展会论坛，进一步提升郑州制造的国际影响力。二是提升完善一批全国品牌节会。围绕中国（郑州）产业转移大会、数字经济峰会等现有会议品牌，聘请世界知名节会专业公司指导，进一步提升节会的档次和水平，不断丰富节会的形式和内容，逐步把现有节会打造成为有更大国际影响力的全国性节会，使其成为郑州制造业发展对外开放的高端平台。三是探索创办一批分行业特色节会。立足电子信息、现代食品、汽车、高端装备、新型材料、铝精深加工、服装家居等优势产业，策划举办专项产业交易博览会，培育出有广泛影响力的专业节会。

（六）"集群提质"工程

立足郑州产业集群发展基础，对标世界最先进水平，突破短板、完善生态，不断探索产业集群转型发展的新路径，加快培育具有核心竞争力和特色优势的先进制造业集群，为郑州制造强市建设提供重要支撑。

1. 着力推动集群提质增效

一是持续壮大优势产业集群。进一步提升电子信息、汽车及装备制造、新型材料、食品制造等千亿级产业集群，积极培育和建设信息安全、智能传感器、

5G 及北斗应用、人工智能等新兴产业集群，加快推进新型显示及集成电路、盾构装备、轨道交通装备、节能环保装备、高端数控机床、智能机器人、新型铝合金材料、生物医药及生命健康等产业集群建设，加强集群质量品牌建设，在集群内大力实施"先进标准＋"工程，开展国内外先进质量标准比对研究，推动质量认证国际合作互认，带动集群优势产品、技术"走出去"。二是推动集群智能化转型升级。推动互联网、大数据、人工智能与制造业深度融合，培育一批工业互联网应用标杆和产业示范基地，积极建设工业互联网平台，着力引进全国综合性工业互联网平台和骨干龙头企业行业性平台在郑布局，建设"工业大脑"。实施"万企上云"工程，培育企业上云系统方案供应商和平台商，推动各集群建设一批智慧园区、智能工厂、数字化车间。三是促进集群"制造＋服务"融合发展。充分发挥国家级服务型制造示范城市的引领作用，大力推广个性化定制等服务型制造新模式，引导集群企业提供研发设计、故障诊断、远程运维等产业链延伸服务。推动集群企业与信息服务、数字创意、智慧物流、现代供应链等生产性服务业融合发展，培育壮大创业孵化、科技咨询、工业设计等科技服务业和会展、电子商务等商务服务业，建设环郑州工业设计走廊和若干家工业设计研究院。

2. 持续增强集群技术创新能力

一是实施集群短板突破计划。对标世界最先进水平，从构建完整产业链角度全面梳理集群在关键技术、关键基础材料、核心零部件、工艺装备、专业人才、标准等方面的突出短板，筛选各集群面临的最紧迫的"卡脖子"环节进行突破，采取事前支持、事后奖励等方式，扎实部署建设一批重点项目，强化关键共性技术供给、自主可控装备研发，提升工业基础能力。二是提升集群持续创新动力。围绕集群培育推进高水平大学和学科建设，健全高水平实验室体系和重大科技创新基础设施，在优势集群中率先谋划建设一批国家级和省级制造业创新中心、新兴产业创新中心、技术创新中心、重点实验室等重大创新平台，支持骨干企业在全球布局研发网络，开展前沿先导技术和重大战略产品研发。

3. 提升集群分工协作水平

一是培育壮大世界一流企业。实施领军型企业培育工程，加大百千亿级企业和十亿级战略性新兴龙头企业培育力度，支持重点企业瞄准产业链关键环节和核心技术实施兼并重组，加快产业链关键资源整合，形成一批根植郑州、具备产业链整合能力和世界级影响力的大型骨干企业，培育一批高成长的独角兽企业和瞪羚企业，力争培育 1~2 家灯塔工厂。二是做精做优"隐形冠军"企业。实施中小企业"专精特新"和单项冠军、隐形冠军培育工程，落实国家、省、市扶持民营经济和支持中小企业发展的政策措施，支持中小企业加强与大中企业的协作，在行业细分领域掌握话语权，成为单项冠军和隐形冠军。加强对专精特新"小巨人"企业的产权保护、技术创新、品牌建设、融资增信等方面的支持和服务。三是引进培育新兴企业主体。顺应数字产业化、产业数字化和新一代信息技术发展趋势，加快培育和引进一批产业链横向、垂直整合能力强的平台型企业，推动产业融合发展。落实郑州市支持总部经济发展政策，加大国内外 500 强和行业 20 强企业总部、区域总部引进，培育一批行业整合力强、区域或国际影响力大的总部型企业。四是促进集群产业链网络化协作。促进集群内产业链上下游企业开展纵向分工协作，积极支持社会资本参与国有企业改制重组，鼓励大企业搭建线上线下相结合的大中小企业创新协同、产能共享、产业链供应链互通的新型产业生态。以产业集聚区为载体，创新跨省市、跨行业合作机制和模式，推动郑州各集群重点领域跨行业协同合作。

（七）"品质提升"工程

提升质量、打造品牌是工业经济提质增效转型升级的中心任务，郑州建设国家制造业高质量发展示范区应聚焦制造业产品和服务的质量品牌建设，持续强化质量技术攻关、自主品牌培育。

1. 强化"郑州制造"品牌塑造

一是提升"郑州制造"整体水平。开展质量标杆和领先企业示范活动，引导企业瞄准国际标杆，采用国际先进标准组织生产，在重点领域实施重大装备共性技术和产品质量攻关改造项目，引导有条件的企业运用高于国家标准和行业标准的联盟标准组织生产，引领和提升"郑州制造"的整体水平。支持企业建立首席质量官制度和专业性质量管理团队，提高质量在线监测、在线控制和产品全生命周期质量追溯能力，引导企业建立全员、全方位、全过程的质量管理体系。以国家质检中心郑州综合基地为龙头，建设一批高水平的国家和省级质检中心、计量测试中心、产品质量监督检验检测技术服务中心等平台，不断提升郑州制造产品质量。二是加快"郑州制造"品牌建设。制订和实施郑州制造品牌培育计划，推进品牌创建基础能力建设，加大品牌创建技术改造力度，推进产品设计创新中心建设，提高产品设计能力。引导企业加强品牌文化建设，不断推进标准、质量、品牌、信誉"四位一体"建设，培育示范企业。鼓励企业争创中国驰名商标、河南省著名商标。支持自主品牌企业"走出去"拓展国际市场，鼓励有条件的企业开展商标国际注册、收购国际品牌，促进品牌国际化。开展重点行业、重点领域的品牌企业营销网络建设，扩大市场覆盖面，提高企业影响力。

2. 加快重点产业质量提升

聚焦行业质量突出问题，精准施策、重点突破。针对原材料工业，增加高性能、功能性、差别化产品的有效供给，推广清洁高效生产工艺，加快传统产业转型升级和高端材料创新，淘汰低质量产能，支持新材料及高端应用产业发展。针对装备制造业，着力解决基础零部件、电子元器件、工业软件等领域的薄弱环节，发展智能制造、绿色制造。针对消费品工业，发展个性化定制，推动产品供给向"产品＋服务"转变，加强重点产品与国外产品质量及性能实物对比，加快提高关键领域质量安全水平。针对信息技术产业，加强集成电路、信息光电子、智能传感器、印刷及柔性显示等创新中心建设，加强工业互联网新型基础设施建设，规范对智能终端应用程序的管理，改善产品和服务的用户体验。

3. 加强质量标准体系建设

加快关键技术标准研制，推动重点领域标准化实现新突破，适应市场需求及时更新标准。鼓励企业积极参与制定和实施与国际先进水平接轨、适合郑州制造发展要求的先进标准，不断健全质量认证、产品鉴定、检验检测等认证认可体系。设立标准化研究机构，建立标准化专家人才库，帮助企业提高标准化管理水平和参与制定或修订标准的能力。鼓励和引导企业采用国际标准或国外先进标准组织生产，提升产品质量和生产效益。鼓励和支持行业龙头企业主导或参与地方标准、行业标准、国家标准、国际标准的制定、修订，掌握产业技术标准话语权。建立行业对标长效机制，支持大中型企业制定实施严于国家标准的企业标准，引导中小微企业贯标达标。

（八）"要素集聚"工程

推动制造业高质量发展，必须加快高端要素集聚并使之实现优化合理配置。郑州应充分挖掘产业优势，持续推动高端要素集聚，打造"人才＋""项目＋""资本＋"发展模式，营造制造业高质量发展的最优生态。

1. 加快专业人才要素集聚

围绕"智汇郑州"人才工程，实施好重点产业人才支撑计划、重点行业紧缺人才引进计划和企业家领航计划，加快制造业人才队伍建设。一是加强高端人才引进。围绕产业发展重点，加强对"两院"院士和国家各类高端人才、"中原百人计划"的跟踪服务，深入推进"智汇郑州"人才工程，实施"豫商回归引进"工程，建设"制造业人才智库"，建立重大制造项目与人才引进联动机制，会聚一批掌握前沿关键技术和重大产业化项目的行业领军人才。二是培育高素质复合型人才。结合企业实际需求，重点针对中高层管理人才、高级技术工程师、高端软件开发人才、融合型管理人才，集聚一批管理经验丰富、技术研发能力强的制造业紧缺急需人才。三是强化技能人才培养。深化校企合作，结合制造业高质量发展需求，完善人工智能、新型材料、新能源及智能网联汽车等领域科学布局。建立制造业人才校企联合培育机制，支持制造业企业设立行业技术人才培养实训基地，全面推行新型学徒制、现代学徒制，推动高级技能传承，培育"现代工匠"。四是优化人才环境，不断创新制造业人才政策、引人机制和奖励机制，放宽对人才的户籍和年龄限制。

2. 加快重大项目要素集聚

一是提升招商引资效应。开展制造业"万亿招商引资"行动，编制郑州市制造业招商引资导则和目录，突出招大引强，扩大引资规模，优化引资结构，提高制造业引资占比。进一步创新招商方式，大力开展精准招商，以500强和行业20强企业、独角兽企业、驻郑央企机构为重点，着力引进一批中高端制造业项目。持续强化产业链招商，围绕"建链、强链、补链"，着力引进一批具有重大带动作用的新兴产业、先进制造业和现代服务业高端项目。采取多种招商方式，突出"以商招商""以技引技""中介招商"，探索建立市场化招商引资机制，加强与大型投资公司的深度合作。二是强化重大项目带动效应。实施标志性项目工程，筛选一批投资规模大、产业领域新、技术水平高、行业引领强的标志性先进制造业和服务型制造项目，落实市、县两级分包责任，强化推进。完善项目推动机制，开展季度重大制造业项目观摩点评，建立制造业项目联席会议制度，定期研究协调解决项目推进难题。利用好郑州市工业项目监测管理服务系统，加强对重大新建项目、技改项目的监测服务，加强项目统计工作。

3. 加快现代金融要素集聚

一是加大信贷支持力度。支持金融机构扩大信贷规模，提高制造业贷款占全部贷款的比重，发放制造业企业中长期贷款。建立"政银担"合作共赢新机制，构建覆盖全市的制造业企业融资担保体系。大力发展供应链金融，积极开展金融租赁服务，探索互联网"金融超市"等新型融资方式，缓解制造业企业融资难、融资贵问题。二是积极利用产业基金，用好1000亿元的郑州市国家中心城市产业发展基金，设立智能传感器、智能装备、新型材料和新能源及智能网联汽车等子基金。建立基金容错机制，设立产业应急基金，增强企业应对产业风险的能力。三是充分利用资本市场。落实上市挂牌"千企展翼"行动计划，支持更多制造业企业纳入上市挂牌计划，支持上市公司、新三板挂牌公司通过资本市场并购重组、再融资等形式整合行业优势资源。推进创新型、成长型制造企业引入天使投资、创业投资等股权融资，扩大小微企业集合债券、集合票据、集合信托发行规模。

五、提升郑州引领作用的对策建议

（一）强化"两带"支撑

在"十四五"规划中谋划建设京广制造业高质量发展带、黄河流域制造业高质量发展示范带两大轴带，并上升为国家层面。沿黄河和沿京广两大轴带一直是我国制造业集聚带，郑州处在两大轴带交汇点上，郑州可以依托两大制造业发展带，对制造业的发展定位、分工格局、产业方向、升级路径等进行再梳理再聚焦，借势提升郑州制造业发展质量。

1. 谋划建设京广制造业高质量发展带

习近平同志高度重视制造业高质量发展，2019年5月，习近平同志在中部崛起座谈会上就做好中部地区崛起工作提出8点意见，第一点就是"推动制造业高质量发展"。2019年9月17日，习近平同志在郑州煤矿机械集团股份有限公司考察调研时强调"一定要把我国制造业搞上去，把实体经济搞上去，扎扎实实实现'两个一百年'奋斗目标"。建议国家在"十四五"规划中谋划建设京广制造业高质量发展带，带动中部地区制造业高质量发展，优化全国产业分工和空间布局。

规划建设京广制造业高质量发展带的重要意义。一是贯彻落实习近平同志关于制造业高质量发展的重要讲话精神。党的十八大以来，以习近平同志为核心的党中央着眼推动经济高质量发展，对"加快建设制造强国，加快发展先进制造业"作出重要部署，习近平总书记在调研考察工作时多次就制造业高质量发展提出要求。规划建设京广制造业高质量发展带，可以有效发挥京津冀、粤港澳大湾区科技创新对中部地区制造业高质量的支撑作用，加快推动京津冀、粤港澳大湾区制造业向中部地区有序转移，快速提升中部地区制造业创新能力和开放发展水平，可以把京广制造业高质量发展带打造成为贯彻落实习近平同志中部地区座谈会重要讲话精神的有效载体。二是持续强化中部地区先进制造业中心战略定位。《促进中部地区崛起规划（2016—2025 年)》对中部地区提出"一中心四区"的战略定位，"一中心"就是全国重要先进制造业中心。规划建设京广制造业高质量发展带，引导制造业要素和创新资源向中部地区集聚，带动中部地区传统产业转型升级，补齐中部地区先进制造业升级短板，有助于中部地区强化全国重要先进制造业中心的定位。三是支撑优化全国区域分工和产业布局。当前，数字经济带动的新一轮产业革命以及中美贸易摩擦升级引发的新一轮产业转移正在逐渐展开，全球价值链和国内区域产业链布局加速重构。规划建设京广制造业高质量发展带，与丝绸之路经济带、长江经济带形成内陆腹地的双"十"字支撑，可以带动南北产业联动、东西产业转移，加快产业和要素联动，拓展我国制造业发展的战略空间，优化区域产业分工和空间布局。

规划建设京广制造业高质量发展带的可行性。一是战略机遇空前，亟待规划引领。近年来，京津冀协调发展规划、粤港澳大湾区规划陆续推出，北京、珠三角等地产业向中部地区转移呈现加速趋势，一大批中高端项目在河南、湖北、湖南等省落地，尤其是伴随着高铁的快速发展，部分龙头企业开始把第二总部、研发中心等向京广沿线城市布局，郑州、武汉、长沙、合肥等省会城市围绕高端项目的竞争日趋激烈，沿京广线的要素流动和产业转移进入新阶段，联动协调发展趋势初步呈现，迫切需要进行顶层设计和规划引领，避免无序竞争和资源错配。二是基础优势明显，尚需协同提升。沿京广线制造业发展带已经初步形成，北京、粤港澳大湾区等已经形成了优势明显的科创中心和优势产业集群，中原城市群、武汉城市群、长株潭等已经形成了特色明显的优势产业集群。2019 年，沿京广线的北京、河北、河南、湖北、湖南、广东等地工业增加值合计占全国的比重超过32%，电子信息、装备制造、汽车、材料、食品等产业竞争优势明显。从创新能力看，2019 年北京、广东研发强度分别为 6.31%、2.88%，同期湖北、湖南、河北、河南分别为 2.09%、1.98%、1.61%、1.49%，均在全国平均水平（2.12%）以下，以两头创新带动中间产业升级的协同发展空间广阔。其中，河南研发强度最低，利用两端"创新势能"提升本地产业发展质量的空间十分广阔（见图 12－3）。

2. 谋划建设黄河流域制造业高质量发展示范带

黄河流域生态保护和高质量发展上升为重大国家战略，为河南省高质量发展提供了战略机遇。河南省制造业处在迈向高质量发展的关键阶段，沿黄河是河南省制造业重要集聚带，郑州、洛阳、新乡、焦作、三门峡、濮阳等城市是河南省重要工业城市，装备、汽车、食品、电子信息、材料、化工、生物医药等产业集群实力突出，创新资源优势明显，高层次人才集聚，要高水平谋划建设沿黄河制造业高质量发展示范带，优化沿黄产业结构、产业布局，强化沿黄河产业资源和创新要素对全省制造业高质量发展的引领作用。

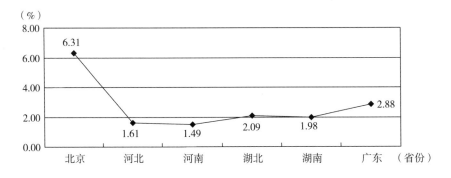

图 12-3　2019 年沿京广各省（市）研发强度

规划建设黄河流域制造业高质量发展示范带具有重要意义。一是有利于贯彻落实习近平同志在黄河流域生态保护和高质量发展座谈会上的重要讲话精神，推动国家重大战略落地。2019 年 9 月 18 日，习近平同志在郑州召开黄河流域生态保护和高质量发展座谈会时，强调指出"黄河流域生态保护和高质量发展，同京津冀协同发展、长江经济带发展、粤港澳大湾区建设、长三角一体化发展一样，是重大国家战略"。沿黄制造业能源、原材料等重工业和农副产品加工、食品等传统产业比重大，产业产品层次不高，发展方式比较传统，节能降耗减排压力大。谋划建设沿黄河制造业高质量发展示范带，提高沿黄制造业的产业层次、产品质量、技术能力、绿色水平，对于河南省落实黄河流域生态保护和高质量发展重大国家战略具有重要意义。二是有利于贯彻落实习近平同志关于制造业高质量发展的重要指示，探索内陆地区制造业高质量发展新路径。2014 年 5 月，习近平同志视察河南中铁装备公司时强调，要实现"三大转变"：推动中国制造向中国创造转变、中国速度向中国质量转变、中国产品向中国品牌转变。这既是对河南的要求，也是对全国的希望。2019 年 5 月，习近平同志在中部崛起座谈会上就做好中部地区崛起工作提出八点意见，首先提到的就是"推动制造业高质量发展"。2019 年 9 月，习近平同志在河南考察指导工作时强调，"要推动经济高质量发展，抓住促进中部地区崛起战略机遇，立足省情实际、扬长避短，把制造业高质量发展作为主攻方向，把创新摆在发展全局的突出位置"。对河南省制造业高质量发展提出了新要求。建设沿黄河制造业高质量发展示范带，既是贯彻落实习近平同志殷切期望的本质要求，也是引领带动河南制造业高质量发展的有效抓手。三是有利于河南省更好地承接产业转移，优化全国制造业战略布局。在国家扩大内需和消费升级背景下，沿黄河制造业高质量发展示范带地处中部之中的区位优势，为促进中东西部产业转移和要素合理流动提供了重要通道；沿黄河城市拥有庞大人口群，不仅是潜力无限的人力资源市场，也是潜力巨大的消费市场，并且制造业发展基础雄厚，是承接产业转移的重要板块。建设沿黄河制造业高质量发展示范带，承东启西、连南贯北，有序承接产业转移，构建贯通中东西部的产业链、供应链和价值链，对于把制造业留在国内、优化全国制造业布局意义重大。四是有利于集聚域内外高端要素，引领全省制造业高质量发展。制造业高质量发展需要高级生产要素支撑，就河南而言，郑州、洛阳、新乡等沿黄城市在集聚高级生产要素、链接外部创新资源方面最具优势，所以要更好地发挥中心城市在全省制造业高质量发展中的引领支撑作用。当前，区域产业竞争已经由"龙头＋产业链"的竞争转向"平台＋生态圈"的竞争，就是以平台效应集聚创新创业资源以及信息流资金流，形成良好的双创生态。建设沿黄河制造业高质量发展示范带，有利于支撑打造郑洛"双引擎"，集聚省内创新要素、连接域外高端要素，缓解河南省科技创新、现代金融和人力资本等高端要素的供给制约问题，加快高端要素集聚并使之实现优化合理配置，为全省制造业高质量发展提供高端要素支撑。

黄河流域制造业高质量发展示范带应明确战略定位。融入黄河流域生态保护和高质量发展重大国家战略，发挥沿黄河制造业规模优势，结合先进制造模式丰富场景，明确如下发展定位，探索新制造模式，加快迈向高质量发展新轨道。一是制造业智能化改造示范区。沿黄区域是河南省工业企业智能化改造积极性较高的板块，要抓住数字经济机遇加快制造业自动化数字化智能化改造，引导消费品工业企业探索应用互联网推动制造业研发设计、生产过程、组织体系、经营管理、销售服务创新的方法和路径，发展个性化定制新型制造模式，引导装备、能源、材料等企业依托工业互联网平台提高研发、制造、服务效率，打造制造业智能化改造示范区。二是传统产业与新兴产业联动发展示范区。沿黄是河南省重要的传统产业集聚带，也是重要的新兴产业承接带，可以发挥传统产业优势，引导企业依托传统产业发展战略性新兴产业，重点推进能源原材料、装备、汽车等向新材料、智能装备、新能源及智能网联汽车等领域进军，依托传统优势培育战略性新兴产业，打造传统产业与新兴产业联动发展示范区。三是制造业与服务业融合发展示范区。突出郑州、洛阳双核引领，发挥生产性服务业集聚优势，大力发展工业设计，引导研发设计企业与制造企业嵌入式合作。培育一批服务型制造示范企业，引导装备制造企业向系统集成和整体解决方案提供商转型，提高总集成总承包水平，引导企业依托信息技术提供远程运维、状态预警、故障诊断等在线智能服务，加快原材料企业向产品和专业服务解决方案提供商转型，打造制造业与服务业融合发展示范区。四是一二三产业融合示范区。沿黄是河南省农副产品加工和食品产业集聚带，可以引导农业产业化龙头企业和食品企业依托信息技术和互联网平台，加快一二三产业融合发展，催生新业态新模式，打造全国领先的一二三产业融合示范区。

黄河流域制造业高质量发展示范带的空间布局。依托现有产业布局，结合未来产业发展趋势，构建"12261"空间布局，提升沿黄区域产业承载力，培育形成具有全国影响力的优势产业集群。一是打造"一区两廊"。依托郑州创建国家制造业高质量发展示范区，重点打造郑开科创走廊、郑洛智造走廊。2019年6月，中共河南省委、河南省人民政府印发《关于支持郑州建设国家中心城市的若干意见》，明确提出"支持建设国家制造业高质量发展示范区"，建议加快推进，依托"1+4"郑州大都市区格局，聚焦"两中心两基地"（制造业创新中心、制造业服务中心，智能制造平台基地、制造企业总部基地）定位，突出"四路协同""五区联动"，连接国际国内高端要素，聚焦"智数芯屏"培育产业新名片，加快构建"郑州创新+周边制造"价值链格局，增强郑州对沿黄制造业高质量发展的带动力。河南省已经明确提出建设郑开科创走廊，建议加快规划建设郑洛智造走廊，郑州—洛阳工业走廊是河南省及沿黄制造业发展带的重要支撑，集聚了全省大部分的智能化服务资源，沿线企业智能化基础较好，改造积极性高，应加快规划建设郑洛智造走廊。二是构建"智造两环"。中国共产党河南省第十届委员会第十次全体（扩大）会议提出了打造郑州、洛阳"双引擎"的战略思路，而郑州、洛阳又是河南省制造业智能化基础较好、要素较多的区域，承担的制造业发展国家平台和项目较多。近年来，两市数字经济发展提速，智能制造模式加速渗透，智能制造综合解决方案提供商和工业互联网平台持续落地，对周边地区制造业智能化改造支撑作用不断增强。"十四五"时期是制造业智能化改造的关键时期，建议围绕郑州大都市区、洛阳都市圈构建"智造双环"，引导智能制造和工业互联网产业链集聚，带动周边地区建成一批智能化改造项目，形成示范带动效应，引领全省制造业智能化发展。三是培育新兴产业"六谷"。抓住我国新兴产业转移和布局优化的战略机遇，重点培育郑东新区数谷、郑州高新区智能传感谷、郑州金水区信息安全谷、洛阳动力谷、洛阳钨钼谷、焦作钛谷六个新兴产业谷，按照"一链一谷"布局思路，引导数字经济、工业互联网、人工智能、物联网、芯片、工业机器人、高端装备、新型材料等产业集中布局，形成优势产业链和现代分工合作网络，打造一批产业新名片。四是提升传统产业"十基地"。抓住传统产业改造机遇，聚焦优势领域，重点提升发展郑州汽车产业基地、郑州服装产业基地、巩义铝精深加工基地、新郑食品产业基地、洛阳轴承产业基地、洛阳石油化工产业基地、长垣起重装备基地、焦作汽车零部件产业基地、三门峡有色金属产业基地、濮阳化工材料产业基地十大产业基地。加大技术改造和新产品开发力度，推动设备和产品更新换代，培育特色产业集群品牌。

黄河流域制造业高质量发展示范带的示范内容。聚焦沿黄区域基础优势和产业发展优势，探索三大特色发展模式，为全国制造业高质量发展提供经验借鉴。一是内陆地区制造业开放创新发展模式。抢抓新一轮全球价值链重构的战略机遇，依托黄河流域生态保护和高质量发展重大国家战略，发挥"五区""四路"战略叠加效应，立足于区位、人口和市场优势，巩固和提升承接转移、开放合作的良好态势，打造内陆开放高地，进一步拓展延伸产业链、提升价值链、完善供应链，以制造业带动一二三产业融合发展，探索内陆地区通过开放合作加快新型工业化的有效途径。二是传统产业新制造转型模式。沿黄传统制造业规模和占比较大，智能化改造空间巨大，可以充分利用大数据、物联网、云计算、区块链、人工智能等新一代信息技术提升传统制造业，探索个性化定制、服务型制造、共享制造、绿色制造等新制造模式，为全省全国同类企业提供示范借鉴。三是制造业技术技能人才产教融合培养模式。发挥沿黄城市高等教育和职业教育资源集中优势，面向产业和区域发展需求，完善校企、中外联合培养体系，打造全国一流的先进制造业职业教育基地，探索产业发展、产品升级和就业创业协同推进的有效途径，为全省制造业人才培养提供支撑。

明确黄河流域制造业高质量发展示范带的主要任务。一是实现重点领域高位突破。在重点领域寻求高位突破，开发一批高端产品，提升生产性服务业支撑能力。结合制造业发展新趋势，从高端制造和高端服务两个视角对重点领域进行梳理，找准突破点。高端制造重点聚焦芯片、新型显示、盾构装备、智能农机、起重装备、智能机器人、新能源及智能网联汽车、生物医药及高性能医疗器械、节能环保装备以及新型先进材料等领域，打造一批新产品。高端服务重点聚焦科创服务、工业设计、智能化服务、工业互联网、工业大数据、云计算、环境服务业、工业 APP 等领域，引培企业和平台，为制造业转型升级提供高品质服务。二是加快创新资源外链内聚。突出"五区联动""四路协同"，依托郑洛新国家级自主创新示范区和郑开科创走廊，发挥郑州国家中心城市建设引领作用，吸引国际国内研发机构、龙头企业研发中心、成果转化平台、品牌孵化器等在郑州设立分支机构，强化郑州与全球创新网络的联系，打造全球创新网络重要节点。同时，郑州要集聚省内创新资源，我们在调研中了解到，由于市县难以吸引留住研发人才，各地制造业企业在郑州设立及计划设立研发中心的越来越多，郑州应该培育几个研发总部基地，引导这些研发中心集聚发展，打通全省制造业企业研发中心与全球创新网络的联系。三是引导企业上"云用数智能"。抓住数字经济、在线市场蓬勃发展机遇，大力推动制造业智能化改造提升，吸引智能化服务商和工业互联网平台落地，支持企业云上转型，促进企业研发设计、生产加工、经营管理、销售服务等业务数字化转型，引导国内平台企业创新"轻量应用""微服务"，对制造业企业开展低成本、低门槛、快部署服务。支持制造业企业与平台和数据服务商合作，利用在线数据打造新品。探索出台制造业企业上云上平台服务券制度，以服务券引导企业上云。树立一批具有行业代表性的智能化转型标杆企业，培育若干行业级工业互联网平台和工业大数据平台，形成示范带动效应。四是支持企业创新融合发展模式。持续深化制造业与服务业融合、制造业与互联网融合、制造业与物流业融合、一二三产业融合等，引导企业跨界发展、融合赋能。以信息技术为支撑，引导细分行业企业根据行业特点和客户需求探索服务型制造、网络制造、共享制造、个性化定制、柔性制造等新制造模式，提高发展质量。选树一批新制造模式创新型企业，形成示范带动效应。五是培育壮大优势产业集群。引导沿黄优势产业集群错位联动发展，围绕六谷十基地引导同类产业链集聚，加强产业链上中下游之间的联系，引导价值链空间布局优化，大力发展"飞地经济"，引导企业以"转移＋升级"的方式优化产业链布局，增强跨区域产业链、价值链之间的联动性，支持龙头企业跨区域整合产业资源，提高产业链整体竞争力。六是拓展线上线下市场。新冠疫情后在线市场大爆发，传统电商、电商直播都呈现爆发式增长。在未来，在线市场对企业更加重要，要抓住线上消费爆发机遇，支持沿黄制造业企业接入在线平台拓展市场，引导消费品企业积极利用天猫、京东、淘宝等数据服务平台创造新品，引导工业品企业通过阿里1688平台、京东工业品平台、工品汇等工业品电商平台扩大在线市场。同时，支持企业拓展在全球、全国的营销网络，支持企业参加国际国内重要综合性展会及行业展会，拓展新市场。

（二）培育"双向飞地"

郑州要依托"1＋4"大都市区，顺应研发向心集聚、加工制造外围转移的趋势，加快谋划推动"双向飞地"建设，出台支持"双向飞地"政策。支持郑州与周边市县联合建设产业园（制造基地），完善跨区域增加值分享和税收分享机制，引导一般加工制造业向周边转移，带动周边地区制造业转型升级。

打造科创飞地，依托郑州轨道交通线培育创新创意创业经济带。由于市县难以吸引研发人才，各地制造业企业在郑州设立及计划设立研发中心的越来越多，他们一般会选择在地铁口附近，因此应吸引市县企业在郑州设立研发中心，以为全省制造业创新提供支撑。同时鼓励发展"反向科创飞地"，引导各地在沿海地区创建创新园、孵化器等，探索"研发在沿海、生产在河南""孵化在沿海、产业化在河南"协同发展模式。

（三）强化"枢纽＋产业"

发挥大枢纽优势，吸引高端产业落地。依托"五区联动""四路协同"，放大"枢纽＋开放"优势，吸引高端产业落地，建设内陆开放高地。一是创建"双循环"大枢纽经济综合试验区。"枢纽＋通道"是"双循环"的核心支撑，应发挥河南"枢纽＋通道"优势，谋划创建"双循环"大枢纽经济综合试验区，重点推进综合交通重大基础设施以及智慧枢纽、智慧通道建设，统筹实施一批重大项目和信息化平台，提高协同效率，为全国新发展格局提供支撑，为河南吸引高端产业提供优质载体。二是探索"枢纽＋"产业开放模式。申建"空中丝绸之路"综合试验区，深化郑州—卢森堡"双枢纽"战略合作，开展中欧班列集结中心示范工程建设，实施"中欧班列（郑州）＋"建设工程，打造内陆启运港，加快建设一批大宗资源型商品、高科技产品、中高端消费品的集散基地和分销中心，以"枢纽＋通道"优势吸引相关领域龙头企业在河南战略布局高端环节。三是依托枢纽发展"飞地经济"。发挥枢纽优势，引导各地与省外合作共建

"飞地经济"园区，引导省外优势产业园、高新区、行业协会、龙头企业等在河南建设"飞地园区"，重点吸引新型显示、智能汽车、智能家电、智能终端等高端产业集群式落地布局。

第四节　河南产业追赶需要处理的几个关系

一、处理好强化基础与智能提升之间的关系

工业基础如材料、核心零部件、基础工艺、精度、可靠性、数据积累等，需要长时间持续投入，面对智能制造和工业互联网发展新阶段，不能把工业强基和智能化对立起来，智能化可以提升对工业数据的采集和处理方式，为工业强基提供支撑。河南工业需要积极接入智能化服务和工业互联网平台，利用工业数据提高工业基础能力。

二、处理好提升中间与拓展两端之间的关系

当前，制造业产业链各环节的附加值分布发生了重大变化，加工制造这个中间环节的附加值大幅度降低，高附加值环节加快向产业链的两端如研发与品牌等服务增值环节延伸，而河南的传统优势又大多集中在中间制造环节，服务增值能力较低，如何发展两端增值环节，一个可靠的途径是进一步提升中间环节的发展水平，以中间环节上的竞争力带动两端增值环节发展，培育一批研发能力强、品牌知名度高的综合解决方案提供商，由制造环节向两端高端环节拓展，实现产业转型升级。

三、强化长板与补齐短板之间的关系

2020 年 7 月 30 日的中共中央政治局会议，分析研究当前经济形势，并部署下半年经济工作，提出要提高产业链、供应链的稳定性和竞争力，更加注重补短板和锻长板。河南在一些产业上具有比较优势与资源优势，但是由于产业链上存在着一些瓶颈环节，如缺乏高层次人才、关键核心技术、关键产业环节、终端品牌等，产业链各环节分割发展，难以形成产业链竞争力，使得比较优势不能得以

有效发挥。现代产业的竞争是整条产业链的竞争，只有把一些产业链的短板补齐才能提高产业的核心竞争力，补齐短板的一个重要途径就是进一步强化优势环节，也就是锻长板。以优势环节吸引短板环节，补齐短板，带动产业转型升级，提高产业效益。

四、处理好稳固上游与延伸下游之间的关系

河南有着制造业、采矿业等工业基础，也有丰富的矿产、能源等自然资源，但一个以能源原材料等上游产业为主的区域在产业发展上容易陷入路径依赖，上游投资过多，而下游投资不足，从而造成产业附加值偏低。破解这种困境的一个有效途径就是对上游环节进行整合，形成生产环节对接，降低成本，同时以上游优势吸引下游精深加工、高附加值环节向河南转移，加快向下游高加工度环节延伸，提升产品附加值，促进产业转型升级。

五、升级增量与优化存量之间的关系

力推增量升级，严格控制传统产能的简单规模扩张与低水平重复建设，提高新增产业与项目的层次，引导投资向产业升级、结构调整、技术创新等项目倾斜，同时，利用增量的升级效应，引导传统产能中的潜在生产要素向新增项目转移，加快资源重组，调整与优化产业存量。河南在很多产业领域有着长期积淀，有些暂时处于困难期，一旦得到合适力量的牵引和助推，必然重焕生机，关键是要抓住产业升级的机会，在科技含量高、市场潜力大的领域加大投入，以增量激活存量，高起点推进产业转型升级。

六、培育龙头与发展配套之间的关系

培育壮大一批具有核心竞争力、主业优势突出、可持续发展能力强的大型企业集团，提升集成能力、综合服务能力、平台支撑能力，强化大型企业集团的辐射带动力，积极引导大型龙头企业向中小企业延伸产业链、创新链和资本链，带动中小企业提升专业化配套能力。引导中小企业走差异化发展道路，鼓励中小企业依托比较优势积极参与区域产业链的分工合作，在与省内外大企业大集团合作中做专做精做强，发展大中小企业合理分工协作的现代产业网络，进一步发挥龙头企业在推动工业转型升级中的带动作用。

第五节　河南加快产业追赶的对策建议

一、重塑产业优势

当前，新一代信息技术与制造业加速融合，制造业数字化、智能化、绿色化进程提速，产品更新迭代明显加快，供应链效率大幅提升，各行业的创新方式、产品业态、制造模式和组织方式均在重塑，各区域都在利用新机遇培育形成产业竞争新优势，尤其是沿海地区率先推进智能化，不仅在新兴产业领域占得先机，而且传统产业利用云平台、大数据、物联网等信息技术实现再造，制造业优势更加明显。河南应抓住"十四五"规划这个节点，对重点产业领域进行再梳理再定位，实施重点产业优势提升计划，在高端装备、先进材料、节能环保、5G、芯片、新型显示、智能网联汽车等领域突破一批高端产品，打造优势产业新名片；在机械、化工、冶金、轻纺等领域探索新制造模式，提高产业链效率和产品附加值；在工业设计、智能化服务、科创服务等生产性服务业领域扩量提质，提高对制造业高质量发展的支撑力。

二、重塑产业布局

抓住黄河流域生态保护和高质量发展上升为重大国家战略的历史机遇，遵循产业链空间优化规律，谋划推动黄河中游先进制造业高质量发展示范带进入国家层面，黄河中游先进制造业高质量发展示范带承东启西，构建贯通中东西部的产业链、供应链和价值链，对于把制造业留在国内、优化全国制造业布局意义重大。河南省依托黄河中游先进制造业高质量发展示范带，支持郑州创建国家制造业高质量发展示范区，重点打造郑开科创走廊、郑洛智造走廊，依托郑州大都市区、洛阳都市圈构建"智造双环"，形成对黄河中游先进制造业高质量发展示范带的"一区两廊双环"支撑，带动全省制造业布局优化，重塑全省产业布局。支持县域制造业高质量发展，以"双向飞地"模式优化中心城市与县域之间的价值链分工，引导研发向中心集聚、加工环节向外围转移，构建跨区域现代产业分工合作网络。

三、重塑集群形态

抓住新基建和智能化发展机遇，大力推动产业集聚区"二次创业"，对产业集聚区主导产业再定位再聚焦，依托"区中园"实施"一链一园"发展战略，围绕优势产业持续推动延链、补链、强链。分层提升产业集群形态，一是支持中心城市产业集聚区发挥区位优势，引进培育创新平台、服务平台、工业互联网平台、孵化平台和金融平台等资源，引导优势产业链上中下游企业"上云用数"，联动提升产业链智能化水平，构建融合化、联动化、社群化的新型产业空间，培育"产业集聚区＋产业生态平台"集群形态。二是支持县域产业集聚区加大土地整理和闲置厂房整治力度，立足优势吸引培育龙头企业，构建"龙头＋产业链"集群形态，以"基地＋网络"的方式引导龙头企业向乡镇村延伸产业链，促进县域生产力布局优化。

四、重塑企业结构

顺应产业组织网络化演进趋势，大力培育发展头部企业、平台企业，提升中小企业专业化发展能力，形成大中小企业联动的网络化产业组织结构。支持头部企业向研发、服务等高附加值环节延伸，提高系统集成和增值服务能力，培育综合解决方案提供商，引导头部企业向中小企业延伸产业链、管理链、资金链，增强产业链主导地位，提高优势产业链整体竞争力。支持龙头企业平台化发展，以平台打通企业内外部资源，促进要素在平台上互动聚合，激发创新创业活力，打造一批平台型制造企业，吸引中小企业依托平台企业协同联动发展。支持中小企业"专精特新"发展，培育一批细分领域"隐形冠军"，支持中小企业与龙头企业开展联合研发，提高配套企业模块化供货能力，进入龙头企业核心供应链。

五、重塑企业家精神

发挥企业家在先进制造业发展中的引领作用，大力弘扬企业家精神和工匠精神。实施企业家素质提升工程，提高企业家培训层次，重点在智能制造、工业互联网、新经济、前沿技术、金融等方面加大培训力度，更新企业家发展理念。新生代企业家是先进制造业发展的主力军，要加快培育新生代企业家团队，重点提升新生代企业家战略规划能力、市场开创能力、协同创新能力、团队管理能力、组织变革能力等，引导民营企业"凤凰涅槃"，打造一支接力创业、敢于创新的新生代企业家队伍。推进企业信用体系建设，推动实现各部门间企业信用信息的互联互通、联动响应、协同监管，健全联合激励和惩戒长效机制，落实诚信建设"红黑榜"发布制度，引导企业家以信立业。

第十三章 追赶的新策略：中国制造业高质量发展的对策建议

国际金融危机爆发以来，中国产业结构优化升级步伐加快，企业在研发、品牌、渠道建设方面的积极性明显提升，呈现出向高附加值环节攀升的态势。但是，各领域均存在着诸多制约因素，本书从产业、区域、企业、政策、政府五个层面提出对策建议。

第一节 产业层面的对策建议

一、促进制造业和服务业深度融合发展

对于中国这样一个经济体来说，过早的"去工业化"不现实，也不是正确的方向，但也要加快服务业发展，从国内价值链构建看，可以采取"提升中间，拓展两端"的思路推进制造业与服务业融合发展，实现在价值链上的升级。通过提升制造业竞争力，引导制造型企业向研发、品牌等高附加值环节延伸拓展，实现制造业服务化，提高制造业服务增值能力，产业结构优化可以从服务业与制造业深度融合中寻求新动力，引导各地根据制造业结构和优势发展相应的生产性服务业，引导制造业企业把生产性服务业环节外包出去，提高制造业服务化水平。当前一些制造业企业开始加快服务化进程，如中信重工，近几年一直致力于提升核心环节，加大在研发环节的投入力度，在全球整合创新资源，加速向综合解决方案提供商转型，同时推进非核心环节外包出去，带动了洛阳周边地区轴承、机

械加工、新材料等产业的发展，一批配套企业进入中信重工产业链，在洛阳地区形成了现代产业分工合作网络，提高了中信重工产品的附加值，也提高了中信重工对全球产业链、创新链的整合能力，使其在全球竞争中处于优势地位。

二、推进新兴产业和传统产业互动发展

新兴产业的发展不能脱离区域产业基础与资源禀赋。地方在选择和发展新兴产业时必须将其与区域传统优势产业紧密结合，并且在一定程度上可以依托传统优势产业培育战略性新兴产业，在传统产业的优化升级中培育和发展新兴产业，实现新兴产业与传统优势产业的良性互动，如依托能源、原材料、机械加工等优势，加快向新能源、新材料、智能装备等领域进军。在具有产业基础优势的领域发展新兴产业可以在本地形成较为完整的产业链，构建一个合理的产业分工合作网络，也可以促进传统产业中沉淀的生产要素和资源向新产业新领域转移，提高资源配置效率，优化区域产业结构。当前，各地区、各行业、各领域均存在着向高附加值环节攀升的产业发展机遇，要引导区域优势资源集中到推进产业结构优化升级的关键环节与瓶颈环节上，降低新旧产业转换的成本。

三、实施"互联网＋产业"行动

随着互联网的快速渗透，工业化和信息化深度融合，信息技术和互联网作为一种生产要素对生产率的促进作用正在逐步显现出来，尤其是互联网突破了时空限制，可以促进区域之间的产业联系和分工合作，大数据、云计算等技术也为产业链、价值链对接提供了技术支撑，依托互联网技术，制造业和生产性服务业可以更为高效地无缝对接。一方面可以在全国范围内搭建产业互联网平台，促进各类企业在互联网平台上的合作；另一方面，应引导各区域积极对接国家"互联网＋"行动计划，立足比较优势和区域需求，依托产业互联网培育产业发展新动能，全力推进互联网在工业、服务业中的应用，利用互联网技术促进三次产业深度融合发展，推动移动互联网、云计算、物联网等与区域主导产业相结合。同时，积极引导龙头企业开展工业云及工业大数据创新应用试点，适时发展基于互联网的协同制造新模式，打造一批网络化协同制造公共服务平台，加快形成制造业网络化产业生态体系。引导服务业企业依托互联网创新发展模式和营销模式，积极培育服务业新业态，大数据、元计算等技术使得大规模个性化定制成为可能，也为生产性服务业发展提供了广阔空间，更好地支撑了国内价值链构建。支

持行业龙头企业依托自己的发展经验打造行业级工业互联网平台，并引导其把平台资源向行业开放，支持相关企业接入工业互联网平台，一方面享受成熟模型的支持，另一方面把数据贡献出来，形成行业模型，逐渐迭代优化，为行业升级提供平台支撑。更好地发挥工业互联网联盟、行业协会等作用，支持形成工业互联网发展共同体，构建工业互联网平台生态体系，打通平台服务商、电信运营商、软件服务商、智能制造方案提供商、SaaS 服务商、PAAS 服务商等之间的联系，营造良好的发展氛围。

四、推进"大众创业、万众创新"

从产业发展趋势看，未来新产业、新业态、新模式更可能从边缘产业和草根阶层出现，中国的产业发展到了激活各类创新资源的阶段，中国的研发投入和创新资源从总量上来说已经位居世界前列，但是没有反映到产业领域，主要原因在于缺少可以有效整合资源的企业家，国内价值链构建就是要激发蕴藏在各个领域中的企业家才能和创新资源，要引导各地创建各类众创空间，利用互联网技术等发展研发、设计、服务等生产性服务业，为制造业转型升级提供服务。对于一个区域来说，一方面，要为各类企业成长提供一个公平环境，而不是重点支持哪些行业和企业发展。另一方面，要发挥大企业创新优势，推进大企业的创新创业，大企业创新创业应改变过去那种按部就班的创新流程，重点在于激发企业内部创新创业活力，应积极引导大企业搭建内部创客平台和孵化器，促进员工组建团队创新创业，支持成熟的团队整合企业内部资源独立发展。近几年，海尔通过内部创客平台孵化了一大批新产品，逐步推进员工创客化、企业平台化，为大型企业在新阶段的创新创业提供了示范。同时，也要鼓励内部创业团队积极承接大企业的研发、设计、服务等高附加值环节，提高企业运营效率。

五、培育壮大国际化企业家队伍

企业家是产业结构优化升级和价值链整合的主角，在新常态下，要激发企业家再次创业的激情，引导企业家抓住国内消费结构升级的机遇，创新产品供给和商业模式，加大企业在研发、品牌等环节的投入力度。在企业家培育中，应重点着眼于全球产业竞争，重点推进企业家的国际化，引导企业家在全球范围内整合资源，培育壮大具有国际视野的企业家队伍，在新一轮产业和技术革命中提高中国产业在全球价值链中的定位。我们在调研中了解到，我国民营企业经过几十年的发展，当前第一代企业家基本已经进入退休时间，第二代企业家正在接班，第二代企业家很多具有海外留学经历，拥有国际视野，开放发展的意识更高，对产业分工合作更加积极，对研发、品牌和产业链整合更加关注，国家应该从战略角度加强对第二代企业家的培养和引导，促进本土民营企业进一步发展壮大，使其在全球资源整合中发挥更加积极的作用；同时以企业家培育支撑一批强势企业品牌的成长，促进国内价值链的整合，提高其在全球价值链中的定位。

第二节　区域层面的对策建议

一、有序推进产业转移

引导各区域依托比较优势有序承接产业集群式转移，在产业转移中优化产业空间布局，支撑国内价值链构建。当前，沿海地区制造业环节到了向外围扩散的发展阶段，但是各区域相互竞争的招商政策一定程度上导致了资源与产业的错配，产业链整体效率和竞争力没有充分发挥出来。我们在调研中了解到，前些年，各级地方政府经济增长指标、外商投资指标等考核压力巨大，地方政府推出了许多优惠政策招商引资，省、市、县之间存在着恶性竞争，导致一些产业布局到了优势不明显的区域，可持续发展能力不强。未来的产业转移要弱化区域优惠政策，真正使得产业按照比较优势布局，当前在国家统一部署下，各地的优惠政策正在清理，但是由于投资下行压力加大，这一措施的效果还不明显。与地方政府相比，当前企业对战略布局的科学性、合理性和可持续性更为关切，尤其是当前产业转移的重点是从传统产业向研发、生产性服务业转变，与传统产业不同，此类项目对土地、优惠政策等传统要素依赖性更低，更加重视制度等软环境，地方政府应根据产业转移趋势的变化调整政策措施，把重点放在制度、服务等软环境打造上，促进产业按照比较优势优化空间布局，支撑国内价值链构建。

二、培养内陆新增长极

在国内价值链构建中，重点要加强沿海地区与内陆地区之间的产业关联，但是，这种联系不是全面开花，需要以产业集群的方式呈现。改革开放以来，内陆省份产业集聚区全面开花的发展模式是不可持续的，应该以城市群的形态培育几个较大的内陆增长极，以中心城市加强与沿海地区增长极之间在研发、设计、品牌等高附加值环节和生产性服务业等领域的联系，而城市群内部城市之间可以按照"集成—配套"的方式进行产业分工，形成最优产业空间布局，这种网络化产业格局对于发挥内陆比较优势、强化沿海竞争优势极其重要，可以有效提高国内价值链效率。这种网络化格局也可以降低区域交易成本，促进产业的有序流动，优化产业空间布局。

三、培育区域竞争新优势

面对新形势，东、中、西部地区都需要依托新经济形态培育区域竞争新优势，当前，航空经济、高铁经济、网络经济等新的交通和交流方式改变了时空距离，使得各区域之间的经济、产业、要素等方面的联系更加紧密，一定程度上正在重塑区域经济发展的空间形态，也在推动着中国区域经济棋局的形成。各区域可以通过航空经济、高铁经济、网络经济形成竞争新优势，应引导各区域积极对接新棋局，尤其是中西部地区，更要研究新的交通和交流方式对制造业、生产性服务业等布局优化的影响，吸引集聚高端生产要素，实现传统比较优势与竞争新优势的融合，提升综合优势，优化本区域的空间结构。同时，在全国范围内要依托航空经济、高铁经济、网络经济加强东、中、西部地区之间的产业联系，促进生产要素的优化配置，构建新的产业分工合作网络。

四、深化国际产业合作

"一带一路"为内陆地区围绕全球价值链和国内价值链联动发展提供了新机遇，东部地区可以依托高端产业沿"一带一路"整合全球和国内产业链，内陆地区可变边缘为前沿，向西融入全球价值链，一定程度上改变沿海地区嵌入全球价值链形成的双重"中心—外围"发展格局，促进全球价值链和国内价值链的联动发展，转变沿海、内陆地区嵌入全球价值链的方式。近几年，重庆、郑州等城市通过"中欧"班列、航空等模式创新，加大沿"一带一路"向西部地区、中亚、欧洲的开放合作，突破了内陆地区的时空限制，变边缘为前沿，同时提高对研发、电子信息、汽车等高附加值环节的吸引力和承载力，吸引了一大批高端项目入驻，培育形成了区域产业发展新体系。近几年，国内进出口增速显著提升，一定程度上重构了内陆与沿海地区的产业分工网络，改变了内陆地区融入全球价值链的方式。

五、引导各地探索智能化发展路径

引导各区域依托本地产业、资源、技术和人才等优势，选择合适的发展路径。先行地区如浙江、山东、广东等地，在工业互联网、智能制造、消费互联网与工业互联网融合、人工智能等领域探索新经验，培育了一批知名的综合性工业互联网平台、行业性工业互联网平台，并引导平台向全行业、全社会提供服务，支持异地复制。中西部地区可以通过接入已经成熟的工业互联网平台，利用平台上的模型和服务，结合企业自身发展实际，创新制造模式，引导区域特色优势领域的企业打造行业互联网平台，探索各具特色的新制造发展模式。

第三节　企业层面的对策建议

一、加强研发投入和新产品开发

未来一段时期，国内需求结构升级蕴含着广阔的产业发展空间，企业要转变理念，加大研发投入和新产品开发力度，将投资重点由机器设备向人力资本领域转移。有实力的企业可以在全球布局研发中心，也可以以创新联盟等开放式创新的方式，积极利用外部研发、设计等资源，为企业产品升级、开拓市场提供支撑。但是，我们在调研中也了解到，与传统产业发展模式不同，研发创新面临着更大的风险，在传统产业发展空间萎缩的新形势下，各地都存在着"不创新等死，创新找死"的情况，一些企业通过与研究机构合作的方式进行创新，也投入了研发资金，但是在实验室向中试过渡的时候失败了，直接导致了企业倒闭，而当前我国鼓励研发创新的支持体系远未形成，资本市场、创新政策等都存在着巨大差距，鼓励创新、容忍失败的社会氛围没有形成，对于企业来说无疑增加了创新难度，这是未来我国必须要解决的突出问题。

二、培育塑造企业品牌

庞大的国内市场为孕育企业品牌提供了充足空间，随着市场一体化进程加快，跨区域发展更加便利，有力地支撑了国内大品牌的发展。只有培育一批知名企业品牌，才能整合相关产业链，形成国内价值链构建的主体。当前，国内一些企业已经在品牌培育上取得初步成效，企业盈利能力大幅攀升，对全球产业链的整合能力快速增强，如联想、华为、小米等，在电子消费品领域已经在逐渐侵蚀苹果、三星等国际品牌的市场。但是，从总体上看，在全球范围内，我国企业品牌的数量与知名度仍存在较大差距，从企业角度看，要积极利用互联网等新平台培育企业品牌，另外要拓展渠道，通过并购等方式培育发展国际品牌，提高全球影响力，如吉利收购沃尔沃、联想收购 IBM 等，大大提高了中国品牌在全球的影响力和竞争力，实现了对全球价值链的整合，也支撑了企业在国内的产业链整合。

三、引导先进制造模式试点示范

顺应制造业发展趋势，积极引导企业由传统制造方式向先进制造模式转变，分梯次推进智能制造、协同制造、服务型制造和绿色制造模式试点示范。一是推进智能制造模式试点，突出以"三换"促"四转"，持续推进"设备换芯""生产换线"和"机器换人"计划，逐步实现人工转机械、机械转自动、单台转成套、数字转智能，在焊接、搬运等关键环节推广工业机器人，选择基础条件较好的企业，积极开展数字化车间和智能工厂试点，引导企业利用信息技术对机器设备和生产流程等进行自动化、网络化和智能化改造，鼓励有条件的产业集聚区建设智能制造示范试验区。二是推进协同制造模式试点，实施"互联网＋"协同制造行动计划，重点支持整机企业与关键零部件企业构建紧密型协同制造模式，引入互联网企业搭建市级网络化协同制造公共服务平台，提供云制造服务。三是推进服务型制造模式试点，引导装备制造企业向综合解决方案提供商转型，推动企业由单打独斗向具有工程设计、装备制造、运行调试、维修检测、配件专供的产业链一体化服务型制造模式转变。四是推进绿色制造模式试点，实施产业链绿化工程，推进循环经济和清洁生产，加强节能环保技术、工艺、装备推广应用，打造一批绿色工厂，努力构建绿色制造体系。

四、加强资源和产业整合

国内企业可以抓住当前全球经济下行压力加大的机遇，根据企业发展战略，在全球范围内整合资源，近几年，联想、吉利等企业通过并购国际企业实现了在全球价值链上的攀升，许多中国企业在美国、德国、意大利、以色列、澳大利亚、俄罗斯等国家和地区设立了区域性研发中心，支撑企业集聚全球创新资源，如百度、腾讯、小米等均在美国硅谷设立了研发中心，集聚美国在互联网发展上的创新要素，并与国内庞大的市场需求相结合，开发出了更加优质的产品和服务，开拓了新需求、新市场。同时，沿海地区的企业也在中西部地区加大产业链整合力度。因而，要引导有实力的企业加强自身在产业链分析、资本运营等方面的知识与能力，通过产业链、创新链整合实现核心竞争力提升。中西部地区的龙头企业可以通过强化产业链核心环节，加强与全球、沿海地区产业链上中下的合作，形成优势互补的分工合作网络，提高自身在全球价值链、国内价值链中的地位。

第四节　政策层面的对策建议

一、优化产业政策

改革开放以来，出口导向和倾向外资的产业政策一定程度上抑制了国内企业的价值链升级，各地都把外商直接投资作为重要考核指标，使得外资企业享受到了更多的优惠政策。近些年，我国逐步弱化了对外资的优惠政策，着力推行普惠式的中性产业政策，以为民营企业和外资企业提供一个公平的竞争环境。但是，在实践中，各区域的外资偏好并没有改变，各类土政策依然流行，这与当前的考核方式和政绩观有关系，对本土企业发展来说是不公平的。我们在调研中了解到，一些地方近几年通过各类优惠政策吸引了一批外资企业，但是在享受完优惠政策后，这些项目又"漂移"到了其他地方，真正支撑地方经济发展和财政收入的还是本土企业。未来在产业发展上要推行负面清单，政策支持的重点应是创新活动而不是哪一个产业或者哪一类企业。在产业发展规划上，各区域要充分留白，淡化对一些产业的支持，给企业转型升级留出广阔空间。同时，深化服务业体制机制改革，推进现代服务业发展，加快金融、电信、文化、教育、公用事业、交通运输等多领域的改革，淘汰一批"僵尸企业"，为各类资本进入服务业领域提供更宽松的发展环境。

二、创新智能化推进政策

当前，我国国家层面和各地政府都出台了支持智能制造、工业互联网、工业APP 等意见，推动基于工业互联网的新制造模式发展，破解中国制造转型升级障碍。但是，工业互联网、工业 APP、新制造模式毕竟是新生事物，是否适合实际，还要通过企业应用来检验，现在存在着政府热、企业冷的局面，真正在企业发展中落地的模型和模式并不多。未来要根据发展态势及存在问题，及时对政策措施进行调整，避免发展路径失误。同时，要完善政策体系和顶层设计，引导各地政策之间的协同，引导工业互联网良性发展、合理布局。当前已经出现了工业互联网平台处处开花、各地拿补贴的情况，一些不具备技术和平台条件的企业也开始通过搭建工业互联网平台获取政府补贴，实际上根本就没有多少设备在平台上运行。可以通过政策引导比较成熟的工业互联网平台开放平台资源、数据等，企业可以远程一键登录，接入工业互联网平台。

三、推进供给侧结构性改革

当前，中国的产业结构性矛盾主要体现在产业产品结构严重滞后于需求结构变化，一方面国际需求收缩和国内传统消费需求趋于饱和，传统产业领域已经出现过剩；另一方面，人民群众的消费结构加速向高端化、个性化、服务化、高品质方向发展，而供给结构调整没有跟上。在供给侧角度推进结构优化，要引导企业加大产业产品结构优化升级力度，协调推进企业优胜劣汰，化解、淘汰一批传统产能和过剩产能，支持企业通过兼并重组、债务重组、股权重构等方式整合产业链，为新产业、新企业成长释放空间。同时，要加大结构性减税力度，引导企业加大在研发、品牌等领域的投入，支撑小微企业发展壮大，促进新业态、新模式的出现，从而调整优化产业产品结构。

四、创新区域协同发展政策

根据新的区域发展实际，结合国际、国内产业转移新趋势，继续实施区域发展总体战略，实施总体功能区规划，完善并继续创新区域政策，加快培育新兴城市群和内陆增长极，推进沿海三大增长极转型升级并强化其与内陆增长极之间的联系，促进国内产业沿着"一带一路"、长江经济带等重要轴线优化布局。要提高区域政策精准度，根据各地区域经济发展实际和综合优势，出台符合实际的区域政策，强化区域发展优势，区域政策还要引导产业在全国范围内优化布局，针对沿海地区产业升级和内陆地区承接产业转移的新特点，加快内陆地区产业转移示范区建设，引导各地共同构建国内价值链。持续推进跨区域战略合作，因地制宜地创建一批特色明显、优势突出的跨区域经济合作区，实现区域经济协调发展，前些年我国出台了海西经济区、中原经济区、成渝经济区、关中—天水经济区等跨区域经济区，当前京津冀经济区也在实质性推进，但是，从总体上看，跨区域经济区的推进效果不理想，要深入分析存在的市场分割、地方保护等突出问题，拿出有效的解决办法，进一步促进跨区域经济区健康发展，支撑国内价值链构建。

五、优化外贸外资发展政策

针对当前全球贸易发展新趋势，调整优化外贸政策。首先，要大力实施自贸区战略，在总结上海自贸区、广东自贸区、天津自贸区和福建自贸区等前两批自贸区发展经验的基础上，加快推出第三批自贸区，优化自贸区布局，加快推进内陆自贸区建设，促进内陆地区抓住国际贸易向内陆转移的趋势。其次，加快与毗邻国家和地区建设自由贸易区，推进中韩、中澳自贸区建设，重点推进沿"一带一路"建设自由贸易区，推动与新兴经济体建立自由贸易区。完善激励外贸型企业自主创新和品牌建设的相关政策。再次，设立外贸转型发展专项资金，鼓励企业加大研发投入、对外投资、整合全球创新资源、参与国际标准制定、申请国际专利等。最后，进一步完善支持跨境电子商务的政策措施，支持各类企业依托互联网开拓国际市场，整合全球资源。

六、推进数字新基建

抓住当前新型基础设施建设的重大机遇，加快布局5G、工业互联网、大数据等，为传统产业智能化改造提供基础支撑，为制造业企业向两端高附加值环节延伸提供平台支撑，形成新兴产业与传统产业协同发展新格局。聚焦产业数字化，补齐基础设施和平台支撑短板，加快推进5G网络建设和产业发展，落地一批5G应用场景，推进"5G+智能制造"，完善"5G+工业互联网"生态体系，形成覆盖制造业重点行业的平台体系。鼓励平台开展生产装备和产品5G接入等服务，打造"5G+工业互联网"典型应用场景，为企业转型升级服务。

七、加快发展数字经济

引导数字经济企业向中西部地区布局，通过支持企业接入消费互联网、工业互联网，引导大数据、云计算、工业互联网等产业集聚发展，加快推动数字经济与传统产业融合创新，不断培育和壮大新兴产业。企业作为发展数字经济的主体，要紧密结合各自的实际，瞄准国内外同行业的先进水平，通过转换企业模式和商业模式提升企业发展的技术层次和质量效益。此外，加大数字经济人才的培育力度，借力全国智力资源，把数字经济高层次人才纳入全省急需紧缺高层次人才库，鼓励科研单位与企业联合探索多元化的产教培养模式。

第五节 政府层面的对策建议

一、地方政府应适应经济增速的新常态

中国经济增速向中速变轨已经比较明显，这一速度必然伴随着投资回报率降低、企业盈利能力下降，使得习惯于两位数增速、擅长于拼资源的政府部门一时间难以适应，尤其是对于中西部地区政府来说，老经验、老方法、老措施不再奏效。我们在调研中感受到，由于传统工业比重大，很多地方政府的发展经验主要在发展传统工业上，对于新兴产业、新兴业态、新兴企业发展缺乏经验，"大干快上"的抓工业方式显然不能适应新常态和新业态的发展，地方政府要从理念和行为上适应新常态。今后一段时期，企业家不要再过度寄希望于地方政府投资驱动会继续演绎高速增长故事，如果政府部门和企业家的思路和做法还延续20%以上工业高速增长时代，那必然会出现失误。

二、构建新的考评体系与激励约束机制

面对下一个三十年，产业结构优化更多地要依靠创新驱动和高级生产要素，这些高端要素对于市场机制和制度安排更为敏感，市场之手必然逐渐替代政府之手成为配置资源的有效方式，各级政府部门要深刻认识到这种根本性转变，改变政绩观和考核体系，因此，对于各级地方政府来说，要把精力放在软环境的打造

上，这一转变极其艰难，需要从顶层设计上构建有利于科学发展、转型升级的激励约束机制，引导地方政府的关注点从产业发展转到生态环境、公共服务、社会保障等软环境建设上。

三、重构政府与企业的关系

推进产业结构优化升级需要政府和企业的共同努力，政府与企业的关系并不像充斥着新古典经济学的西方经济学教科书说的那样简单，关键不是政府是否发挥作用，而是如何更好地发挥作用，"为转型而竞争"需要政府更好更恰当地发挥作用，改变原来非正式的政商关系，转而提供更为公平、有效的制度安排，为企业提供优质服务，就像李克强同志说的那样，一定要壮士断腕，把错装在政府身上的手换成市场的手，把该管的管好，不要通过各种方式对企业形成误导，支持企业根据自身情况探索转型升级之路。在经济下行压力下，地方政府正在转变政府支持产业发展的方式，如以设立政府引导基金、产业发展基金的方式支持新产业、新业态成长，但是，传统方法传统手段仍然在延续，需要下大力气进行调整。

四、实现调结构与稳增长的平衡

强调结构调整不是说不要增长了，而是不再要简单规模扩张上的增长，是建立在创新基础上的增长，新产业、新产品、新技术带来的新增长，是通过结构优化和转型升级实现更具有质量与效益的增长，应引导地方政府可以在牺牲一部分经济增长速度的基础上加快产业结构优化升级。其实，从本质上讲，调结构和稳增长并无矛盾，在新常态下，只有调整优化产业结构才能实现稳增长，否则当前的增长就会成为未来的问题与制约。

参考文献

［1］ Ernst D, Kim L. Global Production networks, knowledge differention, and local Capability formation ［J］. Research Policy, 2002, (31): 1417 – 1429.

［2］ Gerffi G. , Humphrey and Sturgeon. The Governance of Global Valve Chain ［J］. Review of International Political Economy, 2005 (1).

［3］ Hoday M. Innvoation in South – East Asia: Lessons for Europe? ［J］. Management Decision, 1996, 34 (9): 71 – 81.

［4］ Humphrey, Schmitz. "How does insertion in global value chains affect upgrading in dustrial dusters?" ［J］. Regional Studies. 2002, 36 (9): 1017 – 1027.

［5］ Lee, Jinjoo, Zong Tae Bae, and Dong – Kyu Choi. Technology Development Processes: A Model for a Developing Country with a Global Perspective ［J］. R&D Management, 1998 (18): 235 – 250.

［6］ Raphael Kaplinsky. Globalisation, Industrialisation and Sustainable Growth: The Pursuit of the Rent ［R］. Discussion Paper, Brighton: Institute of Development Studies, University of Sussex, 1998 (365): 1 – 43.

［7］ Sturgeon T Lee J. Industry CO – evolution and the rise of a shared supply – base for electronics manufacturing ［R］. Paper presented at Nelson and Winter Conference, Aalborg. 2001: 5 – 7.

［8］ Dani Rodrik. 中国的出口有何独到之处 ［J］. 世界经济, 2006 (3).

［9］ ［韩］金麟沫, ［美］尼尔森. 技术、学习与创新: 来自新兴工业化经济体的经验 ［M］. 北京: 知识产权出版社, 2011.

［10］ ［美］丹尼·罗德里克. 相同的经济学, 不同的政策处方 ［M］. 北京: 中信出版社, 2009.

［11］［美］迈克尔·波特.国家竞争优势［M］.北京：中信出版社，2012.

［12］［英］Linda Yueh.中国的增长：中国经济的前30年与后30年［M］.北京：中信出版社，2015.

［13］［英］张夏准.富国陷阱：发达国家为何踢开梯子［M］.北京：社会科学文献出版社，2009.

［14］阿里研究院.从工具革命达到决策革命——通往智能制造的转型之路［Z］.2019.

［15］阿里研究院.迎接全球数字经济新浪潮［Z］.2018.

［16］艾瑞咨询.2019中国工业互联网研究报告［R］.2019.

［17］安筱鹏.认识工业互联网平台的四个视角［Z］.2018.

［18］安筱鹏.重构——数字化转型的逻辑［M］.北京：电子工业出版社，2019.

［19］白重恩，张琼.中国的资本回报率及其影响因素分析［J］.世界经济，2014（10）.

［20］蔡昉，王德文，曲玥.中国产业升级的大国雁阵模型分析［J］.经济研究，2009（9）.

［21］陈羽，邝国良."产业升级"的理论内核及研究思路述评［J］.改革，2009（10）.

［22］陈钊，陆铭.在集聚中走向平衡［M］.北京：北京大学出版社，2009.

［23］程大中.中国参与全球价值链分工的程度及演变趋势——基于跨国投入—产出分析［J］.经济研究，2015（5）.

［24］戴翔.中国制造业国际竞争力：基于贸易附加值的测算［J］.中国工业经济，2015（1）.

［25］邓永波.新型工业化进程中的产业结构演进研究［D］.北京：中共中央党校硕士学位论文，2013.

［26］东方证券.工业互联网引领制造业变革［Z］.2018.

［27］杜传忠，郭树龙.中国产业结构升级的影响因素分析——兼论后金融危机时代中国产业结构升级的思路［J］.广东社会科学，2011（4）.

［28］杜传忠，张丽.中国工业制成品出口的国内技术复杂度测算及其动态

变迁——基于国际垂直专业化分工的视角 [J]. 中国工业经济, 2013 (12).

[29] 杜宇玮, 熊宇. 市场需求与中国制造业代工超越: 基于 GVC 与 NVC 的比较分析 [J]. 产业经济评论, 2011 (2).

[30] 杜宇玮. 全球价值链中的品牌壁垒与中国代工模式超越 [J]. 产业组织评论, 2020 (2).

[31] 高虎城. 从贸易大国迈向贸易强国 [J]. 服务外包, 2014 (6).

[32] 高觉民, 李晓慧. 生产性服务业与制造业的互动机理: 理论与实证研究 [J]. 中国工业经济, 2011 (6).

[33] 高煜. 国内价值链构建中的产业升级机理研究 [M]. 北京: 中国经济出版社, 2011.

[34] 高远东, 张卫国, 阳琴. 中国产业结构高级化的影响因素研究 [J]. 经济地理, 2015 (6).

[35] 葛顺奇, 罗伟. 跨国公司进入与中国制造业产业结构: 基于全球价值链视角的研究 [J]. 经济研究, 2015 (11).

[36] 工业互联网产业联盟. 工业互联网平台白皮书 (2019 年讨论稿) [Z]. 2019.

[37] 工业互联网产业联盟. 工业智能白皮书 [Z]. 2019.

[38] 龚绍东, 赵西三. 从传统工业到新型工业: 河南工业的转型方向与升级路径 [M]. 北京: 经济管理出版社, 2013.

[39] 桂琦寒, 陈敏, 陆铭, 陈钊. 中国国内商品市场趋于分割还是整合?——基于相对价格法的分析 [J]. 世界经济, 2006 (2).

[40] 河南省社会科学院工业经济研究所课题组, 龚绍东. 后发地区工业转型升级的路径选择: 以中原经济区为例 [J]. 区域经济评论, 2013 (1).

[41] 河南省统计局. 2014 年河南省农民外出务工情况调查报告 [R]. 2014.

[42] 侯媛媛, 刘文澜, 刘云. 中国通信产业自主创新体系国际化发展路径和影响机制研究——以华为公司为例 [J]. 科技促进发展, 2011 (11).

[43] 华为研究院. 数字平台破局企业数字化转型 [Z]. 2019.

[44] 黄安. 新时期中国外贸转型发展研究 [D]. 福州: 福建师范大学博士学位论文, 2014.

[45] 黄蕙萍, 缪子菊, 袁野, 李殊琦. 生产性服务业的全球价值链及其中

国参与度［J］．管理世界，2020（9）．

［46］黄新飞，陈珊珊，李腾．价格差异、市场分割与这界效应：基于长三角个城市的实证研究［J］．经济研究，2014（12）．

［47］金碚．经济发展新常态下的工业使命［J］．中国工业经济，2015（1）．

［48］金碚．现阶段我国推进产业结构调整的战略方向［J］．求是，2013（4）．

［49］寇伟．新阶段河南工业的产业结构调整与技术路径选择［J］．现代企业教育，2010（12）．

［50］36氪研究院．新制造研究报告［R］．2017.

［51］联合国贸易和发展组织．全球价值链：促进发展的投资与贸易（2013世界投资报告）［M］．北京：经济管理出版社，2013.

［52］梁树广．产业结构升级影响因素作用机理研究［J］．商业研究，2014（7）．

［53］林毅夫，刘培林．地方保护和市场分割：从发展战略的角度考察［Z］．北京大学中国经济研究中心工作论文（No. C2004015）．

［54］林毅夫，王燕．中国与世界经济的融合：一个学习、积累和升级的发展过程［M］//蔡昉．中国经济转型30年［M］．北京：社会科学文献出版社，2008.

［55］林毅夫．经济发展与转型：思潮战略与自生能力［M］．北京：北京大学出版社，2008.

［56］林毅夫．新结构经济学：重构发展经济学的框架［J］．经济学季刊，2010（4）．

［57］林毅夫．新结构经济学［M］．北京：北京大学出版社，2012.

［58］林毅夫．中国的奇迹：发展战略与经济改革［M］．上海：格致出版社，1999.

［59］刘琳．中国参与全球价值链的测度与分析——基于附加值贸易的考察［J］．世界经济研究，2015（6）．

［60］刘淑茹，徐丽丽．中美两国产业结构发展状况比较分析［J］．工业技术经济，2014（4）．

［61］刘维林，李兰冰，刘玉海．全球价值链嵌入对中国出口技术复杂度的

影响［J］．中国工业经济，2014（6）．

［62］刘雅君，卢婧．新常态下中国产业结构优化升级的环境条件与推进机制［J］．浙江学刊，2015（6）．

［63］刘哲．全球价值链视角下我国体育用品产业升级路径及对策研究［D］．南昌：江西财经大学硕士学位论文，2013.

［64］刘志彪，张杰．从融入全球价值链到构建国家价值链：中国产业升级的战略思考［J］．学术月刊，2009（9）．

［65］刘志彪，张少军．中国地区差距及其偏差：全球价值链和国内价值链的视角［J］．学术月刊，2008（5）．

［66］刘志彪．全球化背景下中国制造业升级的路径与品牌战略［J］．财经问题研究，2005（5）．

［67］刘志彪．全球代工体系下发展中国家俘获型网络的形成、突破与对策——基于 GVC 与 NVC 的比较视角［J］．中国工业经济，2007（5）．

［68］卢福财，胡平波．全球价值网络下中国企业低端锁定的博弈分析［J］．中国工业经济，2008（10）．

［69］陆铭，陈钊．分割市场的经济增长——为什么经济开放可能加剧地方保护［J］．经济研究，2009（3）．

［70］陆铭，陈钊．中国区域经济发展中的市场整合与工业集聚［M］．上海：上海三联书店，上海人民出版社，2006.

［71］陆铭．空间的力量：地理、政治与城市发展［M］．上海：上海人民出版社，2013.

［72］罗建兵，徐敏兰．产品内分工下中国产业升级与国内价值链构建［J］．产业组织评论，2008（10）．

［73］马化腾．数字经济——中国创新增长新动能［M］．北京：中信出版社，2017.

［74］毛蕴诗，郑泳芝，叶智星．从 ODM 到 OBM 升级的阶段性选择技术［J］．经济与管理研究，2016（2）．

［75］苗圩．把发展经济的着力点放在实体经济上［N］．人民日报，2017 - 12 - 06（007）．

［76］牛华，张梦锦．中国服务业全球价值链参与度的测算及国际比较［J］．统计与决策，2020（19）．

［77］平新乔. 市场换来技术了吗？［J］. 国际经济评论，2007（9）.

［78］清华大学全球产业研究院. 产业智能化白皮书［Z］. 2019.

［79］商务部中国全球价值链课题组. 全球价值链与中国贸易增加值核算研究报告［R］. 2014.

［80］沈正平. 优化产业结构与提升城镇化质量的互动机制及实现途径［J］. 城市发展研究，2013（5）.

［81］石耀东，王晓明. 推动产业结构优化升级［N］. 人民日报，2014 - 03 - 24（008）.

［82］世界银行. 增长报告：可持续增长和包容性发展的战略［M］. 北京：中国金融出版社，2008.

［83］宋大勇. 外商直接投资与区域产业结构升级——基于省级区域面板数据的实证研究［J］. 经济体制改革，2008（3）.

［84］谭洪波，郑江淮. 中国经济高速增长与服务业滞后并存之谜——基于部门全要素生产率的研究［J］. 中国工业经济，2012（9）.

［85］谭力文，马海燕，刘林青. 服装产业国际竞争力——基于全球价值链的深层透视［J］. 中国工业经济，2008（10）.

［86］唐德祥，孟卫东. R&D 与产业结构优化升级——基于我国面板数据模型的经验研究［J］. 科技管理研究，2008（5）.

［87］唐晓云. 韩国的技术路径：专利、知识产权保护与产业选择［J］. 亚太经济，2009（5）.

［88］腾讯研究院. "人工智能 + 制造"产业发展研究报告［R］. 2018.

［89］腾讯研究院. 产业互联网构建智能 + 时代数字生态新图景［Z］. 2019.

［90］同济大学发展研究院. 2015 中国产业园区持续发展蓝皮书［M］. 上海：同济大学出版社，2015：12.

［91］王辉耀等. 中国企业全球化报告（2020）［M］. 北京：社会科学文献出版社，2020.

［92］王千马，梁冬梅. 新制造时代：李书福与吉利、沃尔沃的超级制造［M］. 北京：中信出版社，2017.

［93］王小龙，李斌. 地方保护行为与政府角色定位［J］. 经济管理，2002（5）.

［94］王永钦. 制度密集型产业［J］. 经济学家茶座，2008（1）.

［95］魏丽华．国际金融危机视域下珠三角产业升级研究［J］．商业研究，2009（7）．

［96］文东伟，冼国明，马静．FDI、产业结构变迁与中国的出口竞争力［J］．经济管理，2009（4）．

［97］吴进红．对外贸易与江苏产业结构升级［J］．南京社会科学，2006（3）．

［98］徐佳宾．产业活动中的价值构成与主导模式［J］．财贸经济，2005（9）．

［99］杨汝岱，姚洋．有限赶超与经济增长［J］．经济研究，2008（8）．

［100］杨汝岱．中国制造业企业全要素生产率研究［J］．世界经济，2015（5）．

［101］姚志毅，张亚斌．全球生产网络下对产业结构升级的测度［J］．南开经济评论，2011（6）．

［102］叶红雨，钱省三．基于国内价值链培育的中国 IC 产业互动障碍因素研究［J］．经济问题探索，2009（8）．

［103］易顺，韩江波．国内价值链构建的空间逻辑及其实现机制——基于双重"中心—外围"格局视角的探讨［J］．学习与实践，2013（12）．

［104］俞顺洪．全球价值链视角下我国中小企业自主创新能力提升研究［J］．经贸管理，2016（6）．

［105］张军，周黎安．为增长而竞争：中国增长的经济政治学［M］．上海：格致出版社，2008.

［106］张可云，洪世键．全球化背景下中国区域分工与合作问题探讨［J］．经济经纬，2004（6）．

［107］张平．全球价值链分工与中国制造业成长［D］．沈阳：辽宁大学博士学位论文，2013.

［108］张平．全球价值链分工与中国制造业成长［M］．北京：经济管理出版社，2014.

［109］张其仔．比较优势的演化与中国产业升级路径的选择［J］．中国工业经济，2008（9）．

［110］张庆利．河南省产业结构调整升级问题研究［J］．合作经济与科技，2013（11）．

［111］张若雪．人力资本、技术采用与产业结构升级［J］．财经科学，2010（2）．

［112］张少军，刘志彪．全球价值链模式的产业转移——动力、影响与对中国产业升级和区域协调发展的启示［J］．中国工业经济，2009（11）．

［113］张伟．贵州省产业结构空间演化实证研究［J］．地域研究与开发，2010（6）．

［114］张秀生，王鹏．经济发展新常态与产业结构优化［J］．经济问题，2015（4）．

［115］张亚斌，范子杰，冯迪．中国 GDP 出口分解及贡献新测度［J］．数量经济技术经济研究，2015（9）．

［116］赵梦垠，钟昌标．全球价值链嵌入对科技创新的驱动效应研究［J］．科技与经济，2018（4）．

［117］赵西三．国际金融危机冲击下中国工业增长的区域差异［J］．商业研究，2010（10）．

［118］赵西三．国内价值链重构下区域产业转型升级的路径选择［J］．工业技术经济，2010（11）．

［119］赵西三．国内价值链重构下中原经济区承接产业转移的特点与趋势研究［J］．地域研究与开发，2014（2）．

［120］赵西三．新形势下河南产业结构优化升级模式创新研究：基于国内价值链重构的视角［J］．企业活力，2010（7）．

［121］赵西三．中部地区老工业基地产业升级的路径选择［J］．工业技术经济，2011（8）．

［122］赵西三．中原经济区产业升级的路径与动力研究：基于国内价值链构建的视角［J］．黄河科技大学学报，2012（1）．

［123］中国工程院．制造强国战略研究报告［R］．2015.

［124］朱卫平，陈林．产业升级的内涵与模式研究：以广东产业升级为例［J］．经济学家，2011（2）．

［125］卓越，张珉．全球价值链中的收益分配与"悲惨增长"——基于中国纺织服装业的分析［J］．中国工业经济，2008（7）．

后　记

　　全球价值链视角下，一个国家的产业结构演进呈倒 U 形曲线，在经济起飞阶段，开放经济条件下一些产业嵌入全球价值链，带来了产出规模的快速扩张，国内闲置资源通过向出口产业的转移得到优化配置，提升了生产率和附加值。但是，随着时间的推移，到了某个转折点上，如果没有相应政策的调整，就会陷入"增长陷阱"，导致"低端锁定"，而如果政策调整得当，推动产业向研发设计、品牌服务等环节延伸，则会催生新的产业增长点，开启新一轮的增长。

　　作为一个非均质的大国经济体，广阔的内陆腹地也为中国实现产业升级提供了巨大的空间，目前伴随着产业转移，中国的大国雁阵正在形成，在嵌入全球价值链一段时期后，产业结构优化升级受到较大阻力，需要在新起点上对国内价值链进行重新构建，各区域可以通过价值链重构优化区域产业分工，同时，要重视高铁、航空、网络等对国内价值链重构和区域分工深化的影响。国内价值链重构下的产业结构优化并不是重返封闭性产业结构体系，而是在与全球价值链的互动中更好地发挥比较优势，提升产业链现代化水平，提升中国制造在全球价值链中的地位。

　　基于国内价值链的产业结构优化，需要找到制约产业结构调整的外生变量，本书着眼于外生变量提出了产业结构优化面临的五大难点，即动力的转换、空间的重塑、分工的深化、制度的完善、政府的转型，五大难点有着层层递进的内在逻辑关系，需要系统应对。在写作本书的过程中，国内外环境发生了巨大变化，突如其来的新冠肺炎疫情给各国带来严重冲击，也给世界经济带来重创，新世界经济不稳定不确定因素增多，为适应新形势新要求，我国提出构建以国内大循环为主体、国内国际双循环相互促进的新发展格局，但这绝不是封闭的国内循环，而是更加开放的国内国际双循环。笔者在研究中加入了对这些新形势的认识，但学习和认知还不够深入，需要进一步深入研究。

笔者在写作本书过程中参阅了龚绍东、林风霞、王中亚、杨志波、刘晓萍、杨梦洁等多位学者的研究成果，本书的出版得到了河南省社会科学院创新工程的资助。在与河南省工业和信化厅规划处、政策法规处、装备处、产业融合办、消费品处、中小企业服务局等部门的合作与交流中获益良多，参与了他们在省内外开展的实地调研，一些观点也借鉴了他们的调研成果，在此一并致谢。由于水平所限，书中不足甚至错误之处在所难免，请广大读者批评指正。

赵西三

2020 年 11 月于郑州